DROEMER

CHRISTIAN SCHENK
mit Fred Sellin

RISS

Mein Leben zwischen Hymne und Hölle

DROEMER

Besuchen Sie uns im Internet:
www.droemer.de

FSC
www.fsc.org
MIX
Papier aus verantwortungsvollen Quellen
FSC® C083411

Ein Imprint der Verlagsgruppe
Droemer Knaur GmbH & Co. KG, München

Covergestaltung: total italic, Thierry Wijnberg
Coverabbildungen: Shutterstock;
Designed by Olga_spb / Freepik
Satz: Adobe InDesign im Verlag
Druck und Bindung: CPI books GmbH, Leck
ISBN 978-3-426-27768-3

2 4 5 3 1

Für Arvid, Aaron, Helke und Dawn.
Und für meinen Bruder Thomas und meine Freunde,
die mich begleiten und unterstützen.

Inhalt

Eins

Ich bin allein in meiner Wohnung.

Dritter Stock in einem grauen Mietshaus. Stadtteil Schöneberg, früher Berlins Westen, zu der Zeit unerreichbar für mich, jetzt mittendrin. Das KaDeWe kaum einen Steinwurf entfernt. Tauentzienstraße, Wittenbergplatz.

Dort unten pulsiert das Leben. Autos. Busse. Bahnen. Sie besorgen die Lärmkulisse der Großstadt. Und Fußgänger, die wie überdimensionale Ameisenvölker eifrig in alle Himmelsrichtungen strömen.

Es ist nicht lange her, da war ich einer von ihnen. Morgens auf dem Weg ins Büro, tagsüber unterwegs zu Terminen und nach getaner Arbeit zurück, hierher.

Jetzt bin ich das nicht mehr. Weil ich nicht mehr ich bin, oder: ein anderes Ich.

Schwer zu sagen, wann es anfing und womit. Diesmal. Es gab keinen Knall, der von jetzt auf gleich alles veränderte. Eher war es, als wäre eine Schlange langsam herangeglitten, der ich erst gewahr wurde, als sie mir ihre Giftzähne ins Fleisch schlug.

Auf einmal befindet man sich in einem fremden Zustand, erkennt sich selbst nicht mehr. Nichts funktioniert, wie es normalerweise wäre.

Ich liege auf der Couch, spüre Hunger oder Durst, weiß, dass ich nur aufstehen und in die Küche gehen müsste. Ich stehe aber nicht auf. Weil ich es nicht schaffe. Der Mechanismus, der sonst meine Bewegungen steuert, setzt aus. Es scheint mir unmöglich, die Küche zu erreichen. Stattdessen ziehe ich eine Decke über den Kopf, um mich zu verstecken. Dabei ist niemand in der Wohnung, vor dem ich mich verstecken könnte.

Die absolute Kraftlosigkeit, wie bei einer starken Grippe, nur dass der Zustand viel länger anhält – Tage, Wochen, Monate. Und dass es am Anfang keine körperliche Kraftlosigkeit ist, sondern eine eingebildete. Allerdings ohne dass einem das klar ist. Sonst könnte man sie überwinden. Doch genau das geht in dem Zustand eben nicht.

Ich liege einfach nur da. Denke an etwas, registriere aber nicht, woran genau ich denke. Nur dass es düstere Gedanken sind. Konkreter wird es, wenn das Telefon klingelt. Ich will rangehen, aber dann müsste ich sprechen. Dazu fehlt mir die Kraft. Ich gehe also nicht ran. Irgendwann verstummt das Klingeln. Und ich fühle mich noch schlechter – weil ich nicht rangegangen bin.

Ich schäme mich. Nach jedem Klingeln, nach jedem nicht geführten Telefonat etwas mehr. Bis die Scham wie ein Riesenballast auf meine Brust drückt und mich noch mehr lähmt.

Der Fernseher läuft den ganzen Tag, mal mit, mal ohne Ton. Meistens mit. Manchmal wechsle ich meine Position, tausche den Fußboden gegen die Couch. Oder ich schaffe es bis ins Bad, lasse mir eine Wanne ein, weil mir kalt ist. Wärme mich im Wasser auf.

Nachts schlafe ich kaum. Und sobald der Tag anbricht, fürchte ich mich vor der nächsten Nacht, davor, wieder nicht schlafen zu können. So kommt es dann auch. Ein Kreislauf, wie ein Strudel, der mich hinabzieht.

Wozu tauge ich, wenn ich nicht einmal mehr in der Lage bin zu schlafen?

Noch mehr Scham. Und noch mehr Selbstverachtung.

Selbstbestrafung. Dann brauche ich auch nichts zu essen oder zu trinken. Ich verdiene das nicht, so ist es doch.

Ich weiß nicht, welcher Tag heute ist. Nur dass wir Februar haben, also Winter. Der Monat dürfte fast herum sein. Mein Geburtstag, der war am Neunten, liegt länger als eine Woche zurück. Davon bin ich überzeugt, ohne dass ich einen verlässlichen Anhaltspunkt dafür hätte. Mein Gefühl sagt es mir.

Die Erinnerungen sind nicht verschwommen, aber sie haben an Schärfe verloren, schon jetzt. Ich hätte den Tag am liebsten ignoriert. Ihn zu feiern, wäre ohnehin keine Option gewesen.

Wahrscheinlich hätte ich nicht einmal daran gedacht, dass es mein Geburtstag war, wäre das Handy nicht heißgelaufen: Anrufe, SMS, WhatsApp-Nachrichten, Mails. Ich reagierte bei niemandem, außer als das Display den Namen meines Bruders und später den meiner Schwester zeigte. Genau genommen ist sie meine Halbschwester, aber das machte für mich noch nie einen Unterschied.

Sollte ich bei anderen ans Telefon gegangen sein, so erinnere ich das nicht. Kann es mir auch kaum vorstellen, da ich merke, wie schwer mir jedes Wort fällt. Das war an dem Tag nicht anders.

Und dann waren da noch Thomas, ein Freund, erfolgreicher Schriftsteller, und seine Frau. Standen plötzlich vor der Tür und machten keine Anstalten zu gehen, auch nicht, als ich mich nach dem ersten und zweiten Klingeln nicht blicken ließ. Ich hätte allen Grund gehabt, sie nicht hereinzulassen. Wie die Wohnung aussah, muss sie den beiden äußerst befremdlich erschienen sein. Und mein Anblick erst, er wird ihnen einen Schock versetzt haben. Wann hatte ich mich das letzte Mal geduscht, wann die Haare gekämmt, wann rasiert?

Sie ließen sich nichts anmerken, oder es fiel mir nur nicht auf. Ich wagte kaum, ihnen ins Gesicht zu sehen, so sehr schämte ich mich. Murmelnd und meinen Blick auf den Boden gerichtet, presste ich eine Entschuldigung hervor, sie fiel spärlich aus. Dann ging ich in die Küche, brühte Tee auf. Mehr war nicht da, was ich ihnen hätte anbieten können.

Tee zuzubereiten erforderte zwei, drei Handgriffe, nichts, was mich normalerweise anstrengte. Doch jetzt spürte ich, wie mir die Kraft ausging. Kaum dass die zwei ausgetrunken hatten, bat ich sie zu gehen.

Hinter ihnen verriegelte ich die Tür, blieb einen Moment stehen, die Stirn gegen das kalte Holz gelehnt. Ich schloss die Augen, spürte Erleichterung. Weil ich allein war, nicht mehr ihren Blicken ausgesetzt, nicht mehr gezwungen, Konversation zu betreiben. Nur hielt dieses Gefühl gerade so lange an, bis es mir bewusst wurde.

Ich mag die beiden. Offenbar hatte ich sie zum Brunch eingeladen, nur wusste ich davon rein gar nichts mehr. Was wiederum ein Zeichen dafür sein konnte, dass die Sache mit der Schlange geschehen war, bevor wir uns das letzte Mal getroffen hatten, an Thomas' Geburtstag, kurz vor Weihnachten. Das lag sechs Wochen zurück. Keine Ewigkeit, und doch eine Ewigkeit. In meinem Zustand verlieren die Tage ihre Struktur, sind wie Milchglas. Und die Zeit verliert ihre Bedeutung, ebenso Hell und Dunkel. Und damit die Frage, ob es Tag ist oder Nacht, morgens oder abends …

Wurzeln

Als ich vier Jahre alt war, geriet meine kleine Welt aus den Fugen. Ohne dass ich es bemerkte. Oder ich verdrängte es, was ich für wahrscheinlicher halte. Als Kind ist man gut darin.

Wir wohnten in Kühlungsborn an der Ostsee. In einem Mehrfamilienhaus – genauer gesagt waren es vier Familien –, nicht weit vom Strand entfernt. Man ging bis zum Ende der Straße, folgte dort einem kleinen Schleichweg, schon spürte man den weichen Sand unter seinen Füßen. Und links davon sah man die Seebrücke. Zu der Zeit war sie nicht viel mehr als ein verlängerter Steg. Manchmal spielte ich darauf, aber noch lieber tobte ich über den Strand. Hauptsache, ich musste nicht stillsitzen. Mein Bewegungsdrang war unerschöpflich, selbst abends noch, dass meine Eltern manches Mal stöhnten.

Kühlungsborn, der Name übrigens eine Schöpfung der Nazis, galt als *das* Ostseebad der DDR. In den Sommermonaten überfluteten Tausende Urlauber den Ort. Natürlich nicht einfach so, der Arbeiter-und-Bauern-Staat organisierte und reglementierte die Erholung des werktätigen Volks. Zum Beispiel brauchte man einen sogenannten Ferienscheck, um an eine Unterkunft zu kommen. Solche Ferienschecks bekam nicht jeder, sie wurden zugeteilt.

Die Hotels hießen nicht Hotel, sondern Ferienheim, zumindest die meisten, und gehörten dem Freien Deutschen Gewerkschaftsbund. Campingplätze existierten auch, sie wurden Zeltplätze genannt und standen ebenfalls unter staatlicher Kontrolle. In der Ferienzeit waren sie notorisch überbucht, oder anders gesagt: brechend voll. Jede Schlafgelegenheit war heiß begehrt – und bei den Behörden genau registriert. Denn Kühlungsborn war auch Grenzgebiet, schwer bewacht. Vierzig Kilometer geradeaus, und man wäre im Westen gelandet, beim Klassenfeind. Deswegen war es nie eine gute Idee, mit einem Schlauchboot oder einem anderen Wassergefährt anzureisen. Das machte einen sofort verdächtig. Unnötiger Aufwand war es obendrein, auf die Ostsee durfte man damit nämlich nicht.

Das nur, um meine Kindertage ein wenig in den gesellschaftspolitischen Umständen, die damals herrschten, zu verorten. Als Vierjähriger beschäftigte mich nichts davon, außer dass mir natürlich auffiel, wenn sich im Sommer am Strand die Leute stapelten. Und dass meine Mutter sich beklagte, wenn die Regale im Konsum mal wieder leer waren, weil die Urlauber alles weggekauft hatten.

Was mich viel mehr interessierte, war das, was sich in der Sporthalle abspielte. Angesichts meines enormen Bewegungsdrangs meinte mein Vater, ich sei hyperaktiv. Und da er glaubte, dass ich später einmal relativ groß werden würde, meldete er mich beim Turnen an. Wasserspringen hätte er auch gut gefunden, aber Wasserspringer gab es in Kühlungsborn nicht. Turnen sei ideal für eine gute körperliche Koordinationsfähigkeit, überhaupt als Basisausbildung für andere Sportarten, für die Beweglichkeit und was er sonst noch aufzählte. Damit wollte er mich nicht überzeugen oder mir etwa das Training schmackhaft machen. So lief das in unserer Familie nicht. Vater sagte, was wir machen sollten, und wir machten es. Und Punkt.

Das soll keineswegs heißen, dass ich vom Turnen nicht begeistert gewesen wäre. Anders ließe sich schwer erklären, warum ich sechs Jahre dabeiblieb, mir all die Schmerzen antat. Dreimal die Woche fuhr ich von Kühlungsborn Ost nach Kühlungsborn West, dort stand unsere Trainingshalle. Ich schaffte es in die Leistungsgruppe, durfte bei Wettkämpfen starten, errang Urkunden und Medaillen.

Woran ich mich jedoch vor allem erinnere, sind Schmerzen. Und Tränen. Und in Verbindung damit an eine spezielle Art des Querspagats, den wir, gestützt auf zwei Hockern, vollführen mussten. Die Hocker deshalb, weil wir mit unseren Beinen über die Hundertachtzig-Grad-Streckung hinauskommen sollten, die beim normalen Spagat auf dem Boden möglich sind. Negativ dehnen, nannte unser Trainer das.

Sooft ich diese Übung wiederholte, jedes Mal trieb sie mir Tränen in die Augen. Aber das schafften andere Übungen auch. Oder kleinere Trainingsunfälle. Einmal stürzte ich vom Barren. Mein Schädel brummte, war bestimmt eine leichte Gehirnerschütterung. Trotzdem radelte ich zum nächsten Training wieder hin. Sport und Schmerz waren für mich so etwas wie siamesische Zwillinge. Ich glaubte, dass man leiden muss, um richtig gut zu werden.

Und ich wollte meinem Vater ein guter Sohn sein. Das wollte ich bestimmt. Und bestimmt wollte ich das umso mehr, je seltener ich ihn zu sehen bekam.

Vater arbeitete im Krankenhaus. Ich glaube, es war seine erste Stelle als Arzt. Wobei die Medizin nicht sein erster Beruf war. Ursprünglich hatte er Bäcker gelernt, unmittelbar nach dem Krieg. In einer kleinen Stadt, die Gnoien heißt und an dem Flüsschen Warbel liegt. Das wäre nicht weiter erwähnenswert, hätte er dort nicht meine Mutter Ingrid kennengelernt. Sie war die jüngste von drei Töchtern der Bäckerin, die das kleine Familienunternehmen allein führte, seit ihr Mann auf mysteriöse Weise im Gefängnis umgekommen war. Nicht unter den Nazis, das geschah nach der Kapitulation, angeblich hatte ihn jemand denunziert. Es war auch kein normales Gefängnis, in das sie ihn gesteckt hatten, sondern eines der geheimen Straflager der sowjetischen Besatzer. *Speziallager Nr. 9 Fünfeichen* am südlichen Stadtrand von Neubrandenburg. 1946 waren dort über zehntausend Häftlinge zusammengepfercht. Die Existenz solcher Lager wurde totgeschwiegen, zur damaligen Zeit und bis zum Ende der DDR. Erst danach kam heraus, dass in den Lagern Tausende wie Vieh dahinvegetierten und starben. Wer weiß, was sie Mutters Familie damals erzählten, die Wahrheit wird es nicht gewesen sein.

In einer Bäckerei zu arbeiten, in den Trümmerjahren, als es kaum Lebensmittel gab, war nicht das Schlechteste. Überhaupt in diesen Zeiten eine Lehrstelle zu kriegen. Vater war auch nicht unzufrieden, aber er wollte mehr. Und er wollte zu seinen Eltern. Von den beiden hatte er in seinem Leben bisher nicht viel gehabt. Sein Vater, also mein Großvater, Arnold Schenk, war früher Stummfilmmusiker gewesen, Pianist. Und anscheinend ein ziemlich unruhiger Geselle. Nach der Geburt seines Sohnes, 1929, hielt es ihn nicht lange zu Hause. Er tingelte über die Dörfer, spielte in Kinos und Wirtshäusern Klavier. Damit verdiente er seinen Lebensunterhalt. Und den seiner Frau, denn die zog mit ihm durchs Land. Das Kind, meinen Vater, ließen sie bei seiner Großmutter.

Ich sollte noch erwähnen, dass die Familie in Schneidemühl lebte, zunächst Hauptstadt der Provinz Posen-Westpreußen, dann von Pommern. Erst als Opa Arnold zur Wehrmacht eingezogen wurde, kam die Mutter zu ihrem Sohn zurück. Dafür diktierte jetzt der Krieg den Alltag. Schneidemühl blieb lange einigermaßen verschont. Und als in den letzten Kriegswochen drei Viertel der Stadt in Schutt und Asche fielen, im Zentrum blieb kaum ein Gebäude stehen, hielten sie sich zum Glück nicht mehr dort auf.

Großmutter war rechtzeitig mit Verwandten nach Stralsund geflüchtet. Und meinen Vater hatten sie zum Volkssturm geholt, Panzergräben ausheben, Hitlers letztes Aufgebot für den Endsieg. Zu der Zeit war er fünfzehn, ideologisch längst auf Kurs gebracht, wie das in den braunen Jahren üblich war: Mit zehn Pimpf beim Deutschen Jungvolk, mit vierzehn zur Hitlerjugend und da gleich Gefolgschaftsführer, dreißig Jungen unter sich. Vergessen die Zeit als katholischer Messdiener. Kurz vor Kriegsende meldete er sich sogar freiwillig für ein Spezialkommando, das er wohl kaum überlebt hätte. Als Pilot einsitziger und mit Bomben bestückter Flugzeuge sollte er feindliche Ziele anvisieren und sie dann im Sturzflug vernichten. Der Marschbefehl erreichte ihn noch. Doch bevor er sich zur Fliegerstaffel in Nürnberg durchschlagen konnte, zogen dort die Amerikaner ein, und das Schlachten hatte ein Ende.

Das Nachkriegswirrwarr begann. Mein Vater als Jugendlicher mittendrin. Zuerst Stralsund. In der Stadt überall Schilder: »Wer plündert, wird erschossen!« Dann wieder Polen, Schneidemühl, weil die Sowjets das so wollten. Von den Besatzungssoldaten dort lernte er, wie Angeln auf Russisch ging: Handgranate in den Teich, ein kräftiger Rums, und dann musste die Mahlzeit nur noch von der Wasseroberfläche gekeschert und gekocht werden.

Als der erste friedliche Sommer begann, rafften er, seine Mutter und zwei Tanten schon wieder ihre Habseligkeiten zusammen. Andernfalls hätten sie polnische Staatsbürger werden müssen, was sie nicht wollten. Also noch einmal Stralsund, aber nur für kurze Zeit. Von dort aufs Land zu einem Bauern. Bis mein Vater in Gnoien landete: Bäckerei Schoknecht, Teterower Straße.

Drei Jahre blieb er dort, dann fand die ersehnte Familienvereinigung statt, und zwar in Rostock. Opa Arnold war inzwischen aus der Kriegsgefangenschaft zurückgekehrt und hatte am hiesigen Theater eine Stelle als Korrepetitor zugewiesen bekommen. Oma arbeitete beim Rat der Stadt, heute würde man Stadtverwaltung sagen. Und mein Vater kam als Bäcker und Konditor in einem Café unter. Alle drei wohnten, anfangs zusammen mit zwei Tanten, in der Kirchenstraße 1, Kröpeliner-Tor-Vorstadt. Eine Adresse, die fünfunddreißig Jahre später auch für mich eine Rolle spielen sollte.

Zu Gnoien ist noch zu sagen, dass mein Vater dort seine Liebe zum Sport entdeckte, speziell zum Laufen. Ob Kurz-, Mittel- oder Langstrecke, bei den Kreismeisterschaften lief er allen davon. Er probierte es auch mit Fußball und Handball, sah sein größtes Potenzial jedoch in der Leichtathletik. Was sich – beziehungsweise: was er – später bestätigte, dann als Hürdenläufer. Er startete sogar für die Nationalmannschaft und gewann zwei DDR-Meistertitel. Zu seiner besten Zeit trainierte er bei Empor Rostock, legte dort die Spur, der ich einmal folgen sollte. Am Ende seiner Karriere adelte ihn der Ministerrat, die Regierung der DDR, mit dem Titel *Meister des Sports*. Das war die höchste Ehrung für einen Sportler im Land, mehr ging nicht.

Und da war in Gnoien noch die Sache mit Ingrid, der jüngsten Bäckerstochter. Lange Zeit schien sie sich für den schnellen Bäckergesellen nicht zu interessieren. Und der hielt sie fast genauso lange für ein verwöhntes Mädchen. Als Vater dann aber seinen Abschied verkündete, kamen die beiden doch zusammen. Nach zwei Jahren verlobten sie sich. Und noch einmal zwei Jahre darauf läuteten die Hochzeitsglocken. Vaters Erfolge im Sport halfen, schneller als üblich eine eigene Wohnung zu bekommen.

Irgendwann gab Vater seinen Beruf auf, um mehr Zeit für den Sport zu haben. Er holte das Abitur nach, das er durch den Krieg nicht hatte machen können. Und dann studierte er, erst Sport, anschließend Medizin. Ende 1959 kam mein Bruder Thomas zur Welt, gut fünf Jahre später ich. Womit wir wieder in Kühlungsborn wären, an der Ostsee, in meiner Kindheit Ende der Sechzigerjahre.

Etwas änderte sich in dieser Zeit – zwischen meinen Eltern. Vater kam eines Tages nicht mehr nach Hause. Und Mutter weinte. Und betete. Von da an betete sie oft. Und sie sagte manchmal komische Sachen. Zum Beispiel, dass sie ins Wasser gehen wolle. Ich verstand nicht, warum sie ins Wasser gehen wollte. Was hatte sie da vor? Oder sie sprach schlecht über eine Frau, die in der Nachbarschaft wohnte, auf der gleichen Straße, ein paar Häuser weiter. Das hatte sie vorher nie gemacht. Die Nachbarsfrau war Ärztin, hatte auch eine Familie. Sie arbeitete im selben Krankenhaus wie Vater, glaube ich. Was das eine mit dem anderen zu tun hatte, begriff ich in dem Alter nicht.

Unsere Eltern ließen sich scheiden. Vater zog nach Wolgast. Aus der Perspektive eines kleinen Kindes unendlich weit weg, über hundertfünfzig Kilometer. Dort müssen Thomas und ich ihn ab und an besucht haben. Ihn und die Frau, mit der er nun zusammenlebte, jene Ärztin aus dem Nachbarhaus, auf die Mutter nicht gut zu sprechen war. Und ihre Tochter, die sie inzwischen bekommen hatten, Anne-Kathrin.

Erinnern kann ich mich allerdings nur an einen Besuch. Da war Anne noch ein Baby. Ich schob sie im Kinderwagen, meine Oma, Vaters Mutter, lief neben mir her. Wir gingen ein Stück, auf einmal war der Bürgersteig zu Ende, was ich vorher allerdings nicht gesehen hatte. Plötzlich kippte der Kinderwagen nach vorn, ich konnte ihn nicht mehr halten. Wer weiß, was passiert wäre, wenn Anne auf den harten Boden gefallen wäre. Sie muss einen Schutzengel gehabt haben, landete genau auf dem Kissen, mit dem sie vorher zugedeckt war.

Das Verrückte an der ganzen Geschichte: In der Erinnerung war mein Vater nie weg. Für mich waren meine Eltern auch nie geschieden. Zwar war Vater eine Zeit lang in Wolgast, das ist schon hängen geblieben, aber er arbeitete dort ja auch, und wir hatten Kontakt zu ihm.

Anscheinend kam mir die Zeit auch nicht besonders lange vor. Dabei waren es zwei Jahre. Dann geschah etwas, was bis vor drei, vier Jahren in meinen Erinnerungen ebenfalls nicht existierte: Vater stand eines Tages vor der Tür, mit all seinen Sachen, und zog wieder bei uns ein. Und mit ihm Anne. Vater und Mutter heirateten sogar ein zweites Mal. Und Mutter adoptierte Anne.

Der Grund für den Sinneswandel meines Vaters war nicht, dass er die andere Frau nicht mehr liebte – es gab sie nicht mehr. Sie hatte sich die Pulsadern aufgeschnitten.

Die Affäre meines Vaters, die Scheidung der Eltern, Vaters neue Familie, der Selbstmord seiner zweiten Frau, Mutters gutherzige Entscheidung, ihren abtrünnigen Mann zurück- und mit ihm die fremde Tochter aufzunehmen – was auch immer das Leben unserer Familie erschütterte, weder meine Mutter noch mein Vater verlor je ein Wort darüber. Ich bin nicht einmal sicher, ob sie die Geschehnisse untereinander aufgearbeitet haben. Vor uns Kindern schwiegen sie sie tot, selbst als wir erwachsen wurden und Fragen stellten.

Als mein Vater auf die achtzig zuging, bat ich ihn, seine Lebensgeschichte aufzuschreiben. Kann sein, dass mein Wunsch mit meiner Krankheit zusammenhing. Dass ich mehr von ihm erfahren wollte, um besser zu verstehen, wo ich herkomme und wie ich zu dem wurde, der ich bin. Er tat mir den Gefallen, schrieb seine Erinnerungen auf, die wir dann zu einem kleinen Buch binden ließen. Es kamen etwas mehr als hundert Seiten zusammen. Er schrieb über seine Kindheit, wie er der jüngste Segelflieger Deutschlands wurde und wie er den Krieg überstand. Über seine berufliche Entwicklung vom Bäckerlehrling zum Kreisarzt und zum Stellvertreter des Bezirksarztes. Über seine Erfolge im Sport und welche Vorteile diese ihm brachten.

Er schrieb über seine politische Haltung, als Jungspund unter den Nazis und später als überzeugtes Mitglied der

SED, der er unter Walter Ulbricht beitrat. Über Stasi-Kontakte und wie einer seiner Onkel versucht hatte, ihn in den Westen zu locken. Er schrieb über seine Zeit als Ärztlicher Direktor des Krankenhauses in Bergen, die mit der Wende abrupt endete. Dass er sich damals wünschte, die DDR hätte als reformierter Staat überlebt. Er erwähnte auch, dass er als Arzt mit berühmten Patienten wie Margot Honecker und Gerhard Schürer, dem Chefplaner der DDR, in Kontakt kam. Am Ende schrieb er ein ganzes Kapitel zum Segeln, wie er damit anfing und über gemeinsame Törns mit Thomas.

Ein einziges Mal tauchte das Wort Scheidung auf. Aber lediglich, um zu erklären, warum er sich im Kühlungsborner Krankenhaus vom Posten des Parteisekretärs abberufen und in eine andere Klinik versetzen ließ: Als Geschiedener sei er kein Vorbild mehr gewesen.

Einige Namen suchte man in seinen Erzählungen vergeblich, zum Beispiel den seiner zweiten Ehefrau, Annes und auch meinen. Wobei er mich zumindest in einer kurzen Vorbemerkung erwähnte, als denjenigen, der ihn zu diesem Werk angestiftet hatte.

Wahrscheinlich sollte ich nicht zu viel in seine Aufzeichnungen hineininterpretieren. Vielleicht ist er nicht fertig geworden. Oder es strengte ihn irgendwann zu sehr an, sodass er den Stift beiseitelegte. Allerdings wäre es auch gelogen, würde ich behaupten, es hätte mich nicht berührt, als ich die Seiten das erste Mal las. Wenigstens ein paar Worte der Freude über die Geburt seiner Kinder hätte ich erwartet. Oder darüber, dass ihm und seiner Frau später Enkel geschenkt wurden. Auch dazu fand sich keine Zeile. Aber Erwartungen sind eben eine heikle Sache. Das hatte ich gelernt, schon damals als Kind.

Nach Vaters Rückkehr ging unser Familienleben weiter, als wäre nichts geschehen, jedenfalls in meiner Wahrnehmung. Wie unsere Eltern mit der Geschichte zurechtkamen?

Keine Ahnung. Auch darüber sprachen sie niemals, nicht mit uns. Thomas, der als Älterer mehr mitbekam, erinnert sich an heftige Spannungen, getrennte Betten und so etwas. Zwischen den beiden sei es nie mehr so geworden, wie es vor der Trennung war. Sollte es so gewesen sein, woran ich nicht zweifle, blendete ich die familiären Misstöne als Sechs- oder Siebenjähriger offenbar aus. Viel Zeit verbrachten wir auch nicht miteinander. Mutter und Vater gingen arbeiten, ich hatte nach der Schule meinen Sport.

Über die Sommerferien, wo mehr Zeit gewesen wäre, wurden Thomas und ich nach Gnoien geschickt, zu Oma Trudi. Die Bäckerei existierte noch. Thomas verbrachte die meiste Zeit mit zwei Cousins, die ungefähr in seinem Alter waren. Ich hatte mich mit Nachbarskindern angefreundet und wartete jedes Jahr gespannt darauf, sie wiederzusehen.

Gnoien war für Jungs wie uns ein wunderbarer Abenteuerspielplatz. Wir stromerten durch die Gegend, gingen in die Badeanstalt, oder es zog uns an eine bestimmte Stelle am Ortsrand. Dort befand sich ein ziemlich unübersichtliches Gelände mit Bäumen und Büschen und vor allem mit kleinen Hügeln, die sich hervorragend für Cross-Touren mit dem Fahrrad eigneten. Allerdings mussten wir dafür erst einmal die Wege schaffen. Ein Stück weiter gab es eine Motocross-Strecke, eine Nummer größer und wilder, dort holten wir uns die nötige Inspiration. Als wir endlich auf unserer eigenen Piste starten konnten, ahmten wir den Motorenlärm durch Mundgeräusche nach. Und dazu bewegten wir unsere rechte Hand am Lenkergriff, als würden wir Gas geben.

Ich liebte die Sommer auf dem Land. Sie waren so herrlich unbeschwert. Oma Trudi war eine resolute Frau, eine Respektsperson. Was sie sagte, war Gesetz. Manchmal klang sie mit ihrer energischen Art etwas streng, aber ich bin sicher, sie meinte es nur gut. Außerdem waren wir die meiste

Zeit mit unseren Freunden unterwegs. Und wenn wir nur draußen auf der Straße spielten, das ging damals. Oder auf dem Kirchplatz, der war nur eine Querstraße entfernt. Selten kam da mal ein Auto vorbei – weil kaum jemand eins hatte. Und nicht viel häufiger waren Mopeds oder Motorräder zu sehen.

Ich schätze, das war ein Grund, warum ich mitunter allzu arglos auf die Straße lief. Eines Morgens, ich muss vier oder fünf Jahre alt gewesen sein, schickte mich Oma zu einer anderen Bäckerei, ihr war die Hefe ausgegangen. Wie von zu Hause und vom Sport gewohnt, wollte ich meinen Auftrag besonders gut erfüllen. In dem Fall bedeutete das: besonders schnell. Ich riss also startbereit die Tür des Bäckerladens auf, kaum dass sie mir aufgetragen hatte, was ich erledigen sollte. Vor der Tür führten zwei, drei Stufen auf den Bürgersteig, die flitzte ich hinunter. Und von dort direkt weiter auf die Straße, da ich auf die andere Seite musste.

In dem Augenblick, als ich die Fahrbahn betrat, schoss von links ein Motorrad auf mich zu. Irgendetwas, vermutlich der Spiegel, erwischte meinen Kopf, dass mir Hören und Sehen verging – im wahrsten Sinne der Worte. Ich weiß nur, dass irgendwann ein Krankenwagen heranbrauste. Ob es mich direkt ausgeknockt hatte oder ob ich erst ein paar Schritte weiterging, bevor ich zusammenbrach – dieses Stück Film fehlt.

Mein Kopf muss übel ausgesehen haben, Blut und Gehirnflüssigkeit … ich spare mir die Details. Sie brachten mich in ein Krankenhaus, mit Blaulicht, anders kann es nicht gewesen sein. Die Diagnose hieß: Schädelbasisbruch. Zehn Tage soll ich im Koma gelegen haben, dann hätten die Ärzte verkündet: »Der Junge wird wieder.«

Das war so ziemlich das Einzige, was sie mir hinterher erzählten, Oma Trudi oder meine Eltern. Anschließend steckten sie auch diesen Vorfall schnell in die Schublade mit den Themen, über die nicht mehr geredet wurde. Dieses Ausschweigen schien eine Familientradition zu sein.

Zu Hause gab es immer nur zwei Gesprächsthemen: Sport und Politik. Wobei, das ist nicht ganz korrekt. Nach Vaters Aufenthalt in Wolgast ging es hin und wieder auch um Kunst. Dort hatte ihn der SED-Kreissekretär kurzerhand zum Vorsitzenden des Kulturbundes auserkoren. Das war ein ehrenamtlicher Posten, den er neben seiner eigentlichen Arbeit erledigte. Wer sich mit den Strukturen in der DDR nicht auskennt: So ein Kreissekretär war der Oberhäuptling aller Parteimitglieder, die in seinem Kreis lebten. Der Kulturbund galt offiziell zwar als überparteilich, war in der Realität vielerorts jedoch ein verkapptes Parteiorgan. Deshalb war es für die Aufgabe, die Vater übernehmen sollte, nicht weiter von Bedeutung, dass er keine Erfahrung besaß. Die Genossen regelten das. Er musste vorher nur in den Kulturbund eintreten. Natürlich gab es dann auch eine offizielle Wahl, aber man weiß ja, wie das lief mit Wahlen in der DDR.

Vater interessierte sich wirklich für Kunst, und seit dieser Zeit noch mehr. Besonders für Malerei, speziell für die von Otto Niemeyer-Holstein. Der lebte auf der Insel Usedom. Und die gehörte zum Kreis Wolgast, für den Vater in seiner neuen Funktion zuständig war. So lernte er ihn kennen.

Niemeyer-Holstein, für seine Freunde der »Käpt'n«, hatte sich an der schmalsten Stelle der Insel, zwischen Koserow und Zempin, ein idyllisches Refugium geschaffen, das er Lüttenort nannte. Vater nahm uns einige Male mit, wenn er ihn besuchte. Für mich war das immer eine Reise in eine geheimnisvolle Welt. Da war der ausrangierte Packwagen der Berliner Stadtbahn, in den Dreißigerjahren dorthin geschafft, die erste bescheidene Unterkunft für den Maler und seine Familie. Und der alte Holzkahn im Garten, ein Wrack, längst nicht mehr seetauglich. Überhaupt der Garten – wie ein verwunschener Ort. Knorrige Bäume, Eichen zumeist.

Auch Obstbäume. Und Büsche. Stolze Hortensien und wilde Blumen. Wo man hinschaute, wucherte Grün. Und über das Grün erhoben sich hier und dort eigenwillige Gebilde, die die Erwachsenen als Plastiken bezeichneten. Und welche, die sie Skulpturen nannten, menschenähnlich, doch irgendwie in ihren Proportionen verzerrt. Oder es fehlte der Kopf. Oder es war nur ein Kopf, wie aufgespießt. Geschenke von Künstlerfreunden, wie ich später erfuhr. Oder Tauschware, für die es im Gegenzug ein Werk des Meisters gab. Und manches lag wie verloren auf dem Boden, oder als wäre es aus dem Meer hierhergespült worden. Das also war Kunst.

Wie der Käpt'n seine eigene Kunst schuf, sollte mir noch Jahre verborgen bleiben. Auf das kleine Glasfenster in der Tür zu seinem Atelier hatte jemand – höchstwahrscheinlich der Hausherr selbst – mit hellblauer Farbe vier Buchstaben gepinselt: *T A B U*. Ich wusste nicht, was das Wort bedeutete, ob es überhaupt ein richtiges Wort war, in welcher Sprache. Instinktiv hielt ich mich aber von der Tür fern. Dabei hätte ich zu gern gewusst, was sich dahinter verbarg. Was die jungen Frauen dort machten, die ich manchmal durch die Tür verschwinden sah. Oder was es zu bedeuten hatte, wenn plötzlich laute Musik ertönte, wo der Käpt'n doch Maler und kein Musiker war.

Das Rätsel löste sich, als ich zehn oder elf Jahre alt war. Bei einem unserer Besuche durfte ich endlich den heiligen Raum betreten. Der Geruch von Pfeifenrauch hing in der Luft. Dort stand ein alter Armlehnstuhl, gegenüber ein Kachelofen, da eine Staffelei. Dazwischen Töpfe mit Pinseln. Töpfe mit Farben. Farbtuben. Paletten zum Anmischen der Farben. Eine Holzkiste mit leeren Farbtuben. Einige krümmten sich wie Regenwürmer in der Sonne.

Auf der Ablage vor der Fensterfront kleine Skulpturen. Und Blätter aus Papier. Und Stifte. Und Flaschen. Farbtuben auch hier. Und Krüge, in denen noch mehr Pinsel steckten.

Und andere Dinge, die ich nicht zuzuordnen wusste. An den Wänden Bilder, ringsum auf dem Boden auch, an die Wand gelehnt. Alles wirkte durcheinander und doch irgendwie sortiert. Als hätte sich jeder einzelne Gegenstand exakt an dem Platz befunden, wo der Meister ihn haben musste. Ich versuchte, all diese Sachen mit ihm in Verbindung zu bringen, um ihn mir bei der Arbeit vorzustellen. Oder wie er in seinem Stuhl saß, nachdenklich an seiner Pfeife sog und dabei durch die großen Fenster in den Garten sah.

Das weitläufige Grundstück erstreckte sich bis zum Achterwasser, einer Art Lagune zwischen Festland und Insel. Dort befand sich ein Steg, an dem der Käpt'n ein Segelboot liegen hatte, das im Gegensatz zu dem Kahn im Garten noch fahrtüchtig war. Das reizte mich natürlich, selbst einmal Kapitän zu spielen. Ich sehe es noch wie heute vor mir: Ein herrlicher Sommertag. Anne, sie muss damals ungefähr drei gewesen sein, trug ein blaues Kleid mit gelbem Faltenröckchen. Thomas war nicht dabei.

Anne und ich konnten es kaum erwarten, die Kaffeetafel zu verlassen. Als die Erwachsenen uns endlich ziehen ließen, liefen wir durch den Garten und landeten nach einer Weile am Wasser, an dem Steg. Wir zögerten nicht lange, kletterten in das Boot, um es genauer zu inspizieren. Zumindest war das meine Intention. Anne hatte mehr Spaß daran, ein paar Runden auf den Planken zu drehen. Auf einmal hörte ich es platschen, als hätte jemand etwas ins Wasser geworfen. Ich guckte, wo Anne steckte, lief übers Boot, sah in jede Luke, nirgends war sie zu finden.

Ihren Blick werde ich nie vergessen, als ich sie endlich entdeckte – im Wasser. Offenbar hatte sie eine Kurve mit zu viel Schwung genommen und war über Bord gegangen. Blitzschnell warf ich mich auf den Boden, machte meinen Arm so lang ich konnte, bis ich ihre Hand zu fassen kriegte und Anne hochhieven konnte. Sie bekam keinen Ton heraus, sie wirkte geradezu apathisch, weinte nicht einmal. Das muss der Schock gewesen sein. Zum Glück war ihr sonst nichts geschehen.

In Vaters Büro zu Hause hing später ein Ölgemälde, das der Käpt'n gemalt hatte. Das Porträt eines Jungen. Es erinnerte mich immer an unsere Besuche in Lüttenort. Ich frage mich, wie gut die beiden Männer sich kannten. In seinem Büchlein beschrieb Vater, wie er und Thomas einmal mit Niemeyer-Holsteins altersschwachem Gaffelkutter bis zum Greifswalder Bodden segelten. Jedem wird der Käpt'n kaum sein Boot überlassen haben. Andererseits fällt es schwer, sich Vater und ihn als dicke Freunde vorzustellen. Zu unterschiedlich schienen mir die beiden, allein was ihre politische Einstellung betraf. Die konnte man in der DDR ja nicht so einfach wegwischen.

Bei uns zu Hause wurde zum Beispiel kein Westfernsehen geguckt, obwohl wir ARD und ZDF empfangen konnten. Das war schon ein Statement, das natürlich auf uns Kinder abfärbte. Vater war unser Vorbild. In seinen Erinnerungen schrieb er dann auch, dass ihm das mit der führenden Rolle der Arbeiterklasse gefiel. Und dass die Parolen des Sozialismus zu seiner Vorstellung von einer guten Gesellschaft passten. Gleiches Recht für alle, Arbeit für jeden und solche Dinge. Bevor er in Rostock stellvertretender Bezirksarzt werden durfte, musste er zur Parteischule, Marx und Lenin pauken. Das schien ihm nichts auszumachen, er beklagte sich nicht. Als er später seinen Vorgesetzten, den Bezirksarzt, vertrat, saß er in Dienstberatungen mit dem Minister für Gesundheitswesen zusammen. Auch zu anderen leitenden Genossen des Zentralkomitees schien er gute Kontakte zu haben. Also nach ganz oben.

Das Zentralkomitee, insbesondere dessen Politbüro, war die Machtzentrale der DDR. Es diktierte der Regierung und damit den verschiedenen Ministerien, wie das Land gesteuert werden sollte. Das nannte man die führende Rolle der Partei. Aber genug des Geschichtsunterrichts. Vater war Kommunist. Das sagte er selbst von sich, auch noch, als das politische System zusammenbrach. Er verabscheute Menschen, die sich gegen die DDR stellten, etwa indem sie Republikflucht begingen. Als einmal ein Arzt aus seinem Krankenhaus von einer Reise in den Westen nicht zurückkehrte, fluchte er: »Erst all das Gute im Sozialismus mitnehmen, aber dann die Republik verraten.«

Dagegen war der Maler auf Usedom geradezu ein Freigeist. Ein Unangepasster. Seine politische Haltung einzuschätzen schien selbst die Regierung zu überfordern. Mal hieß es, er sei eine herausragende Künstlerpersönlichkeit, weshalb sie ihm staatliche Orden ans Revers hefteten, etwa den Nationalpreis, den Stern der Völkerfreundschaft auch. Dann wiederum schickten sie Stasi-Leute los, die ihn wegen des Verdachts landesverräterischer Agententätigkeit und staatsfeindlicher Hetze observierten.

Der Käpt'n zog die schillerndsten Persönlichkeiten an: Maler und Bildhauer, Schriftsteller, Musiker, Schauspieler, selbst Politiker kamen vorbei. Und der Präsident des Kulturbundes, in dem Bereich Vaters oberster Chef, solange der in Wolgast war.

Aber dieser Abschnitt war nun Vergangenheit. Vater war zurückgekehrt. Unsere Eltern heirateten sogar wieder. Der neuerliche Familienzusammenschluss wirkte sich auf Vaters Karriere positiv aus. Er bekam eine Stelle in einem größeren Krankenhaus. Das bedeutete allerdings nicht, dass Ruhe in unser Leben einkehrte.

Zwei

So flüchtig manche Erinnerungen in dieser strukturlosen Zeit, die vom Geburtstagsabend bei Thomas, dem Schriftsteller, kann ich abrufen, als würde ich am Fernseher einen Film einschalten.

Eine illustre Runde in seiner Wohnung, die meisten versammelt an einem großen Tisch. Small Talk hier, Small Talk da, wie das so ist am Anfang einer Party, bis sich alle einmal beschnuppert haben. Kulinarische Köstlichkeiten wurden gereicht. Im Hintergrund lief unaufdringliche Musik. Alle schienen sich wohlzufühlen.

Ich war nicht in bester Verfassung, versuchte aber, mir nichts anmerken zu lassen. Setzte ein Dauerlächeln auf, sprach mit diesem und jenem, ohne dass das Gesagte in meinem Gedächtnis haften blieb. Als lösten sich die Worte in Luft auf, bevor sie mein Ohr erreichten.

Ich bemühte mich, Fragen zu erkennen, formulierte Antworten, mit der Hoffnung, dass sie zu den Fragen passten. Fast vergaß ich meine Unsicherheit. Die angenehme Atmosphäre half, hüllte mich ein wie ein Kokon.

Auf einmal aber schlug die Stimmung um, ohne dass in dem Zimmer oder in der Wohnung etwas vorgefallen wäre. Weder war ein neuer Gast erschienen, noch hatte jemand vorzeitig die Runde verlassen. Und es hatte auch niemand Streit gestiftet.

Eine kurze Nachricht war es, die über die sozialen Medien in die gemütliche Vorweihnachtsstimmung drang und alles änderte; an diesem Abend in Thomas' Wohnung, in der Stadt, ja, im ganzen Land.

Am Anfang war nicht klar, ob es ein Unfall war oder ein Anschlag. Die Lage sei unübersichtlich, hieß es. Jemand soll mit einem Lastwagen in voller Geschwindigkeit auf den Weihnachtsmarkt an der Gedächtniskirche gedonnert sein. Von Verletzten wurde berichtet und von einem Toten.

Thomas schaltete den Fernseher ein. Ich kam mir vor wie in einem schlechten Traum. Die Gedächtniskirche war nicht weit entfernt, man hätte fast hinlaufen können. Eine vertraute Gegend, den Weihnachtsmarkt kennt jeder in der Stadt, den markanten Kirchenbau sowieso. Nur war auf dem Bildschirm gerade etwas ganz anderes zu sehen: Rettungswagen und Polizeifahrzeuge, Blaulichtblitze, demolierte Verkaufsstände, zersplittertes Holz. Dazwischen ein Sattelschlepper, wie ein riesiger Fremdkörper, als wäre dort ein Wal gestrandet. Polnisches Kennzeichen, auf der Ladefläche Tonnen von Stahl, schwarze Fahrerkabine, die Frontscheibe zerborsten. Menschen wurden von Notärzten und Sanitätern versorgt. Die Zahl der Opfer stieg beinahe im Minutentakt. Ein Dutzend Verletzte, hörten wir, über fünfzig dann, am Ende würde man mehr als hundert zählen – und zwölf Tote …

Vaters Erwartungen

Es war ein kühler Septembertag. Die Wolken hingen tief. Als mein Vater und ich unser Ziel erreichten, dämmerte es bereits. Ich hatte ihn in seinem Krankenhaus abgeholt. Er wollte mir unbedingt den Sportplatz zeigen. Da waren wir nun. Genau genommen war es ein Stadion, so stand es über dem Eingang. Heute hat man andere Bilder im Kopf, wenn man von einem Stadion spricht. Aber hier geht es um die Siebzigerjahre, in der DDR. Und dort nicht etwa um Berlin oder Leipzig, sondern um Stralsund, Provinz. In der Mitte des Sportplatzes eine Rasenfläche, oval umkreist von einer schwarzen Aschenbahn, und die eingezäunt von einem Geländer aus Metallrohren. Dahinter Sitzbänke aus Holz, die einfachsten, die man sich vorstellen kann. Und trotzdem: Ich war fasziniert.

Auf dem Rasen trainierte eine Gruppe Sportler. Jungs und Mädchen, die jüngsten ungefähr in meinem Alter – ich war elf. Sie liefen nebeneinander her, stemmten ihre Oberkörper nach vorn, allerdings schien sie irgendetwas zu bremsen. Sie kamen voran, doch offenbar nur mit größter Mühe und so langsam, dass es von unserem Platz fast wie Zeitlupe wirkte. Dann sah ich, dass jeder von ihnen einen Gürtel um den Bauch hatte, an dem ein Seil befestigt war, etwa drei oder vier Meter lang. Und wo die Seile aufhörten, waren große Reifen, riesige Teile, sie mussten für Lastwagen oder Traktoren sein. Bei den Bauern in Gnoien hatte ich solche gesehen.

Zugwiderstandslauf nannte sich diese Art des Trainings. Ob mein Vater mir das gleich erklärte, als er meine staunenden Augen sah, oder ob ich das erst später lernte, weiß ich nicht mehr.

Dafür weiß ich noch genau, wie sehr mir das imponierte. Diese Anstrengung, die nur mit purer Kraft zu bewältigen war. Beim Turnen ging es um Beweglichkeit und Koordination, um Ästhetik, schon auch um Kraft, aber nicht in dieser brachialen Form. Was die hier veranstalteten, war das totale Gegenprogramm. Und da ich so etwas noch nie gesehen hatte, dachte ich, niemand sonst vollführte solche krassen Übungen. Die Vorstellung, zu ihnen zu gehören, dasselbe zu machen wie sie, übte einen ungeheuren Reiz auf mich aus. Als gehörten die Jungs und Mädels zu einer Geheimloge, die nur Auserwählten zugänglich war.

Und es kam noch etwas hinzu: Ich war zu der Zeit, was man eine halbe Portion nennt. Nicht sehr groß, vor allem dünn wie ein Strich in der Landschaft. Das hatte mir den wenig schmeichelhaften Spitznamen »Speiche« eingebracht. Verständlich also, dass ich mir ein bisschen mehr auf die Rippen wünschte. Und das bisschen Mehr am liebsten als Muskeln. Kurz und gut: Ich wollte wie die da drüben auf dem Rasen solche gewaltigen Reifen hinter mir herschleifen. Und wie ich das wollte! Auf der Stelle entschied ich: Diesen Sport mache ich auch!

So geht meine Version. Die von meinem Vater würde vermutlich etwas anders ausfallen. Vor diesem ersten Besuch in dem Stadion hatte ich zaghaft den Wunsch geäußert, Turnen durch Tennis zu ersetzen. Tennisspieler fand ich cool. Björn Borg zum Beispiel, der war damals mein Hero. Das durfte man sogar laut sagen, denn als Schwede fiel er nicht in die Kategorie Klassenfeind. Meine Eltern spielten selbst Tennis. Aber mein Vater wusste durch seine Kontakte auch, was gewisse Herrschaften in Berlin von diesem Sport hielten. Für die war Tennis kein Sport der Arbeiterklasse. Außerdem war Tennis damals nicht olympisch, somit untauglich für den Klassenkampf auf der großen internationalen Bühne. Man kann also davon ausgehen, dass mein Vater mich gezielt zu den Leichtathleten lotste.

Als Kind lebt man in dem Moment, der gerade ist. Man erinnert sich vielleicht an gestern oder vorgestern, man schaut aber nicht in die Zukunft. Und erst recht nicht entwirft man Pläne, was irgendwann einmal sein könnte. Mein Vater dagegen sah den größeren Zusammenhang. Dass sein Sohn turnte, war ein guter erster Schritt. Doch nun war es an der Zeit, den nächsten zu gehen.

Unser Besuch im Stadion bedeutete: Er hatte sich entschieden, dass ich bei den Leichtathleten anfing. Ich sollte ihm nacheifern, Hürdenläufer werden wie er. Das wird er nicht gesagt haben, musste er auch gar nicht. Mit meinen elf Jahren hatte ich die familiären Regeln, seine Regeln, längst verinnerlicht.

Wir waren also von Kühlungsborn nach Stralsund umgezogen. Weg aus dem belasteten Ort, der unsere Familie auseinandergebracht hatte. Das wäre so niemals thematisiert worden, ich reimte es mir später zusammen. Verständlich ja auch. Für den Neuanfang eine neue Umgebung, neue Kontakte. Vater konnte wieder in die Vorbildrolle schlüpfen. Diesmal nicht als Parteisekretär, diesmal beriefen sie ihn – zusätzlich zu seiner Arbeit im Krankenhaus – zum Kreisarzt. Wobei natürlich auch da die Partei mitmischte.

Unsere Familie bekam eine Wohnung auf dem Gelände eines Krankenhauses, das am westlichen Stadtrand lag. Es war aber nicht das, in dem Vater beschäftigt war. Der Komplex wirkte wie ein Dorf im Grünen, nur dass die meisten Häuser größer und höher waren, als man das aus Dörfern kennt. Sogar eine Kirche stand dort. Einen Friedhof hatte es früher auch gegeben.

Überhaupt war es ein geschichtsträchtiger Ort, vielmehr: ein geschichtsbelasteter, das trifft es besser. Die ältesten Gebäude wurden Anfang des vorigen Jahrhunderts errichtet, als Heilanstalt für psychisch Kranke. Unruhige Männer und Frauen, wie man sie damals nannte, wenn man sich vornehm ausdrückte. Später kamen Infektiöse hinzu, hauptsächlich Tuberkulose- und Malaria-Patienten. Und Suchtkranke. Wie ein gewisser Rudolf Ditzen, der einmal als Hans Fallada berühmt werden sollte. *Kleiner Mann – was nun?* Sein Leiden: Morphinismus. Nicht nur damals, Anfang der Zwanzigerjahre, diese Sucht kostete ihn später das Leben. *Jeder stirbt für sich allein.* Wie passend, der Titel seines letzten Romans, den er sich kurz vorm Tod noch abrang, obwohl er darin nicht die eigene Geschichte erzählte.

Später, in Deutschlands düstersten Jahren, wurden all diese Kranken, hier in Stralsund und anderswo, zu lebensunwertem Leben deklariert. Das Gesetz zur Verhütung erbkranken Nachwuchses führte zu Zwangssterilisationen und den sogenannten NS-Krankenmorden. Aktion T4, verkündet als Gnadentod. Ab in die Tötungsanstalten, ab ins Gas. Auch die Stralsunder Heilanstalt wurde geräumt. Sie war sogar die erste im Deutschen Reich. Anfangs karrten sie die Patienten einfach in einen Wald und erschossen sie dort. Die nächsten wurden ins Gas geschickt. Am Ende waren fast alle tot, über tausend. Dann rückten SS-Kohorten ein und machten eine Kaserne daraus.

Als wir dort lebten, war es wieder ein Krankenhaus, aufgegliedert in verschiedene Kliniken, in denen Patienten mit psychischen und Sucht-Erkrankungen behandelt wurden.

Wir wohnten separat in einem Ärztehaus. Ein schmuckloser Bau, zwei Geschosse, ein Dachboden, von den dunkelgrauen, fast braunen Außenwänden bröckelte der Putz. Der Dachboden war unser Revier. Dort hatten Thomas und ich unsere Zimmer. Zwei bessere Kammern, aber wir waren zufrieden, denn da oben waren wir allein. Vor unseren Zimmern stand eine Tischtennisplatte. Die nutzte ich fürs Training nach dem Training. Oder – später – um ein Mädchen einzuladen. Tischtennisspielen war unverfänglich, dagegen konnte niemand etwas sagen.

Vom Krankenhaus bis zu meiner Schule waren es circa drei Kilometer. Meistens legte ich die mit dem Fahrrad zurück, manchmal zu Fuß. Beides ein gutes Ausdauertraining. Dass ich mich in der Schule anzustrengen hatte, verstand sich von selbst. Ich war Jungpionier. Als solcher hatte ich einen klaren Kampfauftrag. Das fünfte Gebot! Ich meine nicht das aus der Bibel. Wie in der Heiligen Schrift gab es auch im Pionierausweis, unserer heiligen Schrift, zehn Gebote. Und das fünfte lautete: »Wir Jungpioniere lernen fleißig, sind ordentlich und diszipliniert.«

Abgesehen davon erwarteten das meine Eltern von mir. Deswegen: Kapriolen aus der Schulzeit? Fehlanzeige. Ich war zwar nicht der Beste in der Klasse, aber einer von den Guten. Mit Einsen und Zweien in so ziemlich allen Fächern rutschte ich unauffällig von einer Klassenstufe zur nächsten. Nur eines war anders als bei den meisten meiner Mitschüler: Ich hatte keine Freunde, jedenfalls keine, mit denen ich außerhalb der Schule viel Zeit verbrachte.

Freunde suchte ich mir beim Sport. Das machte schon deshalb mehr Sinn, weil ich meine Freizeit zum größten Teil auf dem Trainingsplatz verbrachte. Anfangs an zwei oder drei, dann an vier Nachmittagen in der Woche. Die Sportler, die ich im Stadion beim Reifenlauf bestaunt hatte, gehörten zur BSG Motor Stralsund. Das war nun auch mein Verein. BSG stand für Betriebssportgemeinschaft. Und der Betrieb, das war die Volkswerft, sie finanzierte den Verein.

Ich trainierte alle Disziplinen, außer Stabhochsprung und Hammerwerfen. Natürlich auch Hürdenlauf, darauf bestand mein Vater. Wohingegen er ungern sah, dass ich mich auf der Achthundertmeterstrecke verausgabte. Er meinte, dadurch würde ich nur noch dünner. Dabei mochte ich diese

Disziplin besonders. Hier wurde mir alles abverlangt, bis zur Erschöpfung.

Aber im Grunde war mir egal, was ich trainierte, solange ich überhaupt trainieren durfte. Für jemanden, der dieses Feuer nicht kennt, wird das schwer zu verstehen sein. Unmöglich zu verstehen wäre es jedoch, wenn dieses Feuer nicht da gewesen wäre. Einmal kann sich jeder überwinden, auch zweimal oder zehnmal, aber jeden Tag, jede Woche, jeden Monat – über Jahre hinweg?

Ich musste mich nie überwinden. Ich konnte nicht genug bekommen. Ich liebte es, mich zu bewegen. Ich liebte es, mich zu verausgaben, bis der Punkt erreicht war, an dem ich nicht mehr konnte, bis ich das Limit spürte. Und ich liebte es, technische Abläufe, Bewegungsmuster einzustudieren, bis ich sie beherrschte. Und wenn ich das erreicht hatte, bereitete mir nichts größere Freude, als jeden Tag etwas besser zu werden. Das war mein Ziel und zugleich meine Motivation. Dafür brauchte ich keine zehn Gebote im Pionierausweis, keinen Kampfauftrag. Ich dachte nicht einmal darüber nach. Diese Motivation, sie war einfach da. Als Bestandteil meiner DNA, von mir aus auch gottgegeben.

Es machte mir nichts aus, von den Trainern jeden Schritt vorgegeben zu bekommen. Sie wussten, wie es geht – ich nicht. Damit waren die Rollen klar verteilt. Sobald ich auf dem Sportplatz stand, war der Trainer mein Vater. Derjenige, der ansagte, was zu tun war, und ich führte es aus. Man könnte lange philosophieren, was eine solche Konstellation mit jungen Menschen macht. Wohin das führt, oder wohin das führen kann. Jeder ist anders, geht mit dem, was ihm auf seinem Weg begegnet, auf andere Weise um. Und dennoch: Aus meiner Sicht ist die Wahrscheinlichkeit, dass sich daraus eine Form von Hörigkeit entwickelt, nicht zu unterschätzen. Bei mir war es so, damals schon, und das sollte erst der Anfang sein.

Vater verfolgte meine sportliche Entwicklung mit Wohlwollen. Vermutlich auch mit einer gewissen Genugtuung. Er hatte zuvor schon meinen Bruder zur Leichtathletik gebracht, jedoch bald einsehen müssen, dass dessen Talente woanders lagen. Thomas war daraufhin zu den Seglern gewechselt – seiner wahren Bestimmung. Er hätte gute Chancen gehabt, bei den Olympischen Spielen 1984 in Los Angeles zu starten, wäre die DDR nicht dem Boykott der Sowjetunion gefolgt. Schon während der Schulzeit war er ein guter Segler, einer der besten. Ich weiß noch, wie er in der zehnten Klasse als Sportler des Jahres nominiert wurde. Ich war so stolz, dass ich wochenlang die Werbetrommel rührte, damit er gewählt wurde.

Für mich war er sowieso der Held. Weil er mein großer Bruder war und weil er irgendwie alles schaffte. Dabei hatte ich keine Ahnung, wie sein Leben wirklich aussah. Obwohl unsere Zimmer so dicht beieinanderlagen, wussten wir kaum etwas vom anderen. Jeder lebte in seiner eigenen Welt. Das brachte der Altersunterschied mit sich – und der Sport. Thomas widmete sich seinem so intensiv wie ich meinem. Und wenn doch mal etwas Zeit blieb, verbrachten wir die selten miteinander. Thomas verzog sich in unseren Keller, bastelte Modellschiffe und -flugzeuge oder irgendetwas anderes.

Stundenlang an einem Fleck sein, womöglich noch stillsitzen – dafür hätte ich gar nicht die Ruhe gehabt. Dann begleitete ich doch lieber meine Eltern zum Tennis. An den Wochenenden, meistens sonntags, wenn Punktspiele anstanden. Sie spielten beide, Anne und ich sahen zu, gemeinsam mit anderen Kindern. Und nach den Matches saßen alle wie eine Familie an einer großen Tafel. Im Sommer auf der Terrasse, im Winter drin. Kuchen stand auf dem Tisch. Jeder brachte etwas mit. Es duftete nach frisch gebrühtem Kaffee. Für uns Kinder gab es Milch oder Kakao.

Diese Bilder habe ich abgespeichert. Dazu Bilder, wie mein Vater und meine Mutter lachen – mit anderen. Vielleicht sogar miteinander. Bilder aus guten Zeiten. Die gibt es auch von Urlauben und Ausflügen. In Momentaufnahmen konservierte Erinnerungen. Skifahren im Riesengebirge. Skifahren in den Rhodopen. Unsere sozialistischen Bruderländer. Die Ferienplätze organisierte Vater über die Partei. Im Sommer fuhren wir meist nicht weit weg. Warum auch, wo das Meer fast vor der Tür begann. Sommerwochen in Graal-Müritz und auf Rügen. Baden in der Ostsee. Segeln vor Seedorf, auf der Boddenseite. *Vega* hieß das Boot, ein Einmaster. Und Wanderungen, zum Beispiel zur *Moritzburg,* einem Ausflugslokal, dann weiter zum Hafen in Sellin. Welch ein Gewimmel auf dieser Strecke – unzählige Glühwürmchen! Welch ein Zauber! Die Erinnerung daran, als wäre es ein Märchen gewesen. Was gut passt: ein bisschen heile Welt. Aber ich will nicht ungerecht sein. Vielleicht waren meine Eltern glücklicher, als es schien. Ich weiß es nicht.

Doch es ging um den Sport. Das war meine Konstante, darauf fokussierte ich mich. Alles andere: Randerscheinungen, mehr oder weniger. Jedes Training ging ich an wie einen Wettkampf. Nie war eine Trainingseinheit banal, sondern immer wichtig. Und die, die ich gerade absolvierte, war die allerwichtigste überhaupt.

Wenn ich sage, dass ich meine Sache ganz ordentlich machte, dann ist das die Sicht von heute. Damals lief ich ständig mit dem Gedanken herum, dass ich nicht gut genug sei. Ich schätze, daher der Anspruch, das Immer-besser-werden-Wollen.

Aber manchmal war ich wirklich nicht gut. Ich erinnere mich an einen Crosslauf in Franzburg. Das ist eine kleine Stadt, kaum mehr als ein Dorf, mit dem Auto zwanzig Minuten von Stralsund entfernt. Mein Vater hatte mich hingebracht und beobachtete nun, wie sich sein Junge schlug. Es war ein Bezirks-Crosslauf. Das heißt, man hatte sich vorher über Schul- und Kreis-Crossläufe qualifizieren müssen.

Das könnte die Erwartungshaltung meines Vaters hochgeschraubt haben. Wobei die eigentlich immer hoch war. Die Strecke wurde sonst für Motocross genutzt, entsprechend aufgewühlt war der Boden. Über einen Rundkurs von einem Kilometer ging es ständig bergauf, bergab. Diese Runde sollten wir fünfmal laufen.

Ich merkte ziemlich schnell, dass ich nicht den besten Tag erwischt hatte. Die Läufer an der Spitze legten eine Geschwindigkeit vor, die einem jeglichen Mut nehmen konnte. Ich versuchte trotzdem mitzuhalten – was sich als Fehler herausstellte. Ich hätte mein eigenes Tempo laufen, mir die Kräfte einteilen sollen. Aber dafür war es inzwischen zu spät. Als ich bei der dritten Runde die Stelle erreichte, wo mein Vater stand, keuchte ich ihm entgegen: »Ich kann nicht mehr.«

Ich hätte wissen müssen, dass er das nicht hören wollte. Ich wusste das auch, aber ich konnte wirklich nicht mehr. Fast hätte ich die Strecke verlassen, doch plötzlich hörte ich, wie er fauchte: »Du läufst jetzt weiter!«

Keine Ahnung, wie ich die nächsten tausend Meter hinter mich brachte. Meine Beine schienen losgelöst vom Kopf ihren Dienst zu verrichten. Aber diesen Zustand kann man nicht ewig aufrechterhalten. Bei mir funktionierte es genau so lange, bis ich wieder das Gesicht meines Vaters erblickte. Und wieder keuchte ich, dass ich nicht mehr könne. Vermutlich klang es diesmal eine Spur flehender oder erschöpfter oder verzweifelter. Jedenfalls sagte Vater: »Dann hör doch auf!«

Ich drehte ab, blieb stehen, schnappte nach Luft. In solchen Momenten denkt man nichts. Man ist einfach nur froh, die Quälerei überstanden zu haben. So war es da auch.

Allerdings kaum länger als ein paar Luftzüge. Dann schlich sich das schlechte Gewissen ein. Ich fühlte mich miserabel. Nicht wegen der körperlichen Schmerzen, die würden vergehen, so wie sie nach dem Training vergingen oder nach anderen Wettkämpfen. Dass ich aufgegeben hatte, machte mich fertig. Und leider blieb das nicht das Einzige.

Mein Vater hatte nämlich noch eine Überraschung parat. Meine Atmung fand gerade zum gewohnten Rhythmus zurück, als er auf einmal sagte: »Jetzt sieh aber zu, wie du nach Hause kommst.«

Er sagte es, drehte sich um und marschierte los – zum Auto.

Und dann fuhr er allein davon. Kein Wort mehr, kein Blick, nichts. Ich stand da wie ein begossener Pudel. Ich hatte ihn enttäuscht. Ich war schwach gewesen.

Es kam nie wieder vor, dass ich aufgab, bei keinem Wettkampf. Stattdessen trainierte ich noch gewissenhafter. Und da ich allem Anschein nach nicht völlig talentfrei war, stellten sich erste Erfolge ein. Sogar im Hürdenlauf, der nun wirklich nicht meine Paradedisziplin war, sosehr sich das mein Vater gewünscht haben mochte. Aber vielleicht war genau das der Grund, der es schwierig machte: seine Erwartung. So viele Stunden ich Hürdenlauf trainierte und so viele Wettkämpfe ich bestritt, die Hürden blieben für mich immer Hindernisse, sie wurden nie Freunde. Ich hatte Angst vor ihnen. Mal konnte ich sie besser verdrängen, mal schlechter, aber vorhanden war sie immer, diese Angst, bei jedem Lauf, bis zum Ende meiner Karriere.

Ein Erlebnis könnte mein kompliziertes Verhältnis zu dieser Disziplin zusätzlich belastet haben. Es muss im Herbst oder im Winter nach der Pleite beim Crosslauf gewesen sein. Wieder war mein Vater als Chauffeur dabei, da der Wettkampf in Rostock stattfand. Ich weiß den Grund nicht mehr, aber wir fuhren viel zu spät los. In der Regel war ich eine Stunde vorm Start in der Halle, um mich in Ruhe umziehen und aufwärmen zu können. Und um mich auf die bevorstehende Aufgabe einzustimmen. Die Gedanken abschütteln, die nicht dorthin gehörten, einen klaren Fokus bekommen. Das machte ich selbst vorm Training so.

Eine halbe Stunde hätte notfalls auch genügt. An dem Tag waren es lediglich fünf Minuten. Ans Warmmachen brauchte ich keinen Gedanken zu verschwenden. Ich konnte froh sein, es wenigstens noch rechtzeitig zum Start geschafft zu haben.

Ich nahm meine Position im Startblock ein, schon ertönte das Signal. Sechzig Meter Hürden. Von der Startlinie bis zur ersten Hürde benötigte ich acht Schritte. Nicht nur an dem Tag, das war immer so, in dem Alter. Ich hatte diese Schritte wer weiß wie oft trainiert und dabei einstudiert wie ein Balletttänzer eine Choreografie. Ich hätte sie mit geschlossenen Augen laufen können. Wie auch den neunten Schritt und alle weiteren, die bis zum Ziel folgten. Mit dem neunten hätte ich die erste Hürde überquert, in einer Art Luftspagat, das Schwungbein voraus, das Nachziehbein hinterher. Normalerweise.

Und normalerweise hätte eben beutetet: aufgewärmt und mit dem Kopf hundertprozentig bei der Sache. Stattdessen landete ich mit dem Schwungbein am Holz der Querlatte. Die Hürde kippte nach vorn, ich verhedderte mich, verlor das Gleichgewicht, stürzte und schlug dabei mit dem Kopf aufs Parkett.

Mein Schädel dröhnte. Aber schlimmer war, dass ich mir wie der letzte Depp vorkam. Gleich die erste Hürde und dazu ein Abgang, der alles andere als elegant ausgesehen haben muss. Wenigstens brauchte ich mir diesmal keine neue Fahrgelegenheit zu suchen. Mein Vater entschuldigte sich sogar bei mir, dass er sich mit der Zeit verkalkuliert hatte.

Das Gute ist, dass Niederlagen einen voranbringen. Bei

einem Erfolg reflektiert man nicht, bei Niederlagen schon. Zumindest wenn man so tickt wie ich. Ich würde sogar behaupten, dass ich an jeder Niederlage gewachsen bin. Weil es dazu führte, dass ich Dinge infrage stellte, mich infrage stellte, meine Herangehensweise, meine Ziele. Was musste ich verändern, um besser zu werden? Darauf lief schließlich alles hinaus, das war das oberste Kriterium – beim nächsten Mal besser zu sein, am besten der Beste.

Wobei mir das dann auch nicht genügte. Für den Moment schon, aber nicht als dicker Pflock fürs Selbstbewusstsein. Das erwies sich komischerweise selbst nach Siegen als brüchig. Gefühlt war ich nie gut. Vielleicht weil ich im Unterbewusstsein wusste, dass immer noch Luft nach oben war. Somit blieb auch immer ein Ziel, das ich anpeilen konnte.

Klingt nach einer ausgeklügelten Motivationsstrategie. Ich wünschte, es wäre eine gewesen. Aber, hey, ich war noch ein halbes Kind. Auf der Suche nach der eigenen Identität, oder welches Entwicklungsstadium ich gerade durchlebte. Was hätte ich dafür gegeben, vor meinen Sportkameraden mit breiterer Brust dazustehen. Ob ich einen Wettkampf gewann oder nicht, beim Fußballspielen wählten sie mich trotzdem als Letzten in ihre Mannschaft – ich war nicht sehr geschickt im Umgang mit einem Ball. Allzu gern hätte ich eine Strategie gewusst, durch die mir das erspart geblieben wäre.

Apropos Ziele anpeilen: Ob mir jemand den Floh ins Ohr setzte, mein Trainer vielleicht oder mein Vater, oder ob ich selbst darauf kam, kann ich nicht mehr sagen. Auf jeden Fall reifte in mir der Wunsch, den Sprung auf die Kinder- und Jugendsportschule, KJS, zu schaffen. Aus heutiger Sicht wird man das nicht unbedingt verstehen. Dazu müsste man sich in die Zeit zurückversetzen und nur noch das wissen, was man damals wusste. Und so denken, wie man damals dachte. Den gleichen Göttern glauben, denen man damals glaubte. Wobei das reine Gerüst des Systems, die Struktur der Sportförderung, nicht so verkehrt war. Die flächendeckende Sichtung des Nachwuchses, das Entdecken und Fördern von Talenten, und das bereits im Kindesalter. Wie gesagt, die Ideologie und all die anderen Auswüchse mal weggedacht. Und den Zwang, den es wohl auch gab, aber nicht bei mir. Mich hätte niemand zwingen müssen. Im Gegenteil. Ich war geradezu beseelt von dem Gedanken, auserwählt zu werden, um auf diese Schule zu kommen. Wenn ich erst dort wäre, malte ich mir aus, könnte ich den ganzen Tag Sport treiben.

Ich denke, dass mich diejenigen, die für die Auswahl der Schüler maßgeblich waren, bereits auf dem Radarschirm hatten. Meine Trainer konnten sie auf mich aufmerksam machen, entscheiden durften sie nichts. Das Ganze funktionierte nach einem Stufensystem. Man musste eine nach der anderen nehmen. Das totale Leistungsprinzip. Erst Kreis-, dann Bezirks-, dann DDR-Meisterschaften. Das Gleiche gab es als Kinder- und Jugendspartakiaden, nur dass die nicht jedes Jahr stattfanden. In der Zeit, um die es geht, standen die nächsten Bezirksmeisterschaften bevor. Für diese Stufe war ich bereits qualifiziert. Nun witterte ich meine Chance.

Zur Vorbereitung dieser Meisterschaft wurde ich zu einem Trainingslager eingeladen. Ein gutes Zeichen, denn das Trainingslager wurde nicht von unserem Verein veranstaltet, sondern von der Bezirksorganisation des Deutschen Turn- und Sportbundes. Das war praktisch das Sportministerium auf Bezirksebene. Man könnte auch sagen, der verlängerte Arm der Sportbund-Zentrale in Berlin. Die wurde von jenem Zentralkomitee beziehungsweise dessen Politbüro dirigiert, das ich im Zusammenhang mit Vaters Kulturbundaktivitäten erwähnte. Es galt das gleiche Prinzip: gemacht wurde, was die SED anordnete. Der Präsident des Sportbundes war Mitglied des Zentralkomitees, dort liefen alle Fäden zusammen. Und von dort wurden unter anderem auch die Richtlinien vorgegeben, die entschieden, wer zur Sportschule durfte und wer nicht.

Um es kurz zu machen: Das Trainingslager lief bestens. Es machte sogar richtig Spaß. Wir schliefen in Armeezelten, zwanzig in einem, Mädchen und Jungen getrennt. Bis zum Ufer der Ostsee waren es nur ein paar Schritte. Morgens der Weckruf für alle, Tischdienste bei den Mahlzeiten, Teetrinken aus Plastikbechern … Ich kam mir vor wie im Ferienlager. Mit dem Unterschied, dass wir zum Trainieren dort waren. Was wir auch ausgiebig taten, angeleitet vom Cheftrainer des Bezirks. Er und seine Leute verpassten uns den letzten Schliff.

Was diese zwei Wochen zusätzlichen Trainings bei mir bewirkten, zeigte ich dann bei den Meisterschaften. Ich gewann gleich in drei Disziplinen: Hürdenlauf, Weitsprung und Mehrkampf (sechzig Meter, Weitsprung, Kugelstoßen, Hochsprung, achthundert Meter). Wenn das keine überzeugende Bewerbung war!

Drei

Lange ertrug ich die Nachrichtenflut nicht. Erschöpfung übermannte mich, ich war müde, verwirrt. Ich verabschiedete mich, verließ die Geburtstagsgesellschaft, die sich in einen politischen Debattierklub verwandelt hatte. Die Themen: Religion, Integration, Politik, Krieg. In besseren Zeiten wäre ich geblieben, hätte mitdiskutiert. Aber die Zeiten waren nicht gut, nicht für mich und seit diesem Abend anscheinend auch nicht für dieses Land.

Die Parallelen zum Anschlag von Nizza waren offenkundig. Was, wenn es auch hier in Berlin ein Anschlag war?

Diese Frage ratterte während der Rückfahrt in Dauerschleife durch meinen Kopf. Aber das Thema war in dieser Nacht zu groß für mich. Wenn man auf einer Briefmarke steht, um sich herum nichts als Abgrund, verbessert man seine Lage nicht, indem man sich nach vorn beugt und in die Tiefe schaut.

Diese Erkenntnis muss nach einigen Tagen verblasst sein. Hatte ich es bis dahin vermieden, mich dem Breitscheidplatz zu nähern, obwohl er nur etwa einen Kilometer von meiner Wohnung entfernt lag, zog es mich ausgerechnet am Silvesterabend dorthin.

Was das über meinen Gemütszustand aussagte, darüber machte ich mir keine Gedanken. Ich schätze, dass ich mich einsam fühlte, so mutterseelenallein in der Wohnung, in den letzten Stunden des Jahres. Jedenfalls hatte ich nichts Besseres vor …

Westpakete

Ich hatte mir die Veränderung gewünscht, aber offenbar nicht die Konsequenzen bedacht – oder sie falsch eingeschätzt. Mich falsch eingeschätzt. Was weiß man mit zwölf Jahren schon von sich? So alt war ich gerade geworden, als mich meine Eltern eines Tages zu Tante Annemarie verfrachteten. Nach Stäbelow.

Um diesen Ort auf der Karte zu finden, muss man lange suchen. Damals war er noch kleiner als heute, ungefähr halb so groß. Zusammen mit zwei benachbarten Dörfern bildete er eine Gemeinde, die es kaum auf fünfhundert Einwohner brachte. Stäbelow verfügte über exakt eine Attraktion: die rote Backsteinkirche. Ein unspektakuläres, schlichtes Bauwerk, Gotik, dafür stammte es aus dem 13. Jahrhundert, zumindest der Feldsteinsockel und Teile des Gebäudes. Nur wenige Schritte entfernt der Dorfteich. Mit einem schmalen Streifen Wiese drum herum bildete er das Zentrum. Am Ortsrand, wo die Wohngrundstücke aufhörten, breiteten sich Wiesen und Ackerflächen aus, so weit das Auge reichte, nur hier und da unterbrochen von Baumgruppen oder kleinen Wäldern. Das reinste Landleben. Beschaulichkeit und Ruhe. Pure Idylle. Und weit und breit nichts, was mich von meinen Aufgaben hätte ablenken können – von meiner Mission.

Stäbelow, das Dorf, das nun mein Zuhause war, liegt nur einen Katzensprung von Rostock entfernt. Dort befand sich die Kinder- und Jugendsportschule. Deswegen mein Ortswechsel. Zwar hatten sie mich noch nicht angenommen, aber ich sollte schon mal in dem Verein trainieren, in dem auch die KJSler trainierten. Das war der SC Empor Rostock.

Dazu muss man wissen, dass jede KJS mit einem Sportklub verkoppelt war. Diese Sportklubs zählten zu den besten im Land. Sie beschäftigten die qualifiziertesten Trainer, verfügten über die größten finanziellen Möglichkeiten, vereinten die leistungsstärksten Sportler. Es wurden aber auch nur die besten Sportler genommen. In solchen Vereinen konnte man sich nicht einfach anmelden und zum Training stiefeln. Dahin wurde man delegiert.

Der SC Empor Rostock war ein Begriff in der Sportwelt, nicht nur im DDR-Kosmos, auch international. Durch die Erfolge einiger Leichtathleten, Schwimmer und Wasserspringer und mehr noch durch die der Handballer, die zeitweise die halbe Nationalmannschaft stellten, Medaillen bei Welt- und Europameisterschaften und bei Olympischen Spielen errangen.

Und jetzt muss man sich einen Zwölfjährigen vorstellen, der auserwählt worden war, die heiligen Trainingsplätze dieser Sportler nicht nur von der Tribüne zu bestaunen, sondern selbst darauf zu trainieren, dabei womöglich einem von ihnen zu begegnen. Wie soll ich das beschreiben? Diesem Anfang wohnte ein Zauber inne … frei nach Hermann Hesse. So war es tatsächlich. Es hatte etwas Magisches. Und zugleich war es ein riesengroßer Ansporn.

Der Umzug zu Tante Annemarie brachte allerdings auch die Trennung von meinen Eltern. Wie schwer es ihnen fiel, ihren Sohn ziehen zu lassen, zumal in dem Alter, konnte ich nicht einschätzen. Sie sprachen nicht darüber. Also ging ich davon aus, dass auch ich nicht über meine Gefühle sprechen sollte, nicht über mein Heimweh, nicht darüber, wie einsam ich mich an manchen Tagen fühlte, wie sehr ich sie vermisste. Ich versuchte, ein großer Junge zu sein. Ein großer Junge kam allein mit so einer Situation zurecht. Und mit seinen Gefühlen. Schwäche zeigen kam nicht infrage. Aufgeben war nicht mal ein Gedanke.

Tante Annemarie war eine recht strenge Person. Ich mochte sie trotzdem, wahrscheinlich gerade deswegen. Sie war in dem, was sie sagte, sehr klar. Bei ihr gab es kein Entweder-oder, kein Vielleicht. Wenn sie eine Richtung vorgab, dann war das eine Linie, der man zu folgen hatte, und nicht ein Bereich, innerhalb dessen man sich bewegen konnte. Über ihrer Oberlippe sprossen dunkle Haare, es sah aus, als hätte sie einen Bart. Anfangs hatte mich das irritiert, mir sogar ein wenig Angst eingeflößt. Mittlerweile fand ich, dass es ganz gut zu ihrer herben Art passte.

Tante Annemarie war nicht meine richtige Tante. Soviel ich weiß, waren wir durch die Familie meiner Mutter über ein paar Ecken verwandt. Ich kannte sie und ihren Mann Bruno schon länger. Wir hatten die beiden öfter besucht, als ich noch kleiner war. Onkel Bruno war Bauer. Das waren die meisten in Stäbelow. Sozialistische Bauern, sie arbeiteten in der LPG, entweder in der Pflanzenproduktion oder in der Milchviehanlage.

Bei Onkel Bruno war es etwas anders. Ihm gehörte ziemlich viel Land. Und zu ihm kamen Leute, die hohe Posten in der Partei hatten, in Rostock oder in Berlin. Mit denen spielte er Skat. Und die Männer redeten viel. Das weiß ich, weil mein Vater mitspielte, wenn wir dort waren. Er kannte diese Männer auch.

Als Kind interessierte mich nicht, worüber sie sprachen. Meist drehten sich die Gespräche wohl um Politik. Ich fand es viel aufregender, im Garten auf Bäume zu klettern und Kirschen oder Äpfel zu pflücken.

Zum Glück hatte ich selten Zeit zum Grübeln. Meine Tage waren vollgepackt, von Montag bis Sonnabend. In der DDR musste man auch samstags zur Schule. Jeden Morgen halb sechs weckte mich Tante Annemarie. Dreißig Minuten später saß ich auf dem Fahrrad und strampelte nach Rostock. Bis zu meiner neuen Schule waren es knapp fünfzehn Kilometer. Der erste Wettkampf des Tages. Meine tägliche Kleine Friedensfahrt.

Ich hätte die Strecke gemächlich angehen können. Bis der Unterricht begann, war genügend Zeit. Aber das wäre zu langweilig gewesen. Schließlich war ich Sportler. Und Sportler fuhren nicht spazieren, sich suchten die Herausforderung, den Wettstreit. Da ich niemanden hatte, der die Strecke mit mir fuhr, war ich mein eigener Kontrahent. Jeden Morgen feuerte ich mich an: Los, heute schaffst du eine neue Bestzeit!

Ungefähr auf der Hälfte der Distanz begann ein Anstieg. Nicht vergleichbar mit der Steilen Wand von Meerane, der Höhenunterschied hier betrug insgesamt keine fünfzig Meter. Dafür zog sich die Steigung ewig hin, bestimmt zwei Kilometer, die mir jedes Mal vorkamen wie fünf. Mit einem ordentlichen Rad wäre das keine große Sache gewesen. Das hätte nämlich mehr als drei Gänge gehabt wie meins. Andererseits: Ich wollte mehr Muskeln. Dafür war es ein super Training. Für meine Ausdauer sowieso. Dass ich die achthundert Meter für einen Sechstklässler erstaunlich schnell lief, hatte ich garantiert dieser Kraxelei mit zu verdanken. Morgens hin, nach der Schule direkt weiter zum Training, von dort abends zurück nach Stäbelow – jeden Tag über dreißig Kilometer. Bei Wind und Wetter. Im Hellen wie im Dunkeln. Und stets am Limit, als jagten wilde Tiere hinter mir her.

Ein halbes Jahr ging das so, dann gehörte ich richtig dazu. Mit der Aufnahme an die KJS änderte sich mein Tagesrhythmus. Am Morgen Schulunterricht. Noch vor dem Mittagessen die erste Trainingseinheit, zwei Stunden in der Laufhalle oder im Laufstadion, je nach Jahreszeit und Wetterlage. Nach der Mittagspause wieder Schule und im Anschluss daran wieder Training. Vor achtzehn Uhr war nie Schluss. Dann Abendessen, Hausaufgaben, und der Tag war gelaufen.

Die jeweiligen Zeiten, wann etwas begann und wann es zu Ende war, gingen mir in Fleisch und Blut über. Ich könnte sie noch heute herunterbeten. Die einzelnen Stationen, die ich ansteuern musste, um mein Tagespensum zu erfüllen, lagen nur ein paar Schritte voneinander entfernt. Außer der Schule, für den Weg dorthin benötigte ich fünfzehn Minuten. Aber auch diese Distanz war exakt einkalkuliert. Die Stationen und Zeiten, das waren meine Koordinaten für die nächsten Jahre. Mehr Struktur war kaum möglich.

Für manche mag das klingen, als wäre die KJS eine Art Gefängnis mit regelmäßig organisiertem Freigang gewesen. Ich empfand das nicht so. Ich dachte auch gar nicht darüber nach, ob etwas anders sein könnte. Ich stellte nichts infrage, zweifelte nicht daran, dass ich in die richtige Richtung marschierte, den Richtigen folgte, den Guten.

Immerhin wurden an der KJS die Olympiakader ausgebildet, die besten Sportler der DDR, die dann in die Welt hinausgeschickt wurden, um allen zu demonstrieren, wie stark der Sozialismus war, dem Imperialismus überlegen. Diese politische Dimension schwang immer mit, vom ersten Tag an. Aber das war für mich nichts Neues. In den Schulen davor hatten die Lehrer das Gleiche gepredigt, nur nicht auf Sport bezogen. Von zu Hause kannte ich solche Reden auch.

Und war es denn nicht so? Hatte die DDR bei den Olympischen Spielen in Montreal 1976 nicht sagenhafte neunzig Medaillen gewonnen? Davon vierzig goldene. Platz zwei in der Medaillenwertung, hinter dem großen Brudervolk, der Sowjetunion, vor den USA und vor der Bundesrepublik, dem Klassenfeind, den wir nur BRD nannten. Und waren es nicht fast ausnahmslos KJS-Sportler, die in Kanada triumphierten? Waldemar Cierpinski, für ewig unvergessen sein Marathonlauf. Kornelia Ender, die Seriensiegerin, gleich viermal erschwamm sie Gold. Udo Beyer, der Dominator im Kugelstoßen. Und Rosemarie Ackermann im Hochsprung.

Sogar unsere Fußballer. Unter ihnen Gerd Kische, der sonst mit Hansa Rostock im Ostseestadion spielte, hundert Schritte von unserer Laufhalle entfernt. Sie alle standen bei den Siegerehrungen ganz oben auf dem Podest, während im Stadion die Nationalhymne der DDR ertönte. Und die ganze Welt schaute zu.

Wenn das der Weg sein sollte, der nun auch mir vorgezeichnet war, so schien mir nichts falsch daran. Ich erinnere vage, dass ich ein Formular unterschreiben musste, mit dem ich mich zur Verschwiegenheit verpflichtete. Ich sollte niemandem verraten, was wir trainierten und wie wir trainierten, und auch sonst nichts preisgeben, was sich an der Sportschule abspielte. Selbstverständlich setzte ich meinen Namen darunter, ohne jeden Argwohn. Ich tat alles, was man von mir verlangte. Man ging nicht zur KJS, um eventuell irgendwann einmal die theoretische Chance zu besitzen, vielleicht erfolgreich zu sein. Die DDR war eine Planwirtschaft, das hatte ich in der Schule gelernt. Und für uns wurde eben geplant, dass wir eines Tages Großes vollbringen, für unser Land Medaillen erkämpfen und dafür bejubelt werden. Nur logisch, dass es neben den Plänen bestimmte Regeln gab, um dieses Ziel zu erreichen.

Das mit der Planerei war wie eine Religion. Die Bibel dazu entwarfen sie in Berlin, beim Zentralkomitee, indem sie den Stellenwert des Sports in der sozialistischen Gesellschaft definierten. Außer diesem übergeordneten allgemeinen Plan gab es viele spezifische: für Breitensport, für Leistungssport, für die unterschiedlichen Sportarten, für dieses Jahr, für das kommende, für den nächsten Olympiazyklus, für die Bezirke und ebenso für die Kreise, auch für die Städte, für alle Kinder- und Jugendsportschulen insgesamt und für jede einzeln, dort dann für die jeweiligen Trainingsgruppen und so weiter. Wahrscheinlich habe ich nicht einmal die Hälfte aller Pläne aufgezählt, die damals geschrieben wurden.

Am Ende wurde jeder Plan für den einzelnen Sportler heruntердekliniert, bis daraus konkrete Trainingspläne wurden – für den aktuellen Monat, für die Woche, für den Tag. Dafür waren die Trainer zuständig. Als Vorlage erhielten sie sogenannte Rahmentrainingspläne, die von Sportwissenschaftlern entwickelt wurden. Diese Pläne spezifizierten sie für jeden ihrer Schützlinge. Das nannte sich dann ITP – individueller Trainingsplan. Bevor danach trainiert werden durfte, musste er von den »Obertrainern« abgesegnet werden. Kurz gesagt: Das Ganze war eine Wissenschaft.

Wobei ich der Zeit etwas vorausgeeilt bin. In der Anfangsphase war es weniger kompliziert, da wurde das Training noch allgemeiner gehalten. Was es aber auch da schon gab, waren Perspektivpläne. Die Trainer legten für jeden Einzelnen fest, um wie viel er seine Leistungen innerhalb eines vorher definierten Zeitraums zu verbessern hatte. Da trafen sich Plan- und Leistungsprinzip. Ich glaube, es gab in der DDR keinen anderen Bereich, wo dermaßen konsequent nach Leistung entschieden wurde. Und das nach einem Maßstab, der ausschließlich auf Weltklasse ausgerichtet war, auf die Besten der Besten. Entweder man erreichte, was von einem erwartet wurde, oder man wurde aussortiert. Ohne Rücksicht auf Verluste.

Ich würde gern schreiben, dass meine Eltern in der Zwischenzeit alles daransetzten, nach Rostock zu ziehen. Wahrscheinlich habe ich das damals gedacht. Auf jeden Fall wünschte ich es mir. Kein schlechtes Wort über Tante Annemarie, sie war immer gut zu mir. Ich werde nie vergessen, wie sie sich freute, wenn ich nach Hause kam und von einer neuen Bestleistung berichtete, die mir im Training oder bei einem Wettkampf gelungen war. Als ich im Weitsprung das erste Mal die Sechsmetermarke knackte, lief sie von der Küche ins Wohnzimmer und machte dabei sechs große

Schritte. Dann blieb sie stehen, strahlte mich an und sagte voller Begeisterung: »Sieh nur, so weit bist du gesprungen – von hier bis in die Küche!« Auf ihre Art vermessen, wirkten die sechs Meter noch weiter als vorher in der Sprunggrube. In solchen Momenten hätte ich sie umarmen können. Und dennoch: Sie war nun einmal nicht meine Mutter.

Ende des Jahres kamen meine Eltern, Thomas und Anne tatsächlich nach Rostock. Wir zogen in eine Wohnung in der Nähe des Hauptbahnhofs. Thomas, der beim Armeesportklub Vorwärts trainierte und parallel dazu ein Lehrerstudium absolvierte, bekam ein eigenes Zimmer. Anne und ich mussten uns eins teilen, aber ich war die meiste Zeit sowieso nicht da.

Dass der Umzug weniger mit mir zu tun hatte, als ich damals annahm, erfuhr ich erst durch die Aufzeichnungen meines Vaters kurz vor seinem Tod. Demnach war er bei einem Lehrgang dem Bezirksarzt von Rostock begegnet, der zufälligerweise gerade einen neuen Stellvertreter suchte. Als der ihn fragte, ob er diese Funktion übernehmen wolle, zögerte er nicht lange. Stellvertretender Bezirksarzt war ein politischer Posten, rein administrativ. Statt Patienten zu behandeln, saß er in einem Büro beim Rat des Bezirks, ganz in der Nähe unserer Wohnung.

Aber gut, Hauptsache, die Familie war wieder zusammen. Gerade rechtzeitig, Weihnachten stand bevor. Für mich die schönste Zeit. Der Adventskranz im Wohnzimmer, der Duft der Räucherkerzen, alles war geschmückt. Kindheitserinnerungen. In der Adventszeit bauten wir immer unsere Modelleisenbahn auf, H0, und spielten damit. Oder mit der Autorennbahn, die kam später hinzu. Wir hatten eine von Prefo, VEB Pressformwerk. Die war nicht so cool wie eine Carrera-Bahn aus dem Westen, aber Spaß machte es auch damit.

Der Höhepunkt dann Weihnachten, Heiligabend. Jedes Jahr das gleiche Ritual. Im Wohnzimmer wurde der Weihnachtsbaum geschmückt, heimlich, obwohl wir Kinder natürlich wussten, was die Eltern hinter der zugehängten Tür trieben. Aber wir taten ahnungslos, spielten das Spielchen mit, weil es so schön war und weil wir die Stimmung liebten, diese freudige Erwartung. Punkt achtzehn Uhr öffnete sich die Tür, der Raum erstrahlte festlich im Kerzenschein, es waren immer echte Kerzen, und es duftete nach frischem Tannengrün. Die Lichter nahmen wir wohl wahr, doch fast genauso schnell wanderten unsere Blicke unter den Baum, dort lagen die Geschenke.

Die gleiche Situation beim ersten Weihnachtsfest in Rostock. Diesmal war ich besonders aufgeregt. Ich hatte mir neue Spikes gewünscht. Allerdings keine, die man einfach so im Geschäft kaufen konnte, nicht bei uns. Normalerweise benutzte ich welche von Zeha, einer DDR-Marke. Die waren nicht schlecht, aber es gab eine andere Marke, die einen weitaus klangvolleren Namen besaß und bei uns Sportlern heiß begehrt war: die mit den berühmten drei Streifen. Dummerweise gab es die nur im Westen. So linientreu mein Vater war, diesen Wunsch konnte er verstehen. Während seiner aktiven Zeit, damals stand die Mauer noch nicht, war er selbst einmal nach Westberlin gefahren und hatte sich solche Sportschuhe gekauft.

Eines der Geschenke unterm Weihnachtsbaum schien genau die richtige Größe zu haben – und es war für mich bestimmt. Wir mussten unsere Geschenke immer sehr sorgsam auspacken, damit das Papier nicht einriss, da es im nächsten Jahr wieder verwendet werden sollte. Nachdem ich vorsichtig die Seiten freigelegt hatte, kam ein blauer Karton zum Vorschein. Mein Herz schlug schneller. Dieses Blau war unverkennbar. Dann strahlten sie mir entgegen, im schönsten Weiß, mit blauen Streifen.

Ich wollte die Spikes natürlich sofort anprobieren. Hätte ich beinahe auch getan. Wenn meine Mutter nicht wie von der Tarantel gestochen aufgesprungen wäre. »Das Parkett!«, rief sie. Schnell rutschte ich auf den Teppich, aber da durfte ich sie auch nicht anziehen: »Der Teppich!«

Wo und wie sie die Spikes aufgetrieben hatten? Vermutlich über eine Tante meines Vaters, die lebte im Westen, die Schwester von Opa Arnold. Sie schickte Weihnachten immer ein Paket. Noch so ein Ritual: Wenn jeder von uns seine Geschenke ausgepackt hatte, ging meine Mutter nach nebenan und kam mit dem Paket der Tante zurück, über das wir uns dann gemeinsam hermachten. Ein zweites Paket aus dem Westen erwartete uns bei Oma Trudi in Gnoien, die wir immer am zweiten Weihnachtsfeiertag besuchten. Das kam von einer Schwester meiner Mutter.

Diesen Paketen haftete der Ruch des Verbotenen an, was sie natürlich umso interessanter machte. Offiziell hatten wir keinen direkten Kontakt, weder zu den Tanten noch zu jemand anderem im Feindesgebiet. Das wäre für Vaters Karriere schädlich gewesen, für Thomas als Sportler eines Armeeklubs sicher auch, und mir hätte es den Zugang zur KJS versperrt. Bevor man dort aufgenommen wurde, musste man angeben, ob man Westverwandtschaft hatte. Das allein wurde vielleicht noch toleriert. Offenbarte man jedoch, mit den Verwandten in Kontakt zu stehen, womöglich sogar persönlich, über gegenseitiges Briefeschreiben hinaus, hatte man denkbar schlechte Karten.

Meine neuen Laufschuhe durfte ich Heiligabend also lediglich mit Blicken bewundern. Als hätte man jemandem seine Lieblingsspeise serviert, dessen Hände dann aber am Stuhl festgebunden. Ich sehnte den nächsten Morgen herbei. Es war noch dunkel, als ich die Spikes in die Sporttasche packte, mein Fahrrad schnappte und zum Ostseestadion düste.

Im Laufschritt erklomm ich die Dammkrone des Stadions, das ging damals noch. Dann stieg ich auf der anderen Seite eine Treppe hinunter, bis ich die unterste Stufe erreichte, ungefähr auf Höhe des Ziels beim Hundertmeterlauf. Ich zog die Schuhe an, zum ersten Mal, stakte hinüber zur Aschenbahn, die hier war rot, trabte los, anfangs verhalten, dann zügiger. Und während ich lief, bald noch schneller, schaute ich immer wieder nach hinten. Durch die Dornen wurde bei jedem Schritt Sand hochgeschleudert. Das war bei meinen alten Spikes genauso, doch an diesem Morgen fühlte es sich anders an. Der Sand schien viel höher zu spritzen. Und überhaupt, fast kam es mir vor, als würde ich schweben. So etwas kann man sich einbilden, schon klar. Und, ja, ich wollte natürlich, dass meine Schuhe die besten auf der ganzen Welt waren.

Ich lief einmal die hundert Meter, machte mich gerade wieder auf den Weg zurück zum Start, auf einmal hörte ich, wie jemand rief: »Darf ich mitlaufen?« Eine Frauenstimme, sie kam mir bekannt vor. Ich sah zur Tribüne hinauf. Und erstarrte fast. Bildete ich mir das ein? Sie war es wirklich: Marita Koch. Sie trainierte auch bei Empor, war im Gegensatz zu mir schon eine Berühmtheit. Hätte sie sich keinen Muskelriss zugezogen, wäre sie bei den Sommerspielen in Montreal gestartet.

Und diese Ausnahmeathletin fragte mich, ob sie mitlaufen darf? »Klar«, sagte ich, versuchte, lässig zu klingen, und erzählte ihr von meinem Weihnachtsgeschenk, das ich an den Füßen trug.

Wir verabredeten, die hundert Meter als Steigerungslauf zu laufen. Am Anfang traben, den Mittelteil schneller, am Ende volle Pulle, bis zum Ziel. Bestimmt erwähnte ich schon, dass ich jedes Training wie einen Wettkampf anging. Gegen Marita Koch, mit meinen neuen Spikes, wollte ich natürlich unbedingt glänzen.

Ich begann gemächlich, sie auch, zog das Tempo an, wir lagen ungefähr gleichauf. Die letzten Meter dann Vollgas – im Ziel war ich vorn. Sie sagte: »Okay, eins zu null für dich.«

Also noch ein Lauf, wieder im Steigerungsmodus – und wieder gewann ich. Hinter der Ziellinie atmeten wird durch. Sie guckte mich an und sagte: »Du bist ganz schön schnell.«

Dann musste sie leider los, ihren Trainingsplan abarbeiten. Ich lief noch ein Weilchen, genoss die neuen Schuhe – und heimlich auch meinen kleinen Triumph.

Um zehn war ich wieder zu Hause. Pünktlich zum Frühstück, das sich jedes Jahr hinzog, bis im Fernsehen die Sendung *Zwischen Frühstück und Gänsebraten* begann. Auch das ein fester Programmpunkt unseres Weihnachtsfestes. Margot Ebert und Heinz Quermann. Schon komisch, dass man sich an diese Namen nach so vielen Jahren noch erinnert.

Bevor ich mich an den Frühstückstisch setzte, zeigte ich meinem Vater schnell noch die Spikes, stolz wie eine Trophäe, und verkündete: »Damit habe ich eben Marita Koch geschlagen.« Garantiert strahlte ich dabei wie ein Honigkuchenpferd.

Erst viel später wurde mir bewusst, dass diese Begegnung an dem Morgen im Stadion mehr für mich bedeutete als eine nette Anekdote, die ich im Alter versonnen lächelnd meinen Kindern oder Enkeln erzählen würde. Da trainierte jemand am 25. Dezember, in aller Herrgottsfrühe, bei ungemütlichen Temperaturen, mutterseelenallein, als wäre es die selbstverständlichste Sache der Welt. Ich registrierte das an dem Tag durchaus als etwas Besonderes. Allerdings war mir nicht klar, wie nachhaltig sich dieses Erlebnis in mein Gedächtnis brannte. Und wie sich daraus mit der Zeit ein Gedanke verfestigte, der mein eigenes Sportlerdasein bestimmen sollte: Wenn du besser sein willst als andere, musst du mehr machen als sie.

Das wurde mein Leitspruch. Keine große Wissenschaft, klingt sogar recht banal. In der Theorie ist es das auch. Aber setz das mal jeden Tag um. Nie weniger als die anderen. Immer noch eine Schippe drauflegen. Waldemar Cierpinski erzählte mir einmal, dass er nach seinem ersten Olympiasieg ursprünglich aufhören wollte. Als er sich dann entschied, doch weiterzumachen, habe er überlegt, was er tun müsse, um beim nächsten Mal wieder erfolgreich zu sein. Vor ihm hatte es nur einen Marathonläufer gegeben, der zweimal bei Olympia Gold gewann. Wenn ich die anderen bezwingen will, sagte er sich, muss ich mehr trainieren als sie. Die meisten seiner Kontrahenten trainierten zweimal am Tag, einige dreimal. Also trainierte er viermal. Wie die Geschichte ausging, ist bekannt. Vier Jahre nach Montreal lief er in Moskau noch einmal zu Gold.

Natürlich ist das vereinfacht dargestellt. Allein mehr zu machen würde nicht genügen. Inhalt und Qualität des Trainings spielen auch eine Rolle. Aber das ändert nichts an der Grundaussage, die stimmt – und sie gilt nicht nur für den Sport.

Ich betete mir diese Erkenntnis nicht jeden Tag vor. Eher war es so, dass ich sie verinnerlichte, ohne mir dessen selbst bewusst zu sein. Es gab keinen Grund, sich Gedanken darüber zu machen. Sie war dann einfach da, ein Bestandteil meines Ichs, Ausdruck des Charakters. Nichts Besonderes.

Viele Jahre danach, ich hatte meine Karriere längst beendet, sollte die Frage auftauchen, ob sich hinter dieser Leistungsüberbereitschaft nicht mehr verbarg.

Zu einem Teil war sie gewiss dem Gefühl, nicht gut genug zu sein, zuzuschreiben, das mich dauernd begleitete. Dieses Gefühl wurde anfangs zusätzlich verstärkt durch mein zögerliches Wachstum. Im ersten Jahr an der KJS war ich mit einem Meter neunundfünfzig der Kleinste in der Klasse. Erst als anhand einer Röntgenaufnahme meines Handwurzelknochens eine Finalgrößenbestimmung durchgeführt wurde, schöpfte ich Hoffnung. Der Arzt meinte, ich würde circa einen Meter sechsundneunzig groß werden.

Meine Mitschüler lachten sich schlapp, sie glaubten, sie hätten sich verhört. In der neunten Klasse fing ich dann tatsächlich an, in die Höhe zu schießen. Allerdings in einem Tempo, das mir gleich wieder andere Probleme bescherte. Die Schmerzen in den Knie- und Sprunggelenken waren unangenehm, aber auszuhalten. Was mich ausbremste, waren Koordinationsschwierigkeiten. Auf einmal stimmte beim Laufen der eintrainierte Bewegungsrhythmus nicht mehr, besonders wenn es über die Hürden ging. Was ich beim Training für den Muskelaufbau investierte, verlor sich im Höhenwachstum. Es ging so weit, dass mich nachts Albträume plagten. Die Orte wechselten in den Träumen, die Szene blieb immer dieselbe: Ich sah, wie ich lief und plötzlich über meine eigenen Beine stolperte.

Das Ganze war doppelt ärgerlich. Die Wachstumsschübe setzten meinem Koordinationsvermögen ausgerechnet in dem Alter zu, in dem entschieden wurde, wie es mit einem weiterging. Ob es weiterging. Glaubten die Trainer, dass man das Zeug zum Kaderathleten besaß, hoben sie den Daumen. Allerdings glaubten sie das nur, wenn man leistungsmäßig im Soll lag. Stichwort: Perspektivpläne. Dann durfte man an der KJS bleiben, das Abitur machen, wurde weiter gefördert, mit dem Ziel, eines Tages in die Nationalmannschaft aufzusteigen.

Durch die geschilderten Probleme war ich eher ein Kandidat, für den der Daumen des Trainers nach unten zeigen musste. So deutlich sagte mir das niemand, doch ich muss kurz vorm Rauswurf gestanden haben. Ich trainierte zu der Zeit schwerpunktmäßig Sprintdisziplinen, mit und ohne Hürden. Wie mein Vater war auch mein damaliger Trainer einst Hürdenläufer gewesen, einer seiner Nachfolger als DDR-Meister. Die beiden kannten sich gut. Daher gehe ich davon aus, dass sie gemeinsam ausbaldowert hatten, in welche Trainingsgruppe ich gesteckt wurde.

Ob mein Vater seinen Einfluss auch spielen ließ, als meine Zukunft an der Sportschule auf der Kippe stand, kann ich nicht sagen. Wir haben nie darüber gesprochen. Von meinem späteren Trainer weiß ich, dass sie mich in der Wachstumsphase als Sprinter abschrieben, mir aufgrund meines Trainingsfleißes aber eine andere Chance geben wollten. Dadurch kam ich für eine Weile zu den Hochspringern, wurde bei der DDR-Jugendmeisterschaft sogar auf Anhieb Dritter, worüber ich selbst staunte.

Eines Tages hieß es plötzlich, ich solle Zehnkämpfer werden. Im ersten Moment war ich überrascht. Bei Empor gab es ein paar Mädels, die Fünfkampf trainierten, aber keinen Zehnkämpfer. Doch dann fand ich die Vorstellung, der erste und einzige im Verein zu sein, ziemlich gut. Endlich war ich einmal etwas Besonders.

»Jeder Besenstiel wirft mehr Schatten als der hier« – das war ein beliebter Spruch meines neuen Trainers. Der Besenstiel war zwar ein ganzes Stück länger geworden, aber an Körperumfang hatte ich kaum zugelegt. Seiner Meinung nach war das ein Grund dafür, dass andere dazu neigten, mich zu unterschätzen. Nicht die Kontrahenten auf dem Sportplatz, er meinte die wenigen Zehnkampf-Trainer, die es damals in der DDR gab. Sein Plan nämlich war, mich bei einem von denen unterzubringen. Er selbst hatte noch nie Zehnkämpfer trainiert, war auch nicht besonders scharf darauf. Seine Worte. Zehnkämpfer, sagte er, seien ein besonderer Schlag – was immer er damit meinte. Er fragte in Schwerin und in Potsdam an, dort trainierten die besten, Siegfried Stark, Torsten Voss, Uwe Freimuth. Beide Vereine lehnten ab. Also übernahm er es doch selbst, mich zu trainieren.

Ich mag mich täuschen, aber in der Erinnerung gaben sie mir gerade einmal zwei oder drei Monate Zeit, um die neue Disziplin zu meiner zu machen. Dazu gehörte auch, Stabhochsprung überhaupt erst einmal zu erlernen. Dann stand die DDR-Meisterschaft an. Dort sollte ich beweisen, dass ich die Chance verdiente, die sie mir gegeben hatten.

Man kann sich den Druck vorstellen. Zu der Zeit war ich sechzehn. Die Meisterschaft war mein erster Wettkampf als Zehnkämpfer. Für eine Premiere lief es nicht übel: sechstausendsechshundertdrei Punkte. So eine Zahl vergisst man nicht. Platz drei. Der Trainer war zufrieden, die Entscheidungsträger an der KJS waren es offenbar auch, ich durfte bleiben.

Der Aufwand, den ich dafür betrieb, lässt sich schwer beschreiben. Mein Trainer meint heute, ich hätte die Belastung damals nicht nur angenommen, ich sei beim Training regelrecht aufgeblüht. Zu der Zeit und auch in den folgenden Jahren. Der Trainingsplan konnte nicht stramm genug sein. Und falls ich doch mal eine Einheit nicht schaffte, aus Zeitgründen, wurde sie am nächsten Tag draufgepackt.

Leistungsüberbereitschaft hatte ich oben geschrieben. Das wäre jetzt also der andere Punkt – was möglicherweise dahintersteckte. Ob es wirklich so war, weiß ja niemand. Das lässt sich nachträglich auch nicht mehr herausfinden. Dieser Punkt hat mit der Frage zu tun, welche Veranlagungen man haben muss, um Höchstleistungen zu erbringen. Zugespitzt formuliert: Sind extrem leistungsorientierte Menschen hypomanisch? Also krank? Muss man womöglich sogar hypomanisch sein, um ganz oben mitzuspielen, in der höchsten Liga, ganz gleich in welchem Bereich?

Unter Hypomanie verstehen die Gelehrten eine abgeschwächte Form der Manie. Die gleichen Charakteristika, nur eben weniger stark ausgeprägt. Keine extrem gehobene Grundstimmung, sondern nur eine leicht gehobene. Kein extrem gesteigerter Antrieb, irgendetwas zu tun, sondern nur ein gesteigerter. Das Gleiche beim Selbstwertgefühl, bei der Bereitschaft, Risiken einzugehen, bei der Kontaktfreudigkeit. Alles ein Stück über Normalnull, wenn man sich dazu ein Achsendiagramm denkt, bei dem die Querachse den gesunden Zustand darstellt. Wobei das nur als Gedankenmodell taugt, zur besseren Veranschaulichung eines Gemütszustands, der so konkret nicht messbar ist. In Wirklichkeit sind die Übergänge meist unscharf, vom Normalzustand zur Hypomanie wie von der Hypomanie zur Manie. Entscheidend für den Gedanken, den ich verfolge, aber ist: Wozu führt das? Die Leistungsfähigkeit steigt, ebenso die Wahrnehmungsfähigkeit, die Assoziationsfähigkeit auch, also das Vermögen, einen Inhalt mit einem anderen zusammenzubringen – Gedanken, Emotionen, Eindrücke, was auch immer.

So, und nun wieder zurück auf den Trainingsplatz von damals. Die Gedanken verknüpfen, da ich gerade bei Assoziation war. Das tägliche Training, täglich mehrmals. Das Unbedingt-Wollen. Das Immer-ein-Stückchen-drüber. Sich nie beschweren, nie klagen über ein Zuviel. Stattdessen lächeln – und weiterstrampeln. Dazu die Erwartungen meines Vaters. Selbst wenn ich sie mir nur eingebildet haben sollte, was ich nicht glaube. Und die Erwartungen des Trainers. Und die der Führung der Sportschule. Man könnte das weiterdrehen bis dahin, was die Partei und damit die Regierung von uns Sportlern erwartete, das Zentralkomitee mit seinem Politbüro. Denn letztlich ging es um die ganz große Sache, um den Frieden. Indem wir dem Sozialismus zum Sieg verhalfen, sicherten wir den Frieden. Das war der Auftrag, kleiner hatten sie es nicht.

Es ist nur eine Vermutung, aber vielleicht war es tatsächlich so – die Krankheit, vielleicht fing damals alles an.

Vier

Es war gegen zwanzig Uhr, längst dunkel, was es leichter machte, meine Lethargie, die mit jedem Tag hartnäckiger zu werden schien, abzustreifen, mich aufzuraffen, um nach draußen zu gehen. Die Dunkelheit verwandelte mich in eine gesichtslose Silhouette. Wäre ich einem Bekannten begegnet, hätte ich gute Chancen gehabt, nicht erkannt zu werden. Ich wollte zwar nicht allein sein, nach Gesellschaft war mir aber auch nicht. Vermutlich dachte ich, anonym unter Fremden würde ich diesen Abend schon irgendwie überstehen.

Innerlich war ich wie zerrissen. Als wäre es ein Zwang, schlug ich automatisch den Weg zum Breitscheidplatz ein. Gleichzeitig sträubte sich etwas in mir, dorthin zu gehen. Das bremste meine Schritte. Ich wurde langsamer, aber ich blieb nicht stehen. Und ich änderte auch nicht meinen Kurs. Ich lief in eine Richtung, in die ich wollte und doch nicht wollte. Völlig schräg, dieses Gefühl.

Der Weihnachtsmarkt war inzwischen wieder geöffnet. Als ich näher kam, sah ich im Lichtschein der Verkaufsstände lachende Gesichter. Das irritierte mich. Aber diese Leute hatten ja recht, das Leben musste weitergehen. Vor allem sollte ein Zeichen gesetzt werden.

Die Vermutung, dass der Sattelschlepper absichtlich in die Menschenmenge gesteuert worden war, hatte sich bestätigt. Seit Tagen zeigte jede Nachrichtensendung Fotos des Attentäters Anis Amri. Der Tunesier, ein IS-Terrorist, war nach seiner Amokfahrt ins Ausland geflüchtet und vier Tage später bei einer Polizeikontrolle in der Nähe von Mailand erschossen worden.

Die Berichte über Amri hörten trotzdem nicht auf. Zu viel war bei den Behörden schiefgelaufen. Bald hieß es, die Tat hätte verhindert werden können. Was auch immer versäumt oder falsch gemacht worden war, der Name blieb wie ein Brandzeichen im gesellschaftlichen Bewusstsein.

Während ich meinen Gedanken nachhing, die sich darum drehten, wie man einen solchen Hass gegen Menschen entwickeln kann, denen man zuvor nie begegnet war, lief ich weiter. Den Zoologischen Garten ließ ich links liegen, überquerte den Landwehrkanal, bis ich den Tiergarten erreichte, der mich noch abschirmte von dem Trubel, der jenseits des Parks herrschte. Die große Silvesterparty am Brandenburger Tor, da wollte ich hin.

Den ersten Sicherheitsring passierte ich problemlos, am zweiten jedoch stauten sich Menschenmassen. Ehe ich eine Entscheidung treffen konnte, weitergehen oder umkehren?, fand ich mich mittendrin wieder. Die Menschen vor mir – wie eine Wand, es ging kaum einen Schritt weiter. Und hinter mir drängten weiter Partygänger heran, als würde eine Lawine auf mich zurollen.

Den anderen schien die Enge nichts auszumachen, mich erfasste Panik. Ich sah in fremde Gesichter. Ich sah lächelnde Augen und Münder, die sich bewegten. Alles bewegte sich. Und die Gesichter wurden zu Fratzen, ihr Lächeln zu verzerrten Grimassen – wie in einem Horrorfilm.

Warum war ich hierhergekommen? Was hatte ich hier zu suchen? In dieser Horde?

Das halte ich nicht aus!

Es war, als hätte ich in dem Moment eine Hand gespürt, die an meine Kehle fasste. Mich zurückschob. Ich versuchte, mich umzudrehen, stemmte mich gegen den Strom, steuerte rückwärts und schaffte es irgendwie, dem Pulk zu entfliehen.

Dann Erleichterung. Ein Gefühl, wie wenn man zu lange unter Wasser war und es gerade noch nach oben schafft.

Hastig sog ich die kühle Luft ein, spürte mich wieder. Ich blickte noch einmal zurück zu den Massen, die sich wie eine Viehherde durch die Lücke zwischen den Absperrgittern drängten.

Ich lief ein paar Schritte, atmete ruhiger, blieb stehen, lief weiter.

Ängstlich wie ein Vogeljunges, das aus dem Nest gefallen war, taperte ich durch die Nacht, zurück zum Breitscheidplatz.

An der Gedächtniskirche blieb ich stehen, sah zur Uhr am Turm hinauf, die Zeiger leuchteten. Kurz überlegte ich, auf das Mitternachtsläuten zu warten, entschied mich aber dagegen.

Zu Hause schenkte ich mir ein Glas Rotwein ein, setzte mich ins Wohnzimmer, ließ den Fernseher laufen, ohne dass mich irgendetwas von dem erreichte, was auf dem Bildschirm zu sehen war.

Selten fühlte ich mich so verloren wie in diesem Moment. Und so erschöpft. Und so müde. Noch bevor das neue Jahr anbrach, legte ich mich schlafen …

Wie der Stahl gehärtet wurde

Um schnell laufen zu können, muss man lernen, langsam zu laufen. Das ist das Geheimnis. Und das war eine meiner Aufgaben, wenn ich zum Training in die Laufhalle ging. Man braucht Ausdauer und Schnellkraft für kurze Strecken. Also musste man längere Strecken erst einmal langsamer laufen. Wobei sich das Wort langsam auf den Maßstab bezog, den ein trainierter Sportler anlegte.

Die Laufhalle war hundertfünfzig Meter lang, etwa fünfzehn Meter breit. Sechs Laufbahnen nebeneinander. An der Decke Neonröhren. Im vorderen Bereich führte rechts ein Gang in einem ovalen Halbkreis außen herum zum Ende der Halle. Oder umgekehrt, denn wir liefen in die andere Richtung, erst das gerade Stück, am Ende der Halle dann rechts durch den Schlauch. Die gesamte Strecke war zweihundertdreiundachtzig Meter lang. Genauso viele Lampen waren an der linken Wand befestigt, ungefähr auf Schulterhöhe, jeden Meter eine. Die Lampen dienten jedoch nicht als Beleuchtung. Sie brannten nur, wenn jemand lief, und dann auch immer nur eine, wie bei einer Lichterkette mit wandernden Lichtpunkten.

Diese Konstruktion nannten wir elektrischer Hase. Hase im Sinne von Tempomacher, wie sie bei Langstreckenläufen gebräuchlich sind. Durch die Bewegung der Lichter wurde den Läufern eine bestimmte Geschwindigkeit aufgezwungen. Ich zum Beispiel sollte die vierhundert Meter, das waren knapp anderthalb Runden, in exakt fünfundsiebzig Sekunden laufen. Ein Hobbyläufer würde sich dabei mehr als verausgaben, für mich war es eher langsam. Aber bei mir wurde das Tempo auch erhöht, jede Woche um eine Sekunde. Außerdem hatte ich vor dem Vierhundertmeterlauf ein ausgiebiges Zirkeltraining zu absolvieren. Und: Ich lief die Distanz nicht einmal, sondern zehnmal – in derselben Trainingseinheit, direkt hintereinander, nur jeweils eine Minute Pause dazwischen.

Es war brutal, wenn einem auf der Strecke das Licht »weglief«, weil man das Tempo nicht halten konnte. Ich erlebte einige Male, wie Läufer verzweifelt versuchten, den Lichtern zu folgen, vor Überanstrengung zusammenbrachen und bewusstlos liegen blieben. Einen erwischte es richtig böse. Er landete auf dem Rücken und strampelte mit den Beinen weiter, als würde er noch laufen. Erst lachten wir, dann nicht mehr. Weil wir merkten, dass er keine Show abzog. Seine Beine bewegten sich, ohne dass er sie steuerte. Konnte er gar nicht, er war weggetreten.

Heute würde man so eine Trainingsmethode vermutlich Körperverletzung nennen. Aber uns zwang damals niemand, wir machten das freiwillig. Weil wir an der KJS waren, also unsere Aufgaben zu erfüllen hatten. Weil wir unseren Trainern glaubten. Weil wir sahen, dass die Besten nach der gleichen Methode trainierten. Und weil wir selbst die Besten werden wollten.

Das mit den Trainern könnte man auch anders formulieren, soweit es mich betraf. Ich vertraute meinem blind, dass man es durchaus Hörigkeit nennen konnte. Das war schon bei seinem Vorgänger ein Thema. Aber war nicht das ganze System genau darauf ausgerichtet? Bis hin zu solchen Lampenläufen. Voranschreitende Lichtpunkte als unbarmherziger Taktstock des Trainers.

Wie viel von dem, was ich machte, war Ausdruck eigenen Willens? Was davon wollte ich wirklich? Für mich, und nicht, weil ich wusste, dass andere wollten, dass ich es will? Konnte man, konnte ich unter diesen Voraussetzungen überhaupt so etwas wie einen eigenen Willen entwickeln? Und schließlich: Wozu brauchte ich ihn, den eigenen Willen, wenn doch sowieso alles vorgegeben wurde?

Das sind heutige Gedanken. Damals schlug ich mich mit solchen Fragen nicht herum. Obwohl ich vor fast jeder Trainingseinheit in der Laufhalle Angst hatte. Die meldete sich verlässlich, spätestens wenn ich mich auf den Weg dorthin machte. Ich hatte Angst, dass mir die Lichter »davonlaufen« würden. Angst vor den Schmerzen, die das Training mit sich brachte, sodass ich glaubte, wenn es hinterher einmal nicht wehtat, war es nicht gut, nicht intensiv genug. Und ich hatte Angst, dass mir vor Erschöpfung wieder schlecht würde, dass ich wieder kotzen müsste. Ein paar Schritte hinter der Ziellinie, auf der linken Seite, stand immer ein Eimer. Da kotzten alle rein, selbst Marita Koch.

Die Laufhalle wartete noch mit anderen Raffinessen auf. Etwa mit einem Metallkasten, der am Ende der Halle stand, wo die geraden Laufbahnen aufhörten. In dem Kasten waren auf einer Spule hundertdreißig Meter reißfeste Schnur aufgerollt, in der Art von Angelsehne, nur dicker. Das vordere Ende der Schnur war an einem Gürtel befestigt. Als ich die Vorrichtung das erste Mal sah, dachte ich sofort an die Reifenläufe im Stadion in Stralsund. Das hier war anscheinend die modernere Variante, Zugwiderstandsläufe durchzuführen.

Damit lag ich nicht ganz falsch. Allerdings trainierten wir mit der Vorrichtung auch das Gegenteil, sogenannte Übergeschwindigkeits- oder Supramaximalläufe. Man band sich den Gürtel um, ging damit zum Startblock, während sich die hundertdreißig Meter Schnur ausrollten. Der Trainer gab das Startsignal, man flitzte los. Gleichzeitig begann die Spule, die Schnur wieder einzurollen – und zwar in einer Geschwindigkeit, die höher war, als man normalerweise zu laufen in der Lage gewesen wäre. Auf diese Weise wurde dem Körper suggeriert, dass er doch schneller konnte – wenn man es hinbekam und nicht stürzte, weil die Beine mit dem Tempo überfordert waren.

Die intensivsten Trainingseinheiten absolvierten wir in den Trainingslagern, die nach einem festen Kalender durchgeführt wurden, immer im Herbst und im Frühjahr. Das waren die Zeiträume, in denen es trainingsmethodisch darauf ankam, die Grundlagen zu schaffen. Mit Grundlagen schaffen war gemeint, ein extrem hohes Pensum zu absolvieren. Drei bis vier Trainingseinheiten pro Tag waren der Normalfall. Außer sonntags, da begnügten sich die Trainer mit zweien. Ruhetage waren nicht vorgesehen, es wurde höchstens mal eine Einheit gestrichen.

Das erste Training – dreißig bis sechzig Minuten – stand vor dem Frühstück auf dem Plan. Das zweite nach dem Frühstück, das dauerte dann schon drei bis dreieinhalb Stunden. Nach dem Mittagessen Physiotherapie oder Mittagsschlaf, fünfzehn Uhr ging es weiter, wieder drei bis dreieinhalb Stunden. Und zum Finale, nach dem Abendessen, noch einmal anderthalb.

In den Pausen und nach der letzten Einheit war das medizinische Personal gefragt: Physio, Massagen, Kryotherapie, Akupunktur und welche Künste sie sonst noch an uns vollführten. Ich plagte mich des Öfteren mit Knochenhautreizungen herum, denen der Therapeut unter anderem mit Periostmassagen zu Leibe rückte. Eine ziemlich schmerzvolle Methode, Schmerzen zu bekämpfen. Ich sah manches Mal Sterne, wenn er seinen Finger mit aller Kraft in mein Schienbein bohrte.

Wer sich einmal so richtig selbst spüren will, dem kann ich das Quaddeln empfehlen. Wurde auch gern bei uns eingesetzt. Eine Spritze mit Betäubungsmittel und ab damit in die Knochenhaut, genau dorthin, wo der schlimmste Schmerz saß. Aber wir waren ja harte Kerle, wir bissen die

Zähne zusammen, steckten das weg. Hauptsache, es konnte am nächsten Morgen weitergehen.

Die Orte der Trainingslager wechselten. Anfangs fuhren wir nach Zinnowitz auf Usedom, zum Rabenberg im Erzgebirge oder nach Kienbaum östlich von Berlin. Je höher ich die Kaderstufen nach oben kletterte, desto weiter wurden die Reisen. Mit Ausnahme von Kienbaum, die Leistungssportschule dort blieb ein regelmäßiges Ziel.

Als ich in die Nationalmannschaft aufrückte, also A-Kader wurde, mit neunzehn, lernte ich ein ganz spezielles Trainingslager kennen: Belmeken, das legendäre Höhentrainingszentrum im Rila-Gebirge, Bulgarien, der höchste Gipfel fast dreitausend Meter hoch. Das Camp lag etwa tausend Meter tiefer, aber hoch genug, um richtigen Winter zu erleben.

Jeder Sportler, der zum ersten Mal nach Belmeken durfte, musste eine »Taufe« über sich ergehen lassen. Mit mir war ein anderer Neuling ins Team gekommen, ein Kugelstoßer, der sich gern wie ein stolzer Hahn aufplusterte. Damit qualifizierte er sich umgehend für eine besondere Taufaufgabe. Sie bestand darin, den Kugelstoßring auf dem Trainingsplatz vom Schnee freizuschaufeln. Klingt so nicht weiter dramatisch. Dazu müsste man den Sportplatz gesehen haben – und die gigantischen Schneemassen, die sich dort auf einer Höhe von über zwei Metern türmten.

Dagegen fiel meine »Taufe« vergleichsweise harmlos aus. Ich musste mir eine Chilischoten-Kräuterlikör-Mischung einverleiben. Wer weiß, was da wirklich drin war. Das Zeug schmeckte grässlich, hatte zum Glück aber keinerlei Nachwirkungen.

Bis zu der Reise hatte ich angenommen, dass mein Trainingspensum schon am Limit lag. Dort oben in den Bergen wurde ich eines Besseren belehrt. Wir trainierten Umfänge, die einem schon beim Gedanken daran Schweiß aus den Poren trieben. Umfangsorientiert hieß: viel Zeit und viele Wiederholungen. Es ging nicht um technische Feinheiten, nicht darum, das Koordinationsvermögen oder Bewegungsabläufe zu justieren. Wir verrichteten Basisarbeit, bauten sozusagen das Fundament, das man brauchte, um ein halbes Jahr später, nach dem anschließenden Feinschliff, Leistungen auf Spitzenniveau abrufen zu können. Und mit Spitze meine ich Weltspitze. Allein darum ging es, ein anderes Kriterium zählte jetzt nicht mehr.

Um die eigene Grundleistungsfähigkeit zu steigern, musste man über seine Grenzen gehen beziehungsweise die Grenzen versetzen, ein Stück weiterrücken – und danach noch ein Stück. Und so weiter. Das war – grob gesagt – das Prinzip. Deswegen waren wir in Belmeken, in dieser Höhe, wo die Luft dünn wurde, die Sauerstoffkonzentration abnahm, sodass die Atmung automatisch in einen schnelleren Gang schaltete.

Um den Trainingseffekt zusätzlich zu pushen, ließen sich unsere Trainer einiges einfallen, beispielsweise eine besonders kraftraubende Variante der Vierhundertmeterläufe, die ich sonst im Zehnerpack in der Halle absolvierte. Das Gelände dort war geradezu prädestiniert, die Sache auf die Spitze zu treiben. Die Witterungsbedingungen taten ein Übriges. Die Strecke, die die Trainer dafür aussuchten, führte recht steil bergan – und sie war mit einer dicken Schneeschicht bedeckt. Nach dem gleichen Schema, wie ich es aus Rostock kannte, starteten wir mit Techniktraining und ließen eine Krafteinheit folgen, Zirkeltraining mit freien Gewichten. Beides fand drinnen statt. Anschließend ging es hinaus in den Winter, auf die eingeschneite Vierhundert-Meter-bergauf-Piste. Trotz der veränderten Bedingungen auch dort das übliche Pensum, also zehnmal. Hintereinander. Selbst wenn man glaubte, das überlebt man nicht, Aufgeben wäre keine Alternative gewesen. »Lieber tot als Zweiter« war unsere Devise.

Beliebter waren Ausflüge zur Belmeken-Hütte, obwohl auch die als Training gestaltet wurden. Für den Weg dorthin bekamen wir Langlauf-Ski, nach heutigen Maßstäben bessere Holzbretter. Nicht unbedingt die geeignete Beschuhung für alpines Gelände. Die Strecke forderte alles von uns. Dazu die Höhenluft und die Kälte. Bis wir das Ziel erreichten, war ein halber Tag vergangen. Da wir es vor Einbruch der Dunkelheit nicht zurück geschafft hätten, übernachteten wir in der Hütte. Das war auch so geplant. Der Hausherr hatte uns ein Quartier vorbereitet. Und wir hatten Proviant mitgenommen, allerdings die Belastung unterschätzt – und den Hunger, der sich nach dem Gewaltmarsch einstellte. Ganz zu schweigen vom Durst. Für den Abend genügte das Mitgebrachte, gerade so, fürs Frühstück nicht mehr. Der Hausherr half aus, mit seiner Art von Frühstück: Speck und Wodka. Speck allein hätte vielleicht funktioniert, doch als ich versuchte, ihn mit dem Wodka hinunterzuspülen, bekam ich beides noch einmal zu sehen.

Die Ernährung, auch so ein Thema. Der traditionelle Schopska-Salat dürfte so ziemlich das Einzige gewesen sein, was halbwegs unter die Kategorie gesunde Ernährung fiel. Ansonsten Fleisch mit Fett und Fett mit Fleisch, ab und zu Ei, auch mal Nudeln. Mit Ernährungswissenschaft hatten unsere Mahlzeiten wenig zu tun, mehr mit schlichter Logik. Die ging ungefähr so: Bei dem Trainingsaufwand »verbrannte« der Körper etwa fünftausend Kilokalorien am Tag. Die mussten nachgelegt werden. Irgendwie. Und möglichst schnell. Also in Form von Nahrungsmitteln, die reichlich Energie enthielten, sozusagen Brennstoff, mit dem der »Ofen« am kommenden Tag wieder angeheizt werden konnte. Wie hochtourig mein Stoffwechsel lief, sah man daran, dass ich in meinen besten Zeiten einen Körperfettanteil von gerade einmal vier Prozent hatte. Für einen Profisportler wären acht bis zwölf Prozent schon ein guter Wert gewesen.

Ich bewegte mich mit meinem im Bereich eines Bodybuilders in der Wettkampfphase.

Die Wochen in Belmeken waren in jeder Hinsicht extrem. Beim ersten Mal und bei allen Trainingslagern, die dort noch folgen sollten. Das förderte den Korpsgeist. Wenn bei einem der Läufe jemand zusammenbrach, hievten ihn andere hoch, stützten ihn, und irgendwie ging es dann für alle weiter. Ohne dass es ausgesprochen wurde, war es, als hätten wir uns gegenseitig geschworen, die Strapazen gemeinsam zu überstehen. Manchmal fluchten wir über das enorme Pensum, das änderte aber nichts an unserer Einstellung. Wir wussten, dass es ein Privileg war, dass nur die Besten hierherdurften. Und dass wir durchhalten mussten, um noch besser zu werden.

In der Schule, ich glaube, es war in der achten Klasse, mussten wir das Buch *Wie der Stahl gehärtet wurde* lesen. Nikolai Ostrowski. Eine bolschewistische Heldengeschichte. Sozialistischer Realismus. Der Titel blieb in unseren Köpfen, er war wie ein Motto für uns.

Das Politische war ein Teil unserer Motivation – für manche mehr, für andere weniger. Ich war gleich mit achtzehn in die SED eingetreten. Die Entscheidung war keine große Sache für mich. Genau genommen kann man es nicht einmal Entscheidung nennen, nicht im Sinne von Parteiprogramm studieren, Vor- und Nachteile abwägen und so weiter. Nach den Pionieren und der FDJ war es einfach nur der nächste Schritt. Außerdem: Mein Vater gehörte der Partei an, mein Bruder ebenso, also musste das der richtige Weg sein.

Einmal wöchentlich veranstalteten wir eine aktuell-politische Stunde, nicht nur in den Trainingslagern. Die treffendere Bezeichnung wäre gewesen: Stunde der Berieselung. Den ersten Teil bestritt einer von uns Schülern, indem er die wichtigsten politischen Ereignisse der zurückliegenden Woche zusammenfasste. Das war meist eine Mischung aus Referat und Zeitungsartikel vorlesen. Die Lektüre stammte aus den Zeitungen *Junge Welt* und *Neues Deutschland,* die eine das FDJ-Zentralorgan, die andere das der Partei. Anschließend diskutierten wir über die Themen, oder jemand brachte ein anderes auf, das noch nicht zur Sprache gekommen war. Wobei, diskutieren beschreibt es nicht ganz richtig. Jeder sagte seine Meinung, die sich in der Regel nicht von der des anderen unterschied, höchstens in der Wortwahl. Zum Revoluzzer wurde in diesen Stunden jedenfalls keiner von uns.

Das Schicksal wollte es, dass uns in Belmeken eine Botschaft von politischer Bedeutung erreichte, die unseren streng geregelten Tagesablauf durcheinanderbrachte. Es war im Februar 1984, an meinem Geburtstag. Die Nachricht schwappte aus Moskau herüber. Dort war Juri Andropow gestorben, der Staatschef der Sowjetunion, den sie zwei Jahre zuvor, damals schon krank, ins Amt gehoben hatten. Das Ableben des Anführers unseres Brudervolkes war natürlich eine bedeutende Sache. Um gebührend zu trauern, durften sogar Teile des Trainings ausfallen. Im Foyer des Hauptgebäudes wurde ein großes Porträt von ihm aufgestellt, daneben eine Fahne der DDR und auf der anderen Seite eine der UdSSR. Aber das war noch nicht Ehrung genug. Wir Sportler wurden verpflichtet, Mahnwache zu halten. Jeweils zwei von uns mussten fünf oder sechs Stunden neben dem Bild stehen, dann waren die nächsten dran. So ging es vom Wecken bis zur Nachtruhe, ein paar Tage lang.

Fast genau ein Jahr darauf, wir kämpften uns gerade wieder durch ein Trainingslager im Rila-Gebirge, das Gleiche noch einmal. Nun hatte Andropows Nachfolger, Konstantin Tschernenko, das Zeitliche gesegnet. Damit wurde der Weg frei für Michail Gorbatschow, der eigentlich schon nach Andropow das Ruder hatte übernehmen sollen. Wäre interessant zu wissen, wie sich die Weltgeschichte dann weitergedreht hätte, ob die Wende früher gekommen wäre.

Natürlich erwiesen wir Towarischtsch Tschernenko die gleiche Ehre wie seinem Vorgänger. Ein großes Porträt im Lichthof, flankiert von den beiden Staatsflaggen, und daneben zwei von uns wie Soldaten an der ewigen Flamme.

Niemals hätte ich es für möglich gehalten, dass es härter kommen könnte als in der Abgeschiedenheit des bulgarischen Berglands. Kam es aber, 1987, in Mexiko-City. Wir trainierten in den Trainingsstätten, die einst für die Olympischen Spiele 1968 gebaut worden waren. Seit dieser Zeit schien man dort keinen Peso mehr investiert zu haben. Die Anlagen waren selbst für unser Empfinden in einem katastrophalen Zustand.

Am ersten Tag war der Anblick ein Schock. Am zweiten hatten wir uns schon fast daran gewöhnt. Und am dritten kam – zumindest bei mir – das Gefühl zurück, dass es für einen DDR-Sportler eine außergewöhnliche Ehre war, über den Atlantik zu fliegen, um dort zu trainieren.

Allerdings war es auch eine außergewöhnliche Herausforderung. Unsere Unterkunft – sie Hotel zu nennen, wäre etwas übertrieben – befand sich in Sichtweite einer imposanten Stierkampfarena. Zumindest an einigen Tagen der Woche – also, das mit der Sichtweite. Denn spätestens ab Dienstagnachmittag war die Arena aus unserem Blickfeld verschwunden, wie ausradiert. Auch sonst konnte man in der Ferne kaum etwas erkennen, da sich Smog wie eine riesige Glocke über die Stadt stülpte.

Unser Trainingsprogramm zogen wir trotzdem durch, bis aufs Krafttraining im Freien, wegen der Höhenluft waren wir schließlich dorthin geflogen. Da es wie in Belmeken vor allem um Grundlagen, also auch um Ausdauer ging, standen regelmäßig Läufe an. Während wir durch die Gegend japsten, schienen sich ganze Kohlenstücke in meiner Lunge abzulagern. Was dann Hustenanfälle auslöste, die ich beim Laufen so wenig gebrauchen konnte wie hinterher.

Zwei- bis dreimal die Woche fuhren die Trainer mit uns in höher gelegene Wälder, auf etwa zweitausendsechshundert Meter, bis kurz vor die Baumgrenze. Dort war die Luft zwar noch dünner, aber im Vergleich zur abgasgeschwängerten weiter unten geradezu frisch. Durch den Sauerstoffmangel in der Höhenluft wurden im Körper verstärkt rote Blutkörperchen produziert, die wiederum dafür sorgten, dass sich die Kapazität der Sauerstoffaufnahme und des -transports im Blut erhöhte. Und das führte zu einer Steigerung der Ausdauerleistung, allerdings nur, wenn man es wie wir einige Wochen durchhielt.

Wer es nicht selbst erlebt hat, kann sich nicht vorstellen, was es bedeutete, viermal am Tag in einer Höhe von zweitausend Metern bei schlimmstem Smog zu trainieren. Es war widerwärtig, unmenschlich. Und trotzdem: Nicht ein einziges Mal dachte ich daran, mich dem Training zu widersetzen.

Diese Hörigkeit brachte es mit sich, dass ich es als Selbstverständlichkeit empfand, mich körperlich zu verausgaben – wo auch immer der Trainer es befahl und ohne dass ich für mich eine Grenze definierte, wie weit das gehen durfte. Hinzu kam der Gruppenzwang, die anderen moserten auch nicht, weder die Zehnkämpfer noch die Läufer, die mit uns die mexikanische Hölle durchlitten.

Und noch etwas spielte eine Rolle: Wer das Argument in die Welt setzte, weiß ich nicht. Vielleicht niemand, vielleicht haben wir es uns einfach selbst eingeredet. Aber es hieß, wenn wir das hier bestehen, würden wir im Sommer erfolgreich sein. Und Sommer war in dem Fall das Synonym für Olympische Spiele, für die 1988 in Seoul.

Aber es gab auch schöne Momente. Eines Tages fiel mir auf dem Trainingsgelände, das wir mit anderen Nationen teilten, ein dunkelhäutiger Sportler auf. Nicht weil er dunkelhäutig war, sondern weil ich in ihm Javier Sotomayor zu erkennen glaubte, den kubanischen Hochspringer. Und ich irrte mich nicht. Hochsprung war meine Lieblingsdisziplin. Also schaute ich ihm ein Weilchen zu, getreu dem Motto: Von den Besten lernen heißt siegen lernen.

Sotomayor war der Allerbeste, er hält bis heute den Weltrekord. Zusammen mit ihm trainierte Ana Fidelia Quirot, eine Mittelstreckenläuferin, die im Jahr zuvor Silber bei der Weltmeisterschaft in Rom gewonnen hatte. Die beiden waren ein Paar, allerdings ging das nicht gut aus. Wenige Jahre später hörte ich, dass Ana bei einer Brandexplosion in ihrer Wohnung in Havanna beinahe ums Leben gekommen wäre. Man munkelte, ein Selbstmordversuch. Sie bestritt das. Ana war damals schwanger von Javier, der allerdings bei seiner Ehefrau lebte, sich wohl nicht von ihr trennen wollte. Das Baby wurde per Kaiserschnitt geholt, starb aber kurz darauf. Ana erlitt schlimmste Verbrennungen, wurde mehrmals operiert, bekam Hauttransplantationen. Sie muss einen ungeheuren Willen besessen haben. Noch im Krankenhaus begann sie wieder zu trainieren. Angeblich hatte sie Fidel Castro, als der sie besuchte, versprochen, nicht aufzugeben. Zwei Jahre nach dem Vorfall startete sie bei der Weltmeisterschaft in Göteborg und gewann Gold über achthundert Meter. Heute wird sie in Kuba als Nationalheldin verehrt.

Es kam selten vor, doch schenkten uns die Trainer einen Nachmittag trainingsfrei, nutzten wir die Zeit, um etwas vom Land zu sehen. Einmal verschlug es uns ins Barrio Tepito. Das Viertel mitten in Mexiko-City ist bekannt für seine Straßenmärkte. Im Grunde ist das gesamte Viertel ein einziger Markt. Für ungeübte Mitteleuropäer wie uns ein abenteuerliches Durcheinander. Tausende Verkaufszelte und -stände reihten sich entlang der Straßen, die als solche kaum noch zu erkennen waren. Ein buntes Labyrinth, in dem man schnell die Orientierung verlieren konnte. Das wäre nicht ungefährlich gewesen. In jede Ecke sollte man seine Nase dort nicht stecken. Tepito ist nämlich auch für seine Kriminalität bekannt. Waffenhandel. Drogengeschäfte. Bandenkriege. Dort wurden schon Leute auf offener Straße erschossen.

Was mich ausgerechnet in dieser Gegend zu der Idee anstachelte, nach einem Anzug Ausschau zu halten, ist mir inzwischen selbst ein Rätsel. Es kann nur an dem riesigen Angebot gelegen haben. Und an den Preisen, die waren wirklich verlockend. Dabei waren die meisten Auslagen als hochwertige Markenware deklariert. Von Produktpiraterie hatten wir in der DDR noch nichts gehört. Ich verliebte mich in einen wunderschönen Kastenanzug, grau-schwarz meliert, auffällig gepolsterte Schultern, ein bisschen wie bei Sonny Crockett in *Miami Vice*. Arme und Hosenbeine waren einen Tick zu kurz, aber das schmälerte den guten Gesamteindruck in meinen Augen kein bisschen.

Ich war überzeugt, den schicksten Anzug der Welt in den Händen zu halten – und kaufte ihn. Bliebe noch die Frage, wozu ich dieses schöne Stück brauchte. Für meine Hochzeit, aber das ist ein anderes Kapitel.

An einem anderen freien Nachmittag machten wir einen Ausflug nach Teotihuacán. Das Kontrastprogramm. Die prähistorische Ruinenstadt liegt fünfundvierzig Kilometer nordöstlich von Mexiko-City in einem weit gestreckten Tal. Die Straße der Toten. Die Mondpyramide. Und erst die Sonnenpyramide. Fünfundsechzig Meter hoch, wenn ich es richtig behalten habe. Die drittgrößte der Welt. Die Forscher meinen, die Pyramiden auf dem Areal seien einst Gottheiten gewidmet worden, sind sich jedoch nicht sicher, welchen. Mich überforderten die Eindrücke ein wenig. Und die Zeitreise, auf die man sich an solchen Orten zwangsläufig begibt. Die Sonnenpyramide soll hundert Jahre nach Christus gebaut worden sein. Den Ort selbst soll es sogar schon tausendsechshundert Jahre früher gegeben haben, also eine

Ewigkeit vor der Geburt Christi. Aber was ist eine Ewigkeit? Solche Dimensionen konnte ich mir ähnlich schwer vorstellen wie die Entfernung von der Erde zum Mond. Trotzdem fand ich das alles sehr interessant. Geschichte hatte ich in der Schule immer gern gemocht. Abiturnote eins. Besonders gefiel mir, was der Name des Ortes zu bedeuten hatte, an dem wir uns gerade aufhielten – nämlich: Wo man zu einem Gott wird.

Apropos Gott: Eine Situation erlebte ich, da hätte ich vor lauter Angst beinahe zu beten angefangen. Es muss am letzten oder vorletzten Abend des Trainingslagers gewesen sein. Erleichtert, die Quälerei unbeschadet überstanden zu haben, wurden wir etwas leichtsinnig. Für mich war es fast schon rebellisch. Statt uns wie sonst pünktlich um zweiundzwanzig Uhr zur Nachtruhe zu begeben, stahlen wir uns heimlich aus dem Quartier. Eine Straßenecke weiter warteten zwei mexikanische Sportler in einem kleinen Bus. Mit den beiden hatten wir am Nachmittag auf dem Trainingsplatz unseren nächtlichen Ausflug verabredet. Wir waren acht, vier Zehnkämpfer und vier Siebenkämpferinnen.

Ungefähr eine halbe Stunde dauerte die Fahrt, dann hielten wir vor einer Diskothek. Es war noch nicht viel los, aber das störte uns nicht. Wir tanzten auch ohne Publikum. Ein paar Cuba Libre machten uns lockerer. Das hatte ich auch nötig, denn ich musste die ganze Zeit daran denken, dass wir gegen die Regeln verstießen. Was, wenn die Trainer etwas mitbekamen und womöglich glaubten, wir wollten uns absetzen?

Gerade als ich mich von dem Druck etwas frei gemacht hatte, fielen auf einmal sämtliche Lichter aus. Absolute Dunkelheit. Und dann waren Schüsse zu hören, dass einem fast das Trommelfell platzte. Ich lag schneller auf dem Boden als ein Boxer nach einem saftigen Kinnhaken. Und mit mir die anderen. Schützend hielten wir die Hände über unsere Köpfe. Es hätte eine Szene aus einem Krimi sein können. Gewaltige Blitze zuckten durch den Raum. Für einen Sekundenbruchteil war es taghell, dann wieder stockdunkel, dann wieder hell. Das war der Moment, wo ich vor lauter Angst ans Beten dachte. Was war das hier, ein Überfall? Komisch, dass das Herz am heftigsten zu schlagen scheint, wenn man denkt, gleich ist es mit einem vorbei.

Die anderen Gäste werden sich gewundert haben, was für seltsame Tanzeinlagen diese merkwürdigen Deutschen vollführten – ausgestreckt auf dem Boden, regungslos wie auf Eis gelegte Fische auf dem Markt in Tepito.

Obwohl es mir viel länger vorkam, wird das Spektakel keine zwei Minuten gedauert haben. Dann öffnete sich die Mitte des Tanzbodens wie ein Schlund. Und einen Augenblick später fuhr aus dem Loch ein Metallkäfig mit Go-go-Tänzerinnen nach oben, begleitet von einer Lasershow, wie ich sie noch nie gesehen hatte. Dazu wummerten Bässe. Die Tanzfläche füllte sich. Dieses ganze Theater schien das Startsignal für die Einheimischen zu sein. Es war Mitternacht. Jetzt ging es richtig los. Und wir hatten gedacht, in einen Bandenkrieg geraten zu sein. Uns steckte der Schreck in den Gliedern. Gleichzeitig fingen wir an loszuprusten, konnten uns vor Lachen kaum halten.

Eine Weile blieben wir noch, fasziniert von dem, was um uns herum geschah. Ein heißblütiges Volk, diese Mexikaner. Dann trieb uns das schlechte Gewissen zurück in die Unterkunft. Man soll sein Glück nicht überstrapazieren. Für diese Nacht hatten wir genug Abenteuer erlebt.

Fünf

Jetzt, da ich mich an die traurige Silvesternacht in Berlin erinnere, sitze ich wieder im Wohnzimmer. Besser gesagt, ich liege auf meinem weißen Ledersofa, starre an die Decke, keine Ahnung, wie lange schon. Man könnte meinen, ich versuche da oben eine geheime Botschaft zu entziffern, die außer mir niemand sehen kann.

Ich sollte etwas essen. Es ist nur nichts da. Der Kühlschrank ist leer, die Vorräte vom letzten Einkauf sind aufgebraucht. Bis auf ein paar Flaschen Wasser. Manchmal trinke ich davon. Ich sollte mehr trinken. Ich muss trinken. Ich muss auch essen. Aber ich schaffe es nicht, vor die Tür zu gehen. Nicht tagsüber, nicht jetzt im Hellen.

Ich beschließe, mich später aufzuraffen, in der Nacht. Irgendein Kiosk hat immer auf. Der Gedanke fühlt sich gut an, für den Moment, danach macht er mir schon wieder Angst. Später werde ich den Plan verwerfen. Was dann keine bewusste Willensentscheidung sein wird, ich werde einfach nicht mehr daran denken.

Zeit verrinnt, ohne dass ich meinen Platz verlasse. Ist es noch derselbe Tag oder schon ein neuer? Habe ich geschlafen? Wie lange habe ich geschlafen? Mehr als drei oder vier Stunden pro Nacht sind es seit Wochen nicht mehr. Verrückt, dass der Körper sich nicht endlich den Schlaf holt, den er braucht.

Mein Blick wandert unruhig durch den Raum, sucht Halt, pendelt zu dem Regal an der Wand gegenüber. Dann wieder zurück, und wieder zum Regal, dorthin, wo sonst eine Blumenvase steht.

Nur steht da jetzt keine Blumenvase, sondern die Urne meines Vaters. Ich sehe sie ganz deutlich, obwohl das gar nicht sein kann. Mein Vater, der Herr Medizinalrat, ist seit fast sieben Jahren tot. Seine Urne ruht in der Erde auf dem Alten Friedhof in Bergen, auf der Insel. Meine Mutter ließ damals einen großen Feldstein auf das Grab stellen: MR DR. MED. EBERHARD SCHENK. Darunter das Geburts- und Sterbedatum, sonst nichts weiter, kein Spruch, kein Wort des Verlusts oder der Liebe.

Ach, Vater.

Die Akte

Durch den Aufstieg in die Nationalmannschaft begannen sich Leute für mich zu interessieren, die nichts mit Sport zu tun hatten, nicht im eigentlichen Sinne. Sie arbeiteten im Verborgenen, darauf bedacht, dass nicht einmal ich ihr Tun mitbekam, obwohl es doch um mich ging. Ich meine die Herrschaften vom Ministerium für Staatssicherheit, die Truppe von Erich Mielke und deren Zuträger.

Was jetzt kommt, sind alles Dinge, die ich erst nach der Wende erfuhr, nachdem den Schnüfflern das Handwerk gelegt wurde. Wobei ich zugeben muss, dass ich einige Jahre brauchte, um den Mut zu fassen, meine Stasi-Akte anzufordern. Ich glaube, so ging es vielen, die davon ausgehen mussten, bespitzelt worden zu sein. Die Neugierde, zu erfahren, was sie über mich gesammelt hatten, war zweifellos vorhanden. Mich hielt jedoch die Angst zurück, dass ich in den Unterlagen auf Namen von Freunden oder Familienangehörigen stoßen könnte. Ich hätte nicht gewusst, wie ich damit umgehen soll. Das weiß ich bis heute nicht.

Ich schätze, unbewusst weigerte ich mich innerlich auch, zurückzuschauen. Die Wende war rasant schnell gekommen. Mir blieb keine Zeit, mit dem Vergangenen abzuschließen. Auf einmal gab es meine Heimat nicht mehr. Und die Idee, an die ich geglaubt hatte, galt plötzlich als ein großes Schmierentheaterstück. Ich war viel zu sehr beschäftigt damit, alles zu verdauen und mir gleichzeitig einen Platz für die Zukunft zu sichern. Am Ende dauerte es bis 2007, dass ich meine Stasi-Akte in die Hände bekam.

Wenn ich vom Aufstieg in die Nationalmannschaft schreibe, meine ich die unterste Stufe, den Junioren-Bereich. Zwar schien sich die Stasi bereits seit meiner Aufnahme an die KJS für mich zu interessieren. Zu der Zeit wurde offenbar die Akte angelegt. Jedoch existieren davon keine Einträge mehr. Konkret wurde es im Jahr 1983, vor der Junioren-Europameisterschaft in Österreich, für die ich mich als Achtzehnjähriger qualifiziert hatte.

Um dort an den Start gehen zu können, musste ich zuvor als NSA-Reisekader bestätigt werden, so nannte sich das. NSA stand für nichtsozialistisches Ausland. Ein anderes Kürzel dazu, das sich ebenfalls in meiner Akte findet, war NSW – für nichtsozialistisches Wirtschaftsgebiet. Zu Wettkämpfen dorthin wurden nur vertrauenswürdige Sportler entsandt, von denen man annahm, dass sie die sozialistischen Ideale und ihre Heimat ehrenvoll vertraten und nicht die erstbeste Gelegenheit nutzten, um zum Klassenfeind überzulaufen.

Das Gleiche galt übrigens für Trainer und jeden anderen Betreuer. Sie alle wurden überprüft und nur dann aus dem Land gelassen, wenn die Stasi vorher grünes Licht gab. Mein Trainer bei Empor hatte nicht das Glück. Bei ihm hieß es: zu viele Verwandte im Westen, zu enger Kontakt.

Welche Informationen sie vor der Europameisterschaft über mich einholten und wen sie dafür alles aushorchten, geht aus der Akte nicht hervor. Nur dass sie mich anscheinend für einen guten Staatsbürger hielten. Allerdings liest sich das in ihrer Kartei etwas kryptischer: »Best. RK 83/84«. Übersetzt hieß das: Bestätigung Reisekader für 1983/84.

Ich durfte also nach Österreich, genauer gesagt nach Schwechat in der Nähe von Wien. Nun muss man wissen, dass Österreich anders betrachtet wurde als beispielsweise die Bundesrepublik. Die war der Klassenfeind, da gab es kein Wenn und Aber. Für Österreich hingegen durfte man eine gewisse Sympathie hegen, ohne sich gleich des Landesverrats verdächtig zu machen. Entsprechend lasch fiel die Aufsicht während der Europameisterschaft aus. In unserem Hotel waren Mannschaften aus mehreren Ländern untergebracht, allerdings etagenweise voneinander getrennt. Bevor man das Stockwerk verlassen durfte, musste man sich abmelden und nach seiner Rückkehr wieder anmelden. Ansonsten konnten wir uns relativ frei bewegen. Natürlich nur zu den Zeiten, für die die Trainer nichts anderes für uns vorgesehen hatten.

Die beste Gelegenheit, mich für ein Weilchen zu verdrücken, bot sich am Tag nach dem Wettkampf. Ein Zehnkampf ging immer über zwei Tage. Am ersten Tag fünf Disziplinen, am zweiten die restlichen fünf. Speerwerfen war am zweiten Tag dran, als vorletzte Disziplin. Das erwähne ich deshalb, weil ich beim Speerwerfen zu einem kleinen Ausflug eingeladen wurde. Während des Wettkampfs betreute uns eine sogenannte Riegenführerin. Ihre Aufgabe bestand unter anderem darin, uns von einer Station zur nächsten zu geleiten. Die junge Dame hieß Alexandra und war überaus hübsch. Dunkle Haare, strahlend weiße Zähne, ein bezauberndes Lächeln. Verständlich also, dass ich nicht zögerte, als sie mich fragte, ob ich mich am nächsten Tag mit ihr und ein paar jungen Leuten aus Wien treffen wolle. Ich glaube, das Wort Gartenparty erwähnte sie auch.

Ob mir Alexandras Einladung für die letzte Disziplin, den Tausendfünfhundertmeterlauf, einen zusätzlichen Motivationsschub verlieh, weiß ich nicht mehr. Jedenfalls schaffte ich die Strecke in einer ganz passablen Zeit, sodass es in der Gesamtwertung für den zweiten Platz reichte. Beim ersten internationalen Auftritt gleich Silber zu holen – es hätte schlechter laufen können.

Dann der nächste Tag. Ich meldete mich ordnungsgemäß ab. Pünktlich fünfzehn Uhr stand ich an der Bushaltestelle in der Nähe unseres Hotels. So hatten wir es verabredet. Ein

Auto hielt, Alexandra lächelte hinter der Scheibe, winkte, ich stieg ein. Small Talk während der Fahrt. Pflichtbewusst, wie ich war, sagte ich gleich, dass ich spätestens um zweiundzwanzig Uhr zurück sein müsse.

Das Ziel: eine Einfamilienhaussiedlung. Schmucke Häuser, gepflegte Gärten, viel Grün. Üppiges Grün, es war August. Und vor den Grundstücken eine beeindruckende Auswahl all jener Automarken, die wir zu Hause gern gehabt hätten. Wir hielten, stiegen aus, öffneten eine Zauntür, gingen am Haus vorbei nach hinten in den Garten.

Ich registrierte jedes Detail. Fremdes Terrain. Ich fühlte mich nicht unsicher, aber als entspannt hätte ich meinen Zustand ebenso wenig beschrieben. Im Garten etwa zwanzig Jugendliche, ungefähr in meinem Alter. Sie begrüßten mich, als würden sie einen Außerirdischen empfangen. Vielleicht bildete ich mir das auch ein. Es waren sympathische Leute, alle sehr freundlich. Sie fragten mir Löcher in den Bauch. Über mein Leben in dem Land, das so nah war und doch so fern – aus ihrer Perspektive.

Irgendwann tauchte ein älterer Herr neben mir auf, der Vater des Gastgebers, wie er mir erklärte. Ein kurzes Hallo. Etwas in der Art wie: »Also du bist das.« Dann lotste er mich ins Haus, in die Küche. Ich dachte, er wolle mir etwas zu Essen anbieten. Tatsächlich ging er zum Herd, aber nur um sich dort anzulehnen. Er verschränkte seine Arme vor der Brust, wir sahen uns an, schon kam er zur Sache, ohne lange Vorrede: »Was hältst du davon, hier eine Banklehre zu machen und bei uns im Verein zu trainieren …?«

Ich hätte das Angebot freundlich ablehnen und ihm meine Gründe erläutern können. Vielleicht hätten wir dann über etwas anderes gesprochen. Oder ich wäre wieder in den Garten hinausgegangen zu seinem Sohn und dessen Freunden. Aber weder das eine noch das andere kam mir in den Sinn. Stattdessen schoss mir in den Kopf: Was denkt der sich eigentlich? Hat der eine Ahnung, was das bedeuten würde? Soll mein Vater seinen Job verlieren, womöglich sogar eingesperrt werden? Und meine Mutter? Und mein Bruder, sollen sie ihm den Studienplatz wegnehmen? Auf einmal war ich nur noch wütend. In der Erinnerung sehe ich, wie ich ihn wegstoße. Und während ich das tue, höre ich mich sagen, aufgebracht, wie ich war: »Du spinnst wohl …!?«

Ich stürzte aus dem Haus, sah nichts und niemanden, wollte nur noch weg. Auf der Straße wusste ich nicht, in welche Richtung ich gehen sollte. Aber das war mir egal, ich lief einfach. Bis die nächste Straße kam und danach wieder eine. So irrte ich eine Zeit lang durch die Gegend. Zum Glück hatte ich Geld eingesteckt. Wenn man mit der Nachwuchs-Nationalmannschaft bei solchen Wettkämpfen startete, bekam man sechzig D-Mark Taschengeld. Einen Teil davon hatte ich in Schilling umgetauscht. Irgendwann erwischte ich ein Taxi.

Gut möglich, dass ich mich täuschte. Vielleicht war die Aufsicht in Österreich doch nicht so lasch. Inzwischen weiß man, wie eng die Stasi ihr Netz aus Informanten geflochten hatte. Auch Sportler, Trainer und manch andere, die bei Wettkampfeinsätzen im Ausland zur Delegation gehörten, standen als IM – inoffizieller Mitarbeiter – in ihrem Dienst. Oder als GMS – gesellschaftlicher Mitarbeiter Sicherheit. Oder als irgendetwas anderes.

Aber noch einmal zu meinem kleinen Ausflug in Schwechat. Es vergingen einige Jahre, dann erzählte mir jemand allen Ernstes, dass die ganze Geschichte inszeniert gewesen sei – um meine Republiktreue zu testen. In meiner Stasi-Akte findet sich kein Wort dazu. Möglicherweise ist die Akte unvollständig. Oder es war doch nichts inszeniert, und dieser Jemand wollte sich bloß wichtigmachen.

Wie auch immer, Mielkes Ministerium schien einigen Aufwand betrieben zu haben, um sich ein Bild von meiner

Person zu machen – und von einigen Menschen, zu denen ich Kontakt pflegte. Zuständig war die Abteilung XX der Bezirksverwaltung Rostock, die in mehrere Referate gegliedert war. Eins davon kümmerte sich um den Bereich Leistungssport. Einen Hinweis darauf, dass tatsächlich mich betreffende Dokumente verschwunden sein könnten, fand ich in den Erläuterungen, die die Stasi-Unterlagenbehörde meiner Akte beigelegt hatte. Demnach wurde der elektronische Datenspeicher der Zentralen Personendatenbank im Frühjahr 1990 vernichtet. Diese Datenbank war von der Stasi mit Informationen gespeist worden, die Mitarbeiter zuvor auf Papierformularen erfasst hatten. Einige solcher Formulare, bei denen es um mich geht, sind erhalten geblieben. Ob es mehr gab, kann niemand sagen. Möglich wäre es.

Möchte ich wissen, wer als Spitzel auf mich angesetzt war? Einerseits schon, dann wieder nicht. Kann mich nicht entscheiden. Das konnte ich damals nicht, als ich die Akte erhielt, und jetzt bin ich nicht viel schlauer. In den Unterlagen stieß ich auf mehrere Decknamen. Ein gewisser »Bauer« etwa gab über mich zu Protokoll: »Begeistert von BRD/Österreich Einsatz – Warenangebot, Organisation«. Ein anderer Informant lief unter dem Namen »Fred Schuster«. Er berichtete über meine Verbindung zur Tochter des damaligen Trainers von Hansa Rostock. Das allein wäre vermutlich nicht interessant genug gewesen. Brisant machte es der Zusatz: »geschiedene Ehefrau ist ÜSE«. Wieder so ein Kürzel. Gemeint war, dass diese Frau ein Übersiedlungsersuchen gestellt hatte, die DDR verlassen wollte, um nach Schweden zu ziehen.

Die Quelle »Blumberg« wiederum lieferte den Satz: »Verurteilt Kommerz, beneidet andererseits die guten Trainingsbedingungen.« Der – oder die – selbe »Blumberg« scheint zu einem späteren Zeitpunkt noch mehr geliefert zu haben, registriert ist allerdings nur der Hinweis: »zur Person«. Unter »Teterow/IM« steht vermerkt: »Fährt zu Wettkämpfen in die BRD, worauf sich BRD-Verwandtschaft freut«. Das hätte man schon als Denunziation bezeichnen können. Erstaunlich, dass sie mich dennoch fahren ließen.

Bei der erwähnten Reise handelte es sich um den Zehnkampf-Europacup für Nationalmannschaften. Der fand in Krefeld statt, im Uerdinger Bayer-Stadion, damals das »Wohnzimmer« von Jürgen Hingsen. Wir schrieben das Jahr 1985. Das ist nicht unwichtig. Der Olympia-Boykott im Jahr zuvor. Dazu die politische Großwetterlage. Gorbatschow saß im Kreml, aber noch gab es keine wirkliche Annäherung zwischen Ost und West. Und wir nun mitten rein, sozusagen ins Herz des Klassenfeinds.

Vor solchen Wettkämpfen wurden wir politisch auf Kurs gebracht. Also, über das übliche, alltägliche Maß hinaus. Das oberste Gebot: Kontakt zum Klassenfeind meiden! Erst recht die Journalisten imperialistischer Medien. Das waren die Vokabeln. Und falls wir doch einem dieser Schmierfinken in die Hände gerieten, sollten wir lächeln und freundlich, aber distanziert Sätze abspulen, die sie uns in Stichworten mitgaben: Gute Organisation … intensiv auf den Wettkampf vorbereitet … gebe mein Bestes für die Deutsche Demokratische Republik.

Unser wichtigster politischer Auftrag aber bestand darin, die Westdeutschen zu schlagen. Heute schwer vorstellbar, dass sie uns damit motivieren konnten, doch es war so. Engländer, Schweden, Schweizer, Italiener, Franzosen – sie alle waren Kontrahenten. Dagegen die Westdeutschen, das waren unsere Feinde. Mit diesem militärischen Gedankengut impften sie uns das regelrecht ein. Und – ich kann nur für mich sprechen – es funktionierte. Mir half es, beim Wettkampf ein klares Feindbild zu haben. Um einen Kontrahenten zu bezwingen, gab ich alles. Um den Feind zu besiegen, noch ein bisschen mehr.

Beim Europacup in Krefeld begegnete ich zum ersten Mal Jürgen Hingsen. Wir zwei hatten nie eine Chance, Freunde zu werden. Gebrainwasht, wie ich war, projizierte ich alles Schlechte von Anfang an auf ihn, vor allem auf ihn. Wenn wir DDR-Bürger die in der BRD pauschal für arrogant hielten, dann war er für mich der Inbegriff von Arroganz. Jemand von unseren Leuten erzählte, er habe sich abfällig über die DDR geäußert. Da hatten wir es doch! Das war ja wohl arrogant. Und wie er ständig vom großen Zweikampf zwischen sich und Daley Thompson tönte. Kündigte vor jedem Duell großspurig an, den Superstar zu bezwingen, was ihm nie gelang. Dagegen waren wir graue Mäuse. Uns wurde Bescheidenheit eingebläut. Wir sollten mit Leistung überzeugen, nicht mit großer Klappe. Wenn wir Erfolge errangen, war das in erster Linie ein Verdienst des Sozialismus, erst in zweiter Linie unser eigener. Oder sagen wir in dritter, der Verdienst der Partei kam noch davor.

So lagen die Fronten. Und dann durfte ich erleben, wie sich der große Lokalmatador gleich bei der zweiten Disziplin, dem Weitsprung, verabschiedete. Griff sich an den linken Oberschenkel, dann an den rechten, als könne er den Schmerz nicht orten – und verschwand. Es hieß, ein Muskelfaserriss. Da kurz darauf Guido Kratschmer ebenfalls ausfiel, und damit der zweite Westdeutsche, hatte sich unser Klassenfeind überraschend schnell selbst besiegt.

Der Europacup war ein Mannschaftswettbewerb. Pro Mannschaft starteten vier, die besten drei wurden gewertet. Am Ende wurde es ein überwältigender Sieg des Sozialismus: Platz eins für unsere sowjetischen Freunde. Platz zwei belegten wir. Platz drei ging an die Jungs aus Polen.

Vielleicht machte ich mir zu wenig Gedanken, stand dem System zu unkritisch gegenüber. Was heißt: vielleicht? Aus heutiger Sicht war das bestimmt so. Als gelernter DDR-Bürger rechnete ich zum Beispiel nicht damit, dass die Stasi den Postverkehr zwischen beiden deutschen Staaten überwachte, und das beinahe lückenlos. Noch weniger, dass sie nicht nur registrierte, wer Post von drüben erhielt und wer welche dorthin schickte, sondern Briefe und Pakete öffnete, um sich über den Inhalt zu informieren, manche Sendungen sogar manipulierte oder verschwinden ließ.

Unsere Familie betraf das auch, wie ich aus meiner Akte erfuhr. Ein Eintrag stammt aus der Zeit, als sie das erste Mal prüften, ob sie mich ins nichtsozialistische Ausland schicken können. Meine Eltern, heißt es da, würden postalische Verbindungen zu einer in der BRD lebenden Schwester von Opa Arnold unterhalten. Die Einreisen der betreffenden Person in die DDR würden allerdings nicht zu einem Verwandten ersten Grades des Kaders erfolgen, also weder zu meinen Eltern noch zu meinen Geschwistern. Das war wichtig. So konnte man sagen, dass man keinen direkten Kontakt hatte.

Von unseren Weihnachtspaketen dürften sie demnach auch gewusst haben. An anderer Stelle finden sich noch mehr Hinweise, dass Briefe abgefangen, geöffnet, gelesen und als Kopie abgelegt wurden. Häufig war Opa Arnold der Adressat, manchmal meine Eltern, manchmal ich. Das aber erst später, nach meinem Olympiasieg, als sie in Briefen aus Frankreich herumschnüffelten und feststellen mussten, dass es harmlose Fanpost war.

Manchmal lag die Stasi mit ihrer Bewertung in Sachen Zuverlässigkeit und Staatstreue völlig daneben. Das erlebte ich 1987 beim Mehrkampf-Meeting in Götzis, Vorarlberg, Österreich. Die Veranstaltung in der Nähe des Bodensees gehörte bereits damals zu den renommiertesten und bestbesetzten ihrer Art, weltweit. Daley Thompson hatte dort Anfang der Achtzigerjahre zweimal einen Weltrekord aufgestellt. Und im Jahr vor meinem Auftritt war Jackie Joyner-

Kersee, die als erste Frau die Siebentausend-Punkte-Marke im Siebenkampf knackte, die absolute Attraktion gewesen. Götzis war auch deshalb ein wichtiger Termin in unserem Kalender, weil man sich dort für Welt- und Europameisterschaften und für Olympische Spiele qualifizieren konnte. In dem Jahr ging es um die Teilnahme an der Weltmeisterschaft, die knapp drei Monate später in Rom stattfinden sollte.

Um vorwegzunehmen, was für mich das Wichtigste war: Ich schaffte die Quali-Norm, landete auf Platz fünf und durfte mich somit auf meine erste Weltmeisterschaft freuen. Sieger wurde Siegfried Wentz, den ich eigentlich hätte als bösen Feind betrachten müssen, da er aus Mainz kam. Doch irgendwie funktionierte das bei ihm nicht richtig. Er war ein fairer Sportsmann, locker drauf, aber nicht so eine Trompete wie sein tiefgebräunter Teamkollege. Wir hatten sogar eine Gemeinsamkeit. Siggi studierte Medizin. Damit hatte ich inzwischen auch angefangen. Wer mich darauf gebracht hatte, kann man sich denken. Ich war nur noch nicht sehr weit gekommen, der Sport fraß zu viel Zeit.

Medizin ist ein gutes Stichwort. Die Fehleinschätzung der Stasi, sie betraf einen Mediziner: den Chefarzt unseres Leichtathletikverbands. Der war zugleich oberster Arzt der Nationalmannschaft, und das noch gar nicht lange. Wir waren im Stadion, als sein Name über Lautsprecher ausgerufen wurde. Anfangs dachten wir uns nichts dabei. Vielleicht war er irgendwo beschäftigt. In seiner Funktion hatte er sicher alle Hände voll zu tun. Stutzig wurden wir, als sich die Ausrufe wiederholten. Die Mannschaftsleitung teilte uns Sportlern nicht mit, was geschehen war. Das Thema wurde totgeschwiegen. Zum Team gehörten noch mehr Ärzte, sodass die Betreuung der Athleten gesichert war. Erst als durchsickerte, dass sämtliche Sachen des Vermissten aus dessen Hotelzimmer verschwunden waren, konnten wir uns einen Reim darauf machen.

Besagter Arzt hatte sich in die Bundesrepublik abgesetzt. Dort schlug seine Flucht hohe Wellen. Allerdings erst nach der Wende, als die Hintergründe nicht mehr zu vertuschen waren. Demnach hatten sie den Überläufer mit offenen Armen empfangen, ihm sofort eine Forschungsstelle an einer Universität verschafft, kurz darauf sogar eine Professur. Dagegen wäre vermutlich nichts zu sagen gewesen, hätte es sich bei dem Arzt nicht um einen der führenden DDR-Sportmediziner gehandelt, dessen wichtigstes Forschungsgebiet ausgerechnet das Thema Doping war. Seine Dissertation, die erst als verschollen galt, dann aber doch auftauchte, trug den Titel *Die Wirkung von anabolen Steroiden auf die sportliche Leistungsentwicklung in den leichtathletischen Sprungdisziplinen.* Das hatte er natürlich nur erforschen können, indem er Sportler mit den entsprechenden Substanzen versorgte, sie also dopte. Dabei konzentrierte er sich besonders auf die Wirkung von Oral-Turinabol, ein in der DDR entwickeltes Anabolikum. Mit dem Zeug wurde ich auch gefüttert, aber dazu später.

Dann also Rom, die Weltmeisterschaft, meine erste. Bevor es in die Ewige Stadt ging, das obligatorische Trainingslager in Kienbaum, der finale Feinschliff. Vor großen Wettkämpfen war das immer unsere letzte Station. Beim Feinschliff ging es hauptsächlich ums Sportliche, aber nicht nur. Zwei, drei Tage vor der Abreise wurde die gesamte Mannschaft im Kinosaal zusammengetrommelt. Zunächst bekamen wir eine Dia-Show zu sehen. Fotos vom Stadion, von den Umkleiden, vom Hotel, von der Stadt. Dazu die entsprechenden Informationen, über Italien, über die Geschichte Roms, über die politischen Verhältnisse. Bis hin zu einigen italienischen Sätzen für den Alltagsgebrauch. Das alles als Einstimmung. Damit wir eine ungefähre Vorstellung bekamen, was uns in dem fremden Land erwartete. Wenn man so will, eine Art Mentaltraining. Sehr professionell, mir gefiel das.

Hinterher folgten die üblichen Anweisungen, wie wir uns vor Ort zu verhalten hatten. Erlaubt, sogar ausdrücklich erwünscht, war der Kontakt zu Sportlern der sozialistischen Bruderländer. Alle anderen sollten wir, wie immer, ignorieren. Kein Wort, kein Handschlag, weder zur Begrüßung noch um jemandem zu gratulieren. Der Klassenfeind, schon klar. Ich erinnere mich an den Satz: »Im Krieg reichst du deinem Gegner auch nicht die Hand!« Von diesem Kaliber flogen uns einige Parolen entgegen. Als würden wir in eine Schlacht ziehen. Doch an solchen Formulierungen stieß sich niemand. Das war der normale Ton. Daran waren wir gewöhnt.

Der Umgang mit den Medien war selbstverständlich auch ein Punkt, auf den wir vorbereitet wurden. Der Europacup war eine Geschichte, die Weltmeisterschaft eine ganz andere. Eine Weltmeisterschaft war die große Bühne, um allen die Überlegenheit des Sozialismus vorzuführen. Darum vor allem ging es. Wir traten nicht für uns an, wir siegten nicht für uns, sondern einzig und allein für unser sozialistisches Vaterland.

Mag sein, dass ich mich wiederhole. Aber so bekommt man vielleicht eine Vorstellung davon, wie penetrant wir damit traktiert wurden, immer und immer wieder. Bis es ein Teil von einem selbst wurde. Bis man nichts daran fand, dass einem die Worte in den Mund gelegt wurden, die man sagen sollte. Damit meine ich, dass wir eine Liste von Antworten schriftlich vorformuliert in die Hand gedrückt bekamen, auf Deutsch und Englisch. Vorsorglich, etwa für den Fall, dass man eine Medaille gewann und auf der Sieger-Pressekonferenz zu erscheinen hatte. Üblicherweise wurden die ersten drei dorthin geschickt. Oder dass man gar ins *Aktuelle Sportstudio* eingeladen wurde. Das war für uns der Gipfel, den man medial erklimmen konnte. Klassenfeind hin oder her, Hauptsache, die Botschaft kam rüber – nämlich dass die

DDR das bessere System war, schon weil sie solche sympathischen Siegertypen hervorbrachte. Wobei die Einladung allein nicht genügte. Ohne Erlaubnis unserer Delegationsleitung, und somit der Partei und sicher auch der Stasi, brauchte man gar nicht erst davon zu träumen.

Wir brachen also nach Rom auf. Das Gute an unserer Sportart war, dass man seine Leistungen objektiv einordnen konnte. Hier entschieden Fakten, bei den Läufen die Zeit, bei allen anderen Disziplinen die Weite beziehungsweise die Höhe. Es gab keinen Konjunktiv. Mit den Leistungen, die ich brachte, schaffte ich Tatsachen. Und diese Tatsachen ließen sich unkompliziert mit denen vergleichen, die die anderen lieferten. Aus dem Ergebnis ergab sich die Weltrangliste. So weit, so gut. Allerdings hatte das zur Folge, dass ich mich selbst auch an dieser Position sah, vielleicht einen Platz besser, weiter vorn aber nicht.

Vor Rom stand ich laut dieser Liste an fünfter oder sechster Stelle. Das heißt, ich fuhr mit dem Gedanken dorthin, dass die Plätze fünf und sechs im Bereich des Möglichen lagen. Was für eine WM-Premiere ja nicht schlecht gewesen wäre.

Quasi als Extra-Motivation nahm ich mir vor, Daley Thompson in drei Disziplinen zu schlagen. Ich startete das erste Mal bei einem Wettkampf, bei dem er dabei war. Daley war damals schon eine Legende. Zwei Olympiasiege, einmal Weltmeister, zweimal Europameister, mehrere Weltrekorde. Seit neun Jahren hatte er keinen Zehnkampf verloren.

Dazu die Atmosphäre an diesen Spätsommertagen im historischen Olympiastadion von 1960. Und es kam noch besser. Nach vier Disziplinen stellte ich erstaunt fest, dass ich meinen Plan bereits erfüllt hatte. Fairerweise sollte ich erwähnen, dass Daley nicht in der Form seines Lebens war. Trotzdem: Ich war wie berauscht. Ich war so berauscht, dass ich beim Hochsprung zwei Meter fünfundzwanzig sprang, so hoch wie noch nie.

Gegen Euphorie ist nichts einzuwenden, man sollte nur die Kontrolle behalten und irgendwie Ruhe bewahren. Genau das gelang mir nicht. Schuld daran war eine gigantische Regenwolke, die die halbe Stadt überschattete und bedrohlich dem Stadion entgegentrieb. Zu allem Überfluss kollidierten in dieser Situation zwei Interessen, die schwer zu vereinen waren: Ich wollte möglichst schnell weiterspringen, um noch im Trockenen fertig zu werden. Der Regen hätte den Anlauf und die Absprungstelle glatt gemacht. Ich wollte aber auch die Höhe von zwei Meter dreißig knacken.

Normalerweise wäre die Latte als Nächstes auf zwei Meter achtundzwanzig gelegt worden, immer drei Zentimeter höher. Aber diese Höhe ließ ich aus, sodass sie gleich auf zwei Meter einunddreißig legen konnten, da ich nur noch allein im Rennen war. Manchmal sind solche Dinge ganz banal. Mich reizte einfach die Dreißig hinterm Komma, die wollte ich auf meiner Ergebnisliste stehen sehen.

Das Ende vom Lied: Angesichts des drohenden Regens wurde ich hektisch, verlor die Konzentration. Der Flow, den ich zuvor noch so deutlich gespürt hatte, war plötzlich wie vom heraufziehenden Wind verweht. Ich riss die Höhe dreimal.

Kurz darauf setzte die Sintflut ein. Ich übertreibe ein wenig, aber es waren Sturzbäche, die da runterkamen und die Laufbahn innerhalb kürzester Zeit mit einem zentimeterhohen Wasserfilm überzogen. Wahrscheinlich gab es nicht viele im Stadionrund, die damit rechneten, dass wir als Schwimmer zum Vierhundertmeterstart geschickt wurden. Doch genau dafür entschied sich die Wettkampfleitung.

Wenigstens schaffte ich es vorher noch, die Toilette aufzusuchen. Das machte ich meistens vor den Laufdisziplinen. Wegen der Aufregung. An dem Tag kam noch Angst hinzu. Bei diesem Regenguss zu starten verhieß nichts Gutes. Ich hetzte also zum Örtchen, machte die Tür auf – und traute meinen Augen kaum. Da stand Siggi Wentz und rauchte. Das sind Momente, die vergisst man sein Lebtag nicht.

In diese Kategorie fiel dann auch der Zieleinlauf. Das Rennen selbst, zum Vergessen. Die Laufbahn schmierig glatt, dazu der Regen, der nicht nachließ. Er peitschte ins Gesicht, dass man wie im Blindflug unterwegs war. Dabei wäre es wichtig gewesen, etwas zu sehen, um den Plastikflaschen ausweichen zu können, die der Wind wie kleine Boote über das Wasser auf der Bahn trieb.

Ich erreichte als Letzter das Ziel, mit einem Abstand, der sich deprimierend anfühlte. Siggi Wentz war ungefähr zwei Sekunden schneller da. Was sich wenig anhört, bei einer Laufzeit von rund fünfzig Sekunden aber gar nicht so wenig war. Aus irgendeinem Grund trafen sich unsere Blicke. Ich glaube, er drehte sich zu mir um. Wir wechselten kein Wort. Mein Gesichtsausdruck dürfte genug verraten haben. Erst die Zigarette, und dann hängte er mich dermaßen ab. Sein Kommentar, auch der wortlos: ein Schulterzucken.

Dennoch lag ich nach dem ersten Tag in der Gesamtwertung auf dem dritten Platz. Das Hochsprung-Resultat hatte mir auch so reichlich Punkte gebracht. Hätte ich meinen Kopf anders programmiert gehabt, wer weiß, welches Ergebnis drin gewesen wäre. Stattdessen sortierte ich mich wie automatisch hinter den anderen ein, unabhängig von meinem Leistungsvermögen. Hinter Daley Thompson, hinter Siggi Wentz, hinter Torsten Voss, meinem Mannschaftskollegen, der die Nummer eins bei uns war. Ich schaute zu ihnen auf, anstatt mich auf Augenhöhe zu sehen. Und mein Trainer war nicht dabei, der diese Sichtweise hätte korrigieren können. Dabei hätte ich genau das gebraucht: klare Worte, die eine neue Richtung vorgaben.

Am Ende sprang tatsächlich Platz fünf heraus. Immerhin mit neuer persönlicher Bestleistung. Nur machte mich das nicht glücklich. Im Gegenteil, ich war bitter enttäuscht. Lächerliche drei Punkte fehlten zu Platz vier. Selbst Platz drei wäre realistisch gewesen. Aber wäre und hätte änderten nichts.

Am Tag danach fühlte ich mich so kraftlos wie nach keinem Wettkampf davor. Kraftlos und niedergeschlagen. Ich konnte mich nicht einmal aufraffen, das Hotel zu verlassen. Dabei lag es verlockend nah am Petersplatz. Ein kurzer Fußmarsch und ich wäre beim Papst gewesen – na ja, in seiner Nähe.

Stattdessen schleppte ich mich schlecht gelaunt zum Pool, ließ mich auf einer der Liegen nieder und hing meinen Gedanken nach. So einen Wettkampf konnte man nicht einfach abschütteln wie die Erinnerung an einen schlechten Film. Torsten Voss war Weltmeister geworden, vor Siggi Wentz. Wenigstens ein Sonnenstrahl am sonst tiefgrauen Himmel. Ich gönnte Vossi den Erfolg von Herzen. Er war immer mein Vorbild. Ein feiner Kerl, ruhig, bodenständig, genügsam und fleißig wie sonst kaum jemand. Ein typischer Mecklenburger. Ich dachte oft, so wie er müsste man sein, dann würde alles gut.

An einem Hotelpool zu liegen und in den Himmel zu starren, war nicht unbedingt das, was man als DDR-Bürger häufig erlebte. Ich nehme an, dass es mir daher nicht besonders entspannend vorkam. Andererseits hätte ich nicht gewusst, wohin ich mich sonst verdrücken sollte. So tief die Wolken hingen, was zu meiner Stimmung passte, wenigstens war es angenehm warm. All das schwirrte mir durch den Kopf, als mich eine ziemlich rauchige Stimme aus den Gedanken riss: »He, Langer, mach dich fertig, heute Nachmittag ist Quali!« Es war Carlo Thränhardt. Leichtfüßigen Gangs kam er daherspaziert und strahlte, als würde die Sonne doch scheinen. Seine flachsige Bemerkung meinte er als Kompliment. Mit den zwei Meter fünfundzwanzig hatte ich eine Leistung abgeliefert, die selbst für reine Hochspringer

Weltklasse war. Aber warum ich die Geschichte erzählte: Carlo brachte mich schwer in die Bredouille – mit einer Frage, die simpler nicht hätte ausfallen können: »Was dagegen, wenn ich mich zu dir setze?«

So sehr mich freute, dass ein Spitzenathlet wie Carlo meine Gesellschaft suchte – er kam aus dem Westen. Selbst wenn man in Betracht zog, dass er in der DDR geboren wurde – seine Eltern waren vor dem Mauerbau mit ihm getürmt. Aber sollte ich deswegen Nein sagen? Ihm erklären, dass er ein Klassenfeind war, ich aus diesem Grund nicht mit ihm sprechen durfte? Er hätte sich doch an den Kopf gegriffen.

»Komm her, setz dich zu mir!«, sagte ich und versuchte, nicht daran zu denken, dass ich gegen Anweisungen verstieß. Wir sprachen über den Wettkampf – also, ich war es, der sprach. Erzählte, warum ich gleich zwei Meter einunddreißig auflegen ließ und wie mich der drohende Wolkenbruch aus dem Konzept brachte. Von der Sperre im Kopf, durch die ich mich selbst ausbremste, und dass ich mich ärgerte, nicht den Mut gehabt zu haben, um eine Medaille zu kämpfen.

Es ging ausschließlich um Sport, eine Fachsimpelei unter Athleten, kein Wort über Politik. Und trotzdem traf mich fast der Schlag, als sich auf einmal drei Herren in den markanten blauen DDR-Trainingsanzügen dem Pool näherten: der Cheftrainer des Leichtathletikverbands, der Cheftrainer der Zehnkämpfer und der Leiter unserer WM-Delegation, ein strenger Sportfunktionär, wie er im Buche stand. Ich rutschte auf meiner Liege ein Stück tiefer, während mir leise ein Fluch entfuhr. Die drei drängten sich dicht an unseren Liegen vorbei, als hätte es nur diesen einen Weg gegeben. Und dabei taten sie so, als würden sie uns nicht bemerken. Kein Wort, nicht mal ein Gruß in Form einer flüchtigen Geste. Nichts. Doch genau dieses Nichts sagte alles.

Wie auf Knopfdruck meldete sich das schlechte Gewissen. »Carlo, ich muss gehen«, sagte ich, sprang auf und lief den dreien hinterher wie ein höriges Kleinkind. Mit zweiundzwanzig Jahren.

Ein paar Schritte, dann hatte ich sie eingeholt. »Trainer«, sagte ich zu unserem Chefcoach, »ich kann nichts dafür, er hat sich einfach zu mir gesetzt.« Das stimmte zwar nicht ganz, aber was hätte ich sonst sagen sollen?

Wir hatten unsere Trainer zu siezen, sprachen sie mit Trainer oder mit Herr und ihrem Namen an. Sie dagegen duzten uns. Wir waren die kleinen Jungs, selbst als Erwachsene noch.

Meine kurze Verteidigungsrede schien den Trainer nicht zu überzeugen. Er schwieg. Ich stand da wie ein geprügelter Hund, hoffte auf eine Antwort, die Vergebung signalisierte. Stattdessen pfefferte er mir, als er endlich einen Ton herausbekam, eine Drohung entgegen: »Das wird ein Nachspiel haben!« Mehr sagte er nicht, drehte sich weg, die beiden anderen auch. Wie auf Kommando liefen sie weiter.

Die Minuten danach sind aus meinem Gedächtnis gelöscht. Ich weiß nur, dass ich dachte, damit sei das Urteil gefällt. Sie würden mich nie wieder zu einem Wettkampf schicken. Ich dachte wirklich: Das war's. Es ist aus und vorbei mit der Karriere.

Vierzehn Tage lebte ich mit dieser Angst, dann zitierte mich der Parteisekretär von Empor in sein Büro. Er wollte mein Vergehen von Genosse zu Genosse aufarbeiten. Wir waren allein im Zimmer. Vielleicht lief irgendwo versteckt ein Band, vorstellen könnte ich es mir. Ich sollte ihm alles haarklein erzählen. Dann kam er mit der üblichen Leier: Ich wisse doch, dass der Kontakt zum Klassenfeind verboten sei … und so weiter. Am Ende sagte er: »Passiert das noch einmal, müssen wir dich aus dem Verein und der Nationalmannschaft ausschließen!« Dabei sah er mich mit einem Blick an, der keinen Zweifel daran ließ, dass er seine Worte verdammt ernst meinte.

Sechs

Wieder setzt sich das Erinnerungskarussell in Gang, und ich sitze in der Gondel, ob ich das will oder nicht. Jener Tag im Juli, als Vater starb. Der Anruf meines Bruders, er heißt auch Thomas. Ich in Berlin. Ließ alles stehen und liegen, düste los.

Auf der Autobahn tausend Gedanken, Erinnerungsfetzen mehr, flüchtig wie die Landschaft, die draußen vorüberzog.

Vaters Ende kam nicht überraschend, er quälte sich seit zwei Jahren. Eine Woche zuvor saßen wir noch an seinem Krankenbett, die Familie, auch enge Freunde waren gekommen. Es war sein einundachtzigster Geburtstag. Er lag im Hospiz. Als das Unumkehrbare zur Gewissheit geworden war, hatte Mutter ihn dorthin bringen lassen. Ein kleiner, stiller Raum in der Klinik, die er einst selbst geleitet hatte, nur einen kurzen Fußmarsch von ihrem Haus entfernt.

Als ich in das Zimmer kam, saß Thomas neben dem Bett, den Rücken zum Fenster. In einer Ecke, auf einem kleinen Tisch, brannte eine Kerze. Die Flamme flackerte kurz unter dem Luftzug, der mit mir ins Zimmer kam.

Ich nahm den Stuhl auf der anderen Seite des Betts. Im Gegenlicht die kantigen Konturen des Gesichts unseres Vaters. Die Pflegekräfte hatten ihn für den Abschied hergerichtet. Zufrieden sah er aus, gelassen fast.

Thomas sagte etwas, dann sagte ich etwas, dann wieder er. Wir tasteten uns in die Vergangenheit, hoben verschollen geglaubte Erinnerungen ans Licht, gute und nicht so gute. Wahrscheinlich war es mir in der Situation nicht bewusst, aber zum ersten Mal, seit wir erwachsen waren, sprachen wir miteinander – ich meine: so richtig, dass es tiefer ging.

Die Szenerie wirkte ergreifend. Zwei Brüder am Bett ihres Vaters. Die Konfrontation mit dem Tod. Vorher denkt man, man ist vorbereitet, aber dann trifft es einen ins Mark. Man fühlt sich überrumpelt, weiß nicht, wie man reagieren soll, bekommt seine Gefühle nicht sortiert.

Schwer, die treffenden Worte zu finden. Zu viele Emotionen schwingen mit. Es soll nicht rührselig klingen, so hab ich es nicht empfunden. Ich war traurig, das schon, aber nicht am Boden zerstört. Es zerriss mir nicht das Herz. Ich weinte nicht einmal.

Wofür es allerdings eine Erklärung gab, und die hatte nichts mit meinem Vater zu tun. Ich steckte zu der Zeit in den Nachwehen einer Depression, die mich ein halbes Jahr zuvor in eine Klinik gebracht hatte. Genau genommen war die Depression nur ein Teil der Krankheit, die ich ohne stationäre Behandlung wohl nicht in den Griff bekommen hätte. Soweit man sie überhaupt in den Griff bekommen kann. Jedenfalls nahm ich seitdem Medikamente, unter anderem Lithium. Lithium in der richtigen Dosis verhilft dem Gefühlsleben zu einer Art Wattewelt. Die emotionalen Ausschläge, ob die nach oben oder die nach unten, werden gedämpft, man empfindet weniger intensiv, reagiert auf seine Umwelt nicht so sensibel wie sonst.

Später, bei der Urnenbeisetzung, waren meine Gefühle von einer anderen Intensität. Innerhalb von Sekunden schien die tägliche Lithium-Dosis ihre Wirkung zu verlieren. Seit meinem Klinikaufenthalt hatte ich nicht mehr geweint, nicht weinen können, selbst wenn mir danach zumute gewesen war. Doch an diesem Tag, auf dem Friedhof, brachen die Tränen auf einmal wie Sturzbäche aus mir heraus.

Zu viel kam in dem Moment hoch, manches auch, was er und ich nicht aufgearbeitet hatten. Dafür war es nun zu spät. Vielleicht war das für mich in dem Augenblick sogar das Schlimmste an seinem Tod.

Stefan, ein guter Freund, sagte damals: »Dein Vater ist zwar nicht mehr da, aber er wird nie weg sein.« Ein schöner Gedanke, der mich tröstete, auch heute tröstet, wenn ich an ihn denke. Allerdings ändert das nichts daran, dass ich auf meine Fragen keine Antworten mehr bekomme, dass ich das zwischen uns mit mir allein ausmachen muss …

Liebe

Die Liebe. Ein seltsames Spiel. Connie Francis. Nicht meine Generation, eher die meiner Eltern. Und die von Opa Arnold. Der mochte diese alten Sachen. Bei ihm hörte ich sie. Dieses Lied – wie für mich geschrieben. Die Liebe also. Ich versuche, mich zu erinnern. Die erste Begegnung – in der Mensa oder im Jugendklub *Greif?* Hätte auf Mensa getippt, aber es war im *Greif*. Helke sagt das. Ein Telefonat, kurz nur, reduziert auf den Faktencheck. Wir schwelgen nicht in Erinnerungen. Sie hat ihre, ich habe meine. Helke war meine erste Liebe. Ich bin froh, dass wir uns gegenseitig anrufen können. Das war nicht immer so, denn zwischen uns, da war noch viel mehr. Doch der Reihe nach.

Zurück ins Jahr 1983. Ich wohnte inzwischen im Internat des Sportforums. Ein DDR-graues Hochhaus, zehn Stockwerke, direkt neben der Laufhalle. Heute ist es ein Hotel. Ich war kürzlich da. Im Treppenflur hängt ein großes Foto von mir, in action, beim Diskuswerfen. Es füllt fast die gesamte Wand aus.

Meine Eltern waren mit Anne auf die Insel Rügen gezogen, nach Bergen. Dort hatte Vater die Stelle des Ärztlichen Direktors im Krankenhaus übernommen. Ich besuchte sie am Wochenende, fuhr sonnabends hin, nach Schule und Training, am Sonntag wieder zurück. Dazwischen Familienidylle wie einstudiert. Gemeinsames Kaffeetrinken, Mutter backte Kuchen. Dann *Sport aktuell,* Fußball-Oberliga und was sie sonst noch brachten. Sonntagmorgen eine Stunde laufen im Wald, der gleich hinter der Straße anfing. Anschließend Frühstück, Mittag, sogar Mittagsschlaf, als Ritual des Sportlers, der Körper verlangte danach. Hausaufgaben noch, dann der Abschied und wieder zur Bahn, mit der ich nach Rostock zurückzuckelte.

Anfangs fuhr ich regelmäßig nach Bergen, dann seltener, je älter ich wurde. Der Lauf der Dinge, anderes wurde interessanter. Die ersten Diskothekenbesuche. Da war ich siebzehn. Mal raus aus dem KJS-Raumschiff. Natürlich gesittet und diszipliniert, wie sich das für einen Leistungssportler gehörte. In der Woche nie länger als einundzwanzig Uhr dreißig. So schaffte ich es pünktlich zur Nachtruhe. Nicht dass ich eine Wahl gehabt hätte. Etwas anderes wäre im Internat nicht geduldet worden.

Wir begegneten uns also im *Greif*. Der Jugendklub lag gleich um die Ecke, was den Heimweg angenehm verkürzte. Ein Abend Anfang Dezember. Ich kam gehandicapt, das rechte Bein in Gips – Bänderriss. Ein Unheil zieht das nächste an, könnte man meinen. Aber so dramatisch war es nicht.

Eine junge Frau feierte Geburtstag. Das war Helke. Sie fiel mir sofort auf. Sie muss jedem aufgefallen sein. Und das lag nicht daran, dass sie eine Flasche Sekt in den Händen hielt, aus der Sekunden später eine kleine Fontäne schoss. In meine Richtung. Es war roter Sekt, der auf meine Weste platschte, die zufälligerweise ebenfalls rot war. Man hätte glauben können, dass Amor statt Pfeilen neuerdings Sekt verschoss. Auf jeden Fall ein Volltreffer. So kitschig das klingt, es war Liebe auf den ersten Blick.

Nur dass die Liebe nicht lange hielt, zumindest hielt sie uns nicht lange beieinander. Ungefähr ein halbes Jahr, dann trennten wir uns, zogen weiter, sie in ihre, ich in meine Richtung. Jeder kennt das aus seiner Jugend. Man sucht nach dem eigenen Ich, stößt auf jemand anderen und glaubt, durch den anderen sich selbst gefunden zu haben. Was sich dann früher oder später als Irrtum erweist. Was wussten wir schon vom Leben? Was wusste ich von der Liebe? Doch

Amors Pfeil muss noch irgendwo gesteckt haben, denn das Kapitel war damit nicht zu Ende.

Aber nach der Trennung von Helke schwärmte ich erst einmal für Grit. Grit sah aus wie Marilyn Monroe in ihren besten Zeiten. Sie war Volleyballerin, hatte aus gesundheitlichen Gründen aber mit dem Sport aufhören müssen. Als ich sie kennenlernte, kellnerte sie in einem Lokal in Berlin-Lichtenberg. Um sie zu erobern, fuhr ich jedes zweite Wochenende in die Hauptstadt. Mit der Bahn um zwölf Uhr achtundvierzig. Wieso merkt sich mein Gedächtnis ausgerechnet diese Uhrzeit, bis heute? Grit und ich, wir wurden gute Freunde, aber nie ein Paar. Da sie mein Werben nicht erwiderte, nicht in der Form, wie ich es mir wünschte, hielt ich mich an ihre Freundin Michaela. Das war die zweitbeste Möglichkeit, in Grits Nähe zu sein.

Nach Berlin fuhr ich meist mit Freunden aus Rostock. Oder wir trafen uns dort. Diese Freunde waren keine Sportler, nicht in dem Sinne, wie ich einer war. Sie steckten nicht in dem Korsett, in dem ich steckte. Sie mussten nicht ständig die Uhr im Blick haben und auch nicht darüber nachdenken, wie viele Drinks an einem Abend akzeptabel waren. Ich dagegen, daran änderte sich nichts, war die Disziplin in Person, mehr pflichtbewusst als jugendlich. Wenn ich etwas trank, dann so wenig, dass es eigentlich nicht zählte. Meinen Spaß hatte ich trotzdem.

Berlin entdecken, das war aufregend, auch wenn uns dafür nur das halbe Berlin zur Verfügung stand. Wir zogen in die *Mokka-Milch-Eisbar* an der Karl-Marx-Allee, nicht weit vom Alexanderplatz, die sich abends in eine Diskothek verwandelte. Die Mokke war für Ostjugendliche das, was man heute einen angesagten Hotspot nennt. Es gab sogar ein Lied darüber, das ein Hit war, schon vor dieser Zeit: »In der Mokka-Milch-Eisbar hat sie mich gesehen / In der Mokka-Milch-Eisbar da ist es geschehen …«

Dabei konnte eher etwas in der *Yucca-Bar* geschehen, einem Nachtlokal in Prenzlauer Berg, wo es uns auch des Öfteren hin verschlug. Dort geriet man leicht an Frauen, die ungewöhnlich schnell zu allem Möglichen bereit waren, jedoch Geld dafür verlangten. Für solche Abenteuer war ich viel zu idealistisch. Abgesehen davon hatte ich die falsche Währung im Portemonnaie. Diese Damen waren entweder gut geschult, oder sie hatten ein ausgeprägtes Gespür für die richtige Kundschaft. Wahrscheinlich beides. Denn sie machten vornehmlich Besuchern aus dem Westen schöne Augen. Und den Söhnen ausländischer Diplomaten, die dort als Stammgäste verkehrten. Angeblich soll die Truppe von Honeckers Chef-Devisenbeschaffer Schalck-Golodkowski die gefügige Damenschaft instruiert und gezielt auf Kunden angesetzt haben, um denen geheime Informationen zu entlocken. So wie sie das im *Palasthotel* tagtäglich praktizierten.

Solche Sachen wusste ich damals nicht. Aber dass der Laden Geheimnisse barg, das dachte ich mir schon. Überall diese wandgroßen Spiegel, solche gab es in anderen Bars nicht, die ich kannte. Würde mich nicht wundern, wenn dahinter Kameras installiert waren. Dass die Sicherheitsorgane die Bar im Visier hatten, vermutete ich auch deshalb, weil mein Trainer mich montags einige Male fragte, warum ich schon wieder in Berlin gewesen sei.

Nach einiger Zeit verlagerte ich meine Wochenendaktivitäten wieder verstärkt nach Rostock. Mit Grit blieb ich trotzdem in Kontakt. Die Verbindung zu ihr ist bis heute nicht abgerissen. Daran sieht man, dass ich eine treue Seele bin. Die meisten meiner Freunde kenne ich seit dieser Zeit. Stefan und Roland und Gunnar und Kirsten und Dirk. Und deren Anhang. Sie alle lernte ich in der Uni-Mensa kennen.

Die Mensa, ein doppelgeschossiger Flachbau, der in der Südstadt stand, war eine Multifunktionseinrichtung. Im Hauptbereich fand auf zwei Etagen die Beköstigung der Studenten statt. Das war der weniger interessante Teil. Durch einen Seiteneingang gelangte man in den sogenannten Klubbereich, der nur abends geöffnet wurde. Dort tummelten wir uns. Das heißt, die meisten hatten Aufgaben zu erfüllen: den Filmklub managen, den Einlass regeln, Getränke an der Bar ausschenken, Musik auflegen, Konzerte organisieren. Man kann es so ausdrücken: Meine Freunde hatten den Laden fest im Griff.

Die Mensa war mein zweites Zuhause. Wenn ich nicht im Trainingslager war oder bei einem Wettkampf, verbrachte ich dort vier bis fünf Abende in der Woche. Ab und an schaute ich in anderen Klubs vorbei, im *Studentenkeller* am Uniplatz oder im *Meliklub,* mein Dreh- und Angelpunkt blieb jedoch die Mensa. Die Mädels gefielen mir, die dort hinkamen. Die Musik gefiel mir auch. Ich tanzte gern, und ich tanzte viel. Das Einzige, was mich störte, war der Zigarettenrauch.

Dass ich mich auch mit achtzehn, neunzehn und zwanzig derart diszipliniert verhielt, dass mein Trainer stolz sein konnte, verstand sich von selbst. Nur damit nicht der Eindruck entsteht, ich hätte jeden Abend über die Stränge geschlagen. Wir machten Party, das schon. Meine Party bestand aus Tanzen und Quatschen, vor allem war sie abends halb zehn vorbei. Außer am Sonnabend, da ging es schon mal länger. Aber nie so, dass ich nach einer Runde Schlaf nicht fit gewesen wäre.

Mich zog es so oft dorthin, weil Stefan und die anderen wie eine Ersatzfamilie für mich wurden. Die Mensa war gewissermaßen unser Wohnzimmer. Ob Geburtstage, Hochzeiten oder Trauerfeiern, dort fand alles statt. Wir trafen uns sogar Weihnachten, an Heiligabend, um gemeinsam den Gottesdienst in der Johanniskirche im Barnstorfer Wald zu besuchen. Immer den um zweiundzwanzig Uhr. Das machen wir bis heute. So wie wir jedes Jahr Silvester zusammen feiern. Erst gehen wir zum Jachthafen, werfen Steine ins Wasser, auf die wir vorher unsere Wünsche geschrieben haben, dann ziehen wir weiter zu Stefan, seiner Frau Annette und den Kindern – wie damals.

Ich denke oft, dass es mein größtes Glück war, diesen Menschen begegnet zu sein und fast alle von ihnen bis heute an meiner Seite zu wissen. Trotz aller Turbulenzen, die mein Leben durcheinandergewirbelt haben – und wirbeln. Manchmal komme ich mir vor wie ein Akrobat, der unter einer Zirkuskuppel Saltos schlägt, bis er irgendwann den Halt verliert und ins Fangnetz stürzt. Das Fangnetz, das sind dann Stefan und die anderen, vor allem Stefan. Erst recht seit mir die Krankheit immer wieder ein Bein stellt, oder ich mir selbst ein Bein stelle, eben weil mich die Krankheit dazu bringt. Es ist kompliziert.

Zu unserem Freundeskreis gehörten damals auch Xaver und Dominique, zwei Auslandsstudenten. Xaver kam aus Syrien, Dominique aus Frankreich. Der eine studierte Medizin, der andere Elektrotechnik.

Durch Dominique und Xaver trat Sabine in mein Leben. Sie gehörte zum Freundeskreis der beiden. Sabine war Krankenschwester auf einer Intensivstation. Meist schob sie Nachtschichten, ließ sich aber trotzdem bei unseren Partys blicken. Keine Ahnung, wie sie das anstellte. Ich mochte sie gern. Wir erlebten schöne Sachen, auch ziemlich verrückte. Live-Aid fällt mir ein, Juli 1985, *We are the world,* die gigantischen Benefizkonzerte, sechzehn Stunden, zeitgleich in London und Philadelphia. Da konnten wir natürlich nicht hin. Stattdessen fuhren wir – Sabine, ich, Dominique, Xaver und noch ein paar andere – auf den Darß, in ein Wochenendhäuschen, das den Eltern einer dieser Freunde gehörte.

Ein traumhaftes Plätzchen, direkt hinter der Düne. Und keine Nachbarn zu sehen. Wir heizten den Grill an, kühlten das Bier in einem Eimer mit kaltem Wasser. Und da wir bei dem herrlichen Wetter nicht drin hocken wollten, bekam der Fernseher einen neuen Platz auf einem kleinen Tisch vor dem Häuschen.

Die Konzerte wurden per Satellit in die ganze Welt übertragen. Milliarden Leute schauten zu. Es ging ja auch wirklich um eine gute Sache. Nur unsere Regierung schien das anders zu bewerten. Weder im Fernsehen noch im Radio wurde irgendetwas davon übertragen. Also mussten wir den Sendersuchlauf notgedrungen ein Stück weiterdrehen. Sozusagen zwangsweise. Ich meine, wer da alles spielte! Das konnten wir uns unmöglich entgehen lassen.

An dem Wochenende an der Ostsee bemühten wir uns nicht einmal, unser verwerfliches Tun zu verbergen. Wir drehten die Lautstärke ordentlich auf. Selbst wenn jemand auf der Bühne war, den wir nicht so spannend fanden, stellten wir nicht leiser. Dann liefen wir einfach über die Dünen zum Wasser und gingen baden. Alle zusammen und alle nackt. Badesachen kamen nie zum Einsatz. FKK war für uns das Normale. Dafür brauchten wir keinen Strandabschnitt, der extra gekennzeichnet war. Uns gehörte sowieso der ganze Strand, ach was, die ganze Welt. Dort im Wasser dachten wir nicht an irgendwelche Grenzen oder an Mauern. Wir vergaßen überhaupt so ziemlich alles. Wir schwammen. Ein Syrer, ein Franzose, wir Deutschen. Wir schwebten. Ohne dass wir Drogen nahmen. Wir lachten. Mädels und Jungs. Wir kletterten zu einer Pyramide aufeinander. Hielten uns fest. Ließen los. Stürzten ins Wasser. Schwammen weiter. Schwebten weiter. Niemals fühlte ich mich so frei, so unbeschwert wie in diesen Momenten.

Vielleicht aber beobachtete uns jemand. In meiner Stasi-Akte befinden sich keine Einträge zu unserem Ausflug auf den Darß. Auch kein Wort über Sabine. Doch wer war es dann, der den Leuten bei Empor Informationen zuspielte? Sabines Bruder hatte einen Ausreiseantrag gestellt. Das wusste ich, mehr nicht. Wie viel ich wusste, war für die Verantwortlichen beim Verein unerheblich. Sie meinten, durch die Beziehung zu dieser Frau würde ich meine Karriere gefährden. »Überprüfen Sie Ihren Freundeskreis!«, so lautete die gängige Formulierung in solchen Fällen. Und die war nicht als guter Ratschlag gemeint.

Gern würde ich behaupten, dass ich um unsere Beziehung kämpfte. So war es nur leider nicht. Ich verstand die Botschaft, wie ich sie verstehen sollte – aus Sicht der Vereinsführung oder aus Sicht der Partei, da bestand kein Unterschied. Ich trennte mich von Sabine.

Sie war traurig. Sie war enttäuscht. Beim Abschied flossen Tränen. Sie verstand nicht, wie ich so kaltherzig sein konnte. Ich verstand mich schon. Der Sport war meine Religion, das Training mein Gebet. Es gab nichts, was wichtiger war.

Es fiel mir nicht leicht, aber ich glaubte, das Richtige zu tun. Weil das, was sie sonst von mir verlangten, auch richtig war. Weil sie wussten, was richtig war. Das setzte ich einfach voraus. Ich fürchte, es läuft wieder auf den Begriff Hörigkeit hinaus. Das entschuldigt nichts. Und ich bin auch nicht stolz darauf.

Etwa um diese Zeit bot sich die Gelegenheit, aus dem Internat herauszukommen. Bei Opa Arnold wurde ein Zimmer frei. Thomas hatte mit seiner Freundin dort gewohnt. Die beiden zogen weg. Oma Elsbeth war ein Jahr zuvor gestorben. Erst dachten wir, Opa käme ohne sie nicht zurecht. Deshalb kümmerten wir uns um ihn, vor allem Thomas. Aber nach der Trauerphase schien er wieder aufzublühen. Obwohl es ihm nicht leichtfiel, den Alltag zu bewältigen. Er ging am Stock, war mittlerweile fast blind, seine Brillengläser waren dick wie Flaschenböden.

Mein Umzug war also auch eine gute Tat. So hatte er jemanden, der ihm Kohlen aus dem Keller holte, Einkäufe erledigte und auch sonst half, so gut es ging. Das Klavier war noch immer Opas bester Freund. Er spielte bis ins hohe Alter, Gassenhauer aus den Dreißiger- und Vierzigerjahren, aber auch Schlager und Stücke von Chopin und Schumann. Ich weiß nicht, wie viele er auswendig draufhatte. Es müssen Hunderte gewesen sein. Ihm beim Klavierspielen zuzusehen war die reinste Freude. Er ging völlig in der Musik auf. Und erst wenn er dabei sang! Dann wirkte er immer glücklich, geradezu beseelt.

Die Wohnung war übrigens die, die er nach dem Krieg mit Oma, seinem Sohn – meinem Vater – und zwei Tanten bezogen hatte. Kirchenstraße 1, erste Etage. Gegenüber die Heiligen-Geist-Kirche. Ein imposanter Bau im neugotischen Stil, roter Backstein, innen Sitzplätze für tausend Menschen. Der Turm siebzig Meter hoch, auf der Spitze ein kupferner Wetterhahn – damals, inzwischen wurde er abmontiert. Aus dem Wohnzimmerfenster konnte man die Kirche sehen. Und man hörte die Glocken läuten.

Die wird mein Vater auch gehört haben, als er dort wohnte. Und der Blick in den Innenhof, es wird der gleiche gewesen sein. Vielleicht quietschte damals schon die schmale Tür zur Toilette. Ein richtiges Bad gab es noch immer nicht, nur ein Waschbecken. Der alte Gasherd in der Küche, das weiße Holzbett in meinem Zimmer, die Kommode mit der Marmorplatte, die ausgeblichene Chaiselongue neben dem Kachelofen im Wohnzimmer, Opas schwarzes Klavier … manchmal versuchte ich mir vorzustellen, wie mein Vater dort gelebt hatte, wie es zu seiner Zeit war. Er war damals ungefähr so alt wie ich, als ich zu Opa zog.

Eines Tages führte der Zufall Regie. Ich hatte mich mit Gunnar verabredet, einem Freund aus dem Mensa-Universum. Er arbeitete damals an der Erdgastrasse, irgendwo in Sibirien, wenn ich mich recht erinnere. Dort musste er zwölf bis vierzehn Stunden schuften, sechs Tage die Woche. Alle drei bis vier Monate bekam er Heimaturlaub. Wir hatten uns also eine Weile nicht gesehen. Während wir durch die Innenstadt pilgerten, sprachen wir über alles Mögliche. Irgendwann steuerten wir seine Wohnung an, ließen die Altstadt hinter uns, kamen zum Doberaner Platz. Und dort, an der Straßenbahn-Haltestelle, lief sie mir entgegen: Helke.

Sie sah noch schöner aus, als ich sie in Erinnerung hatte. Unsere Blicke trafen sich. Wie verabredet, knipste sie ihr schönstes Lächeln an und ich meins. Wir strahlten um die Wette. Es schien, als hätte jeder von uns auf diesen Augenblick gewartet. Wer zuerst etwas zum anderen sagte, weiß ich nicht mehr, das war auch nicht wichtig. Es gibt Momente, in denen man nichts zu sagen braucht, weil auch ungesagt alles klar ist. Das war so ein Moment. Amors Pfeil, er steckte tatsächlich noch.

Helke kam an dem Tag gerade aus Berlin zurück, mit einem Modelvertrag in der Tasche. Damals sagte man noch Mannequin oder Fotomodell. Sie modelte für *Exquisit,* einen volkseigenen Handelsbetrieb mit eigener Ladenkette, der hochwertige und modische Kleidung verkaufte, auch Schuhe, Gürtel und andere Accessoires. Kein Vergleich zu dem, was es in den normalen Geschäften gab, aber auch viel teurer.

Die *Exquisit*-Mannequins präsentierten zweimal im Jahr auf der Leipziger Messe die neuesten Kollektionen. Ansonsten fuhren sie durchs Land und traten bei Modenschauen auf, in Betrieben, Kauf- und Kulturhäusern, auf Frauentags- und Weihnachtsfeiern oder bei irgendwelchen anderen Veranstaltungen. Man glaubt nicht, wie viele Modenschauen es gab, natürlich nur mit staatlicher Genehmigung. Für DDR-Verhältnisse wurde der Job gut bezahlt, war jedoch alles andere als glamourös. Meist wurden die Mädels in kleinen klapprigen Bussen zu den Auftritten kutschiert. Helke kaufte sich später einen alten Trabant. Das machte manches einfacher, Luxus konnte man das aber auch nicht nennen. Für mich war das alles neu, eine aufregende Welt, in die ich mit staunenden Augen eintauchte.

Als ich Helke kurz darauf mit zu Opa Arnold nahm, verliebte sich der alte Charmeur sofort in sie. Ich hätte ihn gar nicht fragen brauchen, ob sie zu mir ziehen darf. Die Antwort stand ihm ins Gesicht geschrieben. Jedes Mal, wenn sie in die Wohnung kam, schien es, als würde er an seinem Stock weniger gebückt laufen. Er lächelte dauernd, war mitteilsam, wirkte jünger. Man spürte förmlich, wie gut ihm ihre Gegenwart tat. Selbst später, als wir nicht mehr bei ihm wohnten, aber noch in Rostock, schien sie wie ein Lebensanker für ihn zu sein.

Das Training bestimmte nach wie vor und mehr denn je den Rhythmus meiner Tage. Auch die Abende in der Mensa behielt ich bei, jetzt mit Helke an meiner Seite – wenn sie da war. Anfangs hatte sie eine Wohnung in Berlin. Ursprünglich wollte sie dort hinziehen, um ihre Karriere als Mannequin voranzutreiben. Diesen Plan gab sie auf, als wir merkten, dass es diesmal mehr als ein Strohfeuer war.

Manchmal begleitete ich sie zu Modenschauen. Doch das kam seltener vor, als dass ich selbst weg war. Helke beschwerte sich nicht. Sie kannte das aus der eigenen Familie. Die Stasi-Akte, der Trainer von Hansa Rostock – das war ihr Vater: Jürgen Heinsch. Also, nicht ihr leiblicher Vater. Er hatte ihre Mutter geheiratet, in zweiter Ehe, und sie adoptiert. Vielleicht kannten die Schnüffler diese Details nicht, obwohl er in Rostock ein berühmter Mann war. In seinen jungen Jahren hütete er bei Hansa das Tor und für einige Zeit auch das der Nationalmannschaft. Mit ihr gewann er bei den Olympischen Spielen 1964 in Tokio sogar Bronze – der erste große internationale Auftritt des DDR-Fußballs.

Helke hatten die Stasi-Leute dann ziemlich schnell auf dem Kieker. Ich zitiere noch einmal aus meiner Akte:

»Kontaktart: Persönlicher Kontakt DDR – DDR
Ereignisstelle: Wohnhaus
Kontaktmethode: Organisieren Zusammenkunft
Bedingung/Umstand: Intimbeziehung«

Wäre es nicht so traurig, man könnte lachen. Ich hoffe nur, dass sie uns bei unserer »Intimbeziehung« nicht observierten oder gar filmten.

Später setzten sie offenbar zwei IM darauf an, Helkes Arbeitsstelle zu ermitteln. Einer lief unter dem Decknamen »Peter«, der andere hieß »Jens«. Ich nehme an, ihnen war nicht geheuer, dass sie keine feste Anstellung hatte. Freiberufler galten als Exoten und damit generell als verdächtig.

Helke hatte in der Zwischenzeit ihre Zelte in Berlin abgebrochen und sich als Mannequin einer Moderevue angeschlossen, die zu verschiedensten Anlässen für Auftritte gebucht wurde. Auch die Übersiedlung der geschiedenen Frau ihres Stiefvaters nach Schweden wurde noch einmal ein Thema, nämlich als deren Tochter – durch die Adoption Helkes Halbschwester – ebenfalls einen Antrag stellte, dorthin auszureisen.

Überhaupt schien es die Stasi wichtig zu finden, über unser Privatleben auf dem Laufenden gehalten zu werden. Selbst als Opa Arnold über *Genex*, bezahlt mit D-Mark, einen Geschirrspüler für uns beschaffte, den Helke sich gewünscht hatte, wurde das in der Akte vermerkt. Demzufolge muss es in unserem direkten Umfeld Spitzel gegeben haben.

Wo es ganz sicher welche gab: bei Empor. Mehrere Hinweise sind mit der Quelle »SCE« versehen, dem damaligen Kürzel des Vereins. Irgendjemand dort plauderte anscheinend auch unsere Hochzeitspläne aus: »Hochzeit geplant«. Und als im Sommer vor der Wende unser Sohn geboren wurde, lautete der Eintrag dazu: »Meldung SCE: Geburt Sohn Arvid Christian …«

Bald hatte ich noch weniger Zeit. Ich begann das Studium, Humanmedizin. Mein Vater schubste mich in diese Richtung. Der Sohn vom Herrn Medizinalrat … okay, ich hätte nicht auf ihn hören müssen. Aber ich hatte auch keinen anderen Plan. Der einzige Plan, den ich hatte, war Sport. Und das konnte man nicht unbedingt Plan nennen. Als Sportler lebte ich im Jetzt. Ich erfüllte die Aufgaben, die mir gestellt wurden, an dem Tag, der gerade war, bei einer konkreten Trainingseinheit. Und ich bereitete den nächsten Tag so vor, dass ich die Aufgaben, die mir dann gestellt wurden, wieder gut erfüllen konnte.

Ich hatte die Reifeprüfung mit sehr gut bestanden. Das verleitete mich zu der Annahme, dies sei eine gute Basis für ein Medizinstudium. »Die im Leistungssport erworbenen hohen Willensqualitäten zeigen sich auch in der schulischen Arbeit«, schrieben mir die Lehrer ins Abschlusszeugnis. Von bewusster und disziplinierter Lerneinstellung stand da auch etwas. Das stimmte alles, wobei ich nicht verschweigen will, dass der Schulunterricht dem Training angepasst wurde und ich ein Jahr zusätzlich bekam, um das Abitur über die Ziellinie zu bringen.

Beim Studium nun sah das vollkommen anders aus. Durch den enormen zeitlichen Aufwand, den ich für den Sport betrieb, schaffte ich höchstens dreißig Prozent von dem, was die anderen Studenten in einem Semester bewältigten. Für jemanden, der so leistungsfixiert war wie ich, überaus deprimierend. Es gab Seminargruppen, ich gehörte nur nie wirklich zu einer. Ich war Einzelkämpfer. Ich schleppte die Lehrbücher mit in die Trainingslager, guten Willens, jeden Tag ein Stück weiterzuarbeiten. Doch damit grenzte ich mich von der Trainingsgruppe aus, stand dann dort allein da.

Als Sportler war ich darauf geeicht, stets mein Bestes zu geben. Im Training, beim Wettkampf – immer ging es darum, Höchstleistungen abzurufen. Beim Studium musste ich auf einmal damit umgehen, dass meine »Höchstleistung« gerade ausreichte, ein Testat mit Ach und Krach zu bestehen, wenn überhaupt. Die Angst vor jedem Testat, vor jedem Schein – was, wenn es nur für ein Bestanden reichte? Und was, wenn ein Nicht bestanden darunter stünde? Die anderen, sie würden doch denken: Das ist nur ein dummer Sportler.

Und der dumme Sportler reiste nun auch noch ständig in der Weltgeschichte herum. Im März ging es nach Tunesien, im Mai nach Österreich, im Juli erst in die Schweiz, anschließend nach Mexiko, im August war Italien dran, im November wieder Mexiko. So sah mein Reisekalender für 1987 aus. Hinzu kamen diverse Trainingslager im eigenen Land. Dennoch verstieg ich mich darin, das Studium in der Regelstudienzeit bewältigen zu wollen. Anders wäre es mir wie eine Niederlage vorgekommen. Als hätte man den Mount Everest an einem Tag besteigen können.

Meine Ansprüche und die Realität – damit stand ich von Anfang an auf verlorenem Posten. Obwohl ich mich wirklich abstrampelte, ein Semester ums andere. Warum eigentlich? Um es mir selbst zu beweisen? Um vor meinen Freunden nicht als Versager dazustehen? Das sicherlich auch. Aber ging es nicht vielmehr um meinen Vater, um seine Erwartungen? Mal wieder.

War es nicht das, worum es letztlich immer ging? Und steckte er, der es vom Bäckergesellen zum Ärztlichen Direktor geschafft hatte, nicht selbst in der Klemme, festgenagelt von den eigenen Ansprüchen, die er auf mich, seinen Sohn, übertrug? Weil er es gut meinte oder weil er nicht anders konnte.

Als es kritisch wurde, ich ihm signalisierte, dass ich immer noch im untersten Basislager des Mount Everest hockte und nicht weiterkam, packte er mich am Ohr und schleifte mich zu meinem Mentor an der Uni. Er packte mich nicht wirklich am Ohr, aber es fühlte sich so an. »Sie kriegen das doch hin«, bekniete er den Professor, »dass er irgendwie durchs Studium kommt, und wenn aus ihm nur ein Betriebsarzt wird!«

Der Professor schaffte es nicht, auch kein anderer. Ich kapitulierte, aber erst später. Zunächst einmal drehte sich alles um Olympia.

Sieben

Ich unterbreche meine Gedankenreise, irgendetwas lenkt mich ab.

Ist wer in die Wohnung gekommen? Zu hören ist nichts, doch ich fühle mich beobachtet. Spüre Blicke. Jemand starrt mich an, dann noch einer und noch einer … unzählige Augen. Es sind keine freundlichen Blicke, diese Menschen, sie mögen mich nicht.

Ich will weg, flüchte nach nebenan in die Küche, schlage die Tür hinter mir zu. Auch in der Küche ist keiner, zumindest sehe ich niemanden. Bleibe stehen, atme tief ein, atme aus. Das hilft, aber nur für einen Moment. Dann ist das Gefühl wieder da, dass ich beobachtet werde. Blicke aus jeder Richtung, als könnten die Wände sehen.

Plötzlich begreife ich: Der Wandteppich! Um ihn geht es. Pure Seide. Er liegt auf dem Esstisch. Ich habe ihn vor ein paar Wochen zur Tischdecke umfunktioniert.

Mein Herz hämmert, dass ich es in der Brust spüre. Sie haben mich ertappt! Sie kommen, um mich zu bestrafen! Weil ich den Teppich beschmutzt habe! Entweiht!

Es ist nämlich kein gewöhnlicher Teppich, sondern der heilige Gebetsteppich aus Aleppo. Das stimmt zwar nicht, aber ich bin fest davon überzeugt. So wie ich einige Tage zuvor mit einem Mal glaubte, Anis Amri zu sein, der Attentäter vom Breitscheidplatz. Da war es genauso. Ich versuchte mir klarzumachen, dass ich unmöglich dieser Amri sein konnte. Ich kann zwar Lastwagen fahren, habe das aber ewig nicht mehr gemacht. Außerdem saß ich an dem Abend, als die Tat geschah, bei Thomas im Wohnzimmer. Dafür gab es genügend Zeugen.

Ganz zu schweigen davon, dass Amri gar nicht mehr lebte. Das machte also alles keinen Sinn. Trotzdem sagte dauernd eine innere Stimme zu mir: Du bist Amri! Du bist schlecht! Du warst das auf dem Weihnachtsmarkt, hast all diese Menschen getötet!

Und nun hatte ich auch noch den heiligen Gebetsteppich geschändet. Weihnachten war das passiert, als Aaron zu Besuch war, mein jüngster Sohn. Er ist neun. Seine Mutter Dawn und ich haben uns getrennt. Ich sehe ihn jedes zweite Wochenende. Vater-Sohn-Zeit, die ich mit meinem Vater so nie hatte. Aaron und ich, wir spielten, tobten durch die Wohnung, alberten herum. Auf die Kerzen, die auf dem Esstisch standen, achteten wir nicht. Erst als ich sie später auspustete, sah ich, dass Wachs auf die Tischdecke, also den Wandteppich, getropft war. Ziemlich viel, der Fleck war beinahe so groß wie meine Hand.

An dem Tag hatte ich mir nichts dabei gedacht. Doch jetzt wird mir die ganze Tragweite bewusst. Aleppo, die geschundene Stadt. Der Glaube, die Gebete.

Spüre, wie Panik in mir aufsteigt. Ich sollte verschwinden, aber wohin? Sie stehen sicher schon vor der Tür. Durch einen Schlitz im Rollo spähe ich nach draußen.

Vorm Haus Dunkelheit.

Lichtkegel unter den Straßenlaternen.

Kein Mensch zu sehen.

Na klar, sie haben längst alles abgesperrt, wahrscheinlich die halbe Stadt. Kennt man doch aus Filmen. Alles wegen mir. Damit niemand in Gefahr gerät.

Du bist böse!, sagt die innere Stimme. Du bist ein schlechter Mensch! Du hast getötet!

Gleich werden sie die Tür aufsprengen, hereinstürmen, schwer bewaffnet, um mich zu überwältigen …

One Moment in Time

»Seine Einstellung zur Bewältigung seines sportlichen Leistungsauftrags ist lobenswert. Neben den hohen Anforderungen, die an ihn als Leistungssportler gestellt werden, setzt er all seine Kraft für den erfolgreichen Abschluss seines Studiums ein. Er wird als ein sehr intelligenter, aufgeschlossener, ehrlicher und kontaktfreudiger Leichtathlet in seinem Kollektiv geachtet und anerkannt. Er versteht es, seine persönlichen Neigungen mit den hohen gesellschaftlichen Anforderungen in Übereinstimmung zu bringen. Er ist bereit, seine persönlichen Interessen denen des Leistungssports unterzuordnen. Den sportlichen Leistungsauftrag sieht er als gesellschaftlichen Auftrag an und setzt derzeit alles daran, sich gut auf die Olympischen Sommerspiele vorzubereiten, um dort mit bestmöglichen Ergebnissen abzuschneiden …«

»Im Ergebnis der durchgeführten Sicherheitsüberprüfung … wird vorgeschlagen, Schenk, Christian, als Kader für die Olympischen Sommerspiele 1988 zu bestätigen.«

(Aus: »Auskunftsbericht zum Olympiakader Schenk, Christian«, Ministerium für Staatssicherheit, Bezirksverwaltung Rostock, Abteilung XX/10, 17. Juni 1988)

Wieder einmal Kienbaum, wie gewohnt – und doch anders. Diesmal bereiteten wir uns auf Olympische Spiele vor. Olympische Spiele! Mehr ging nicht. Und ich würde dabei sein. Wenn nichts mehr schiefging. Es durfte nichts schiefgehen. Die Quali-Norm hatte ich im Mai beim Wettkampf in Götzis geschafft. Und nun saß ich wieder in diesem Kinosaal, wie vor der Weltmeisterschaft. Aber was war eine Weltmeisterschaft gegen Olympia!

Blaue Stunde nannten sie das. Stunde der Besinnung. Innere Einkehr. Der Zustand zwischen Wachheit und Traum. Passte alles. Ich war wach, hellwach sogar, aber ich träumte auch. Ich träumte von dem, was kommen könnte, was kommen sollte.

Etwas nüchterner ausgedrückt, ging es darum, sich selbst einzuschätzen und eine Vorschau zu wagen. Vorn auf dem Podium stand eine Tafel mit den Namen aller Sportler, die anwesend waren, untereinander aufgelistet, alphabetisch geordnet. Rechts daneben sechs Spalten, jede Spalte für einen Platz. Von wegen olympischer Gedanke, dabei sein ist alles. Von uns wurde erwartet, dass wir mindestens Platz sechs erreichen. Wer nicht mit dieser Einstellung heranging, sich schlechter einschätzte, der gehörte nicht hierher.

Jeder wurde einzeln aufgerufen, damit er vor dem Auditorium bekannte, welche Platzierung er in Seoul anpeilte. Ich musste ziemlich lange warten, bis mein Name an die Reihe kam. Hatte also Zeit, mir Gedanken zu machen. In der Weltrangliste wurde ich auf Platz fünf geführt. Das war ein Anhaltspunkt, konnte, sollte aber nicht mein Ziel sein. Die Sperre im Kopf bei der Weltmeisterschaft – das würde mir nicht noch einmal passieren.

Dann hörte ich meinen Namen. Ich stieg die Stufen zum Podium hinunter, nahm ein Stück Kreide, das an der Tafel bereitlag, und setzte ein Kreuz – in die dritte Spalte. Ohne zu zögern. Es sollte überzeugend wirken, selbstbewusst. Dabei zitterten mir die Knie.

Wir reisten zwölf Tage vor dem Wettkampf nach Südkorea. Zeitdifferenz plus vier Tage, das war bei Auslandswettkämpfen unsere Regel. Damit genug Zeit blieb, sich an Klima und Zeitzone zu gewöhnen.

Start in Berlin-Schönefeld. Eine IL-62 der Interflug, spartanisch, eng, ohne Businessclass. Nicht dass ich auf Luxus aus gewesen wäre. Aber bei meiner Größe musste ich mich ganz schön krumm machen.

Zwischenlandung in Peking. Dann Ankunft in Seoul, spätabends. Flughafen Gimpo im äußerten Westen. Von dort direkt zum Olympischen Dorf ans andere Ende der Stadt. Auf dem Weg dorthin ein erster Eindruck. Lichter und bunt blinkende Neonreklamen mit fremder Schrift, viel farbenfroher, als ich erwartet hatte.

Im Olympischen Dorf bezog ich ein Zimmer mit Torsten Voss. Außer uns war Uwe Freimuth als dritter Zehnkämpfer im Team. Mit ihm konnte ich nicht so gut. Eine alte Geschichte. Er hatte beim Europacup einmal meine Anlaufmarkierung für den Weitsprung weggeschossen. Einfach so, keine Ahnung, was ihn da ritt.

Vossi dagegen – die Fairness in Person. Ein feiner Charakter durch und durch. In dem Jahr vor Olympia verbrachten wir schätzungsweise zweihundertfünfzig Tage miteinander. Nicht ein einziges Mal stritten wir uns. Jeden Tag war ich aufs Neue dankbar, mit ihm trainieren zu dürfen. Für mich war er der Beste von uns Zehnkämpfern, Daley Thompson mit seinen großen Erfolgen einmal ausgenommen, der galt eh als unerreichbar.

So ein Olympiastart ist eine krasse Herausforderung. Da kann einem schon mal das Herz in die Hose rutschen. Es ist eine Sache, vier Jahre – oder länger – darauf hinzuarbeiten, mit den gewohnten Abläufen, umgeben von Menschen, die einem vertraut sind. Eine vollkommen andere ist es, sich plötzlich mittendrin wiederzufinden. In der Olympiastadt auf einem anderen Kontinent. Im Olympischen Dorf, wo sich Tausende Athleten aus der ganzen Welt tummelten.

Jedes Mal, wenn ich unseren Block verließ, staunte ich mit großen Augen, was um mich herum geschah. Ein bisschen erschlug es mich auch. Diese Menschenmassen auf einem Fleck. Die ungewohnte Umgebung. Das Warten auf den Moment, wo es endlich losging. Alles war irgendwie aufregend.

Wir hatten viel und gut trainiert, ich war nicht verletzt gewesen, fühlte mich physisch perfekt vorbereitet. Und mental fixierte ich mich spätestens seit Kienbaum auf eine Medaille. Vossi würde ich nicht bezwingen können, er war einfach besser. Als amtierender Weltmeister war er der Favorit. Alle anderen jedoch schienen schlagbar, redete ich mir gut zu, selbst Daley Thompson und Jürgen Hingsen. Wenn die Niederlage von Rom für etwas gut sein sollte, dann durfte ich mich nicht noch einmal durch eine Barriere im Kopf selbst hemmen. Mit dieser Einstellung fieberte ich meinem Auftritt entgegen.

Ich würde nicht behaupten, dass ich beschwingt durch die Tage schritt. Die Stimmung war schon angespannt, aufgeladen, aber durchaus positiv aufgeladen. Das ganze Drumherum war beeindruckend, es belastete mich aber nicht. Und auch sonst war da kein Rucksack, der meine Schritte schwerer machte. Natürlich spürte ich Druck. Die Erwartungen, die in mich gesetzt wurden. Dazu der eigene Anspruch. Doch tief in mir drin dachte ich: Eigentlich kann nur der Stab beim Stabhochsprung brechen – wenn das nicht passiert, wird alles gut.

Tag eins, der 28. September, Mittwoch:

Vier Uhr morgens. Die übliche Weckzeit vor einem Wettkampf. Dunkelheit draußen. Ich schäle mich aus dem Bett, ziehe mich an. Vossi macht das Gleiche. Unser Zimmer liegt in der vierten Etage. Für den Weg nach unten nehmen wir die Treppe. Traben langsam, um die Müdigkeit aus den Knochen zu schütteln.

Vor der Tür empfängt uns milde Luft. Wir laufen etwa zwanzig Minuten in lockerem Tempo. Anschließend Dehnübungen. Wir sprechen nur das Nötigste. Mehr Schweigen. Wir sind konzentriert, jeder für sich. Es ist gut, ihn neben mir zu haben. Wir sind ein Team. Wir sind Einzelkämpfer. Macht keinen Sinn? Doch, schon. Muss man aber nicht verstehen.

Den Weg zur Mensa sparen wir uns. Zu weit weg, und die Leute dort würden uns nur ablenken. Im Quartier ist eine kleine Mahlzeit vorbereitet. Müsli. Eine Tasse Kaffee. Eine Banane. Bananen sind gut verdaulich. Wir wissen, dass wir essen müssen, bekommen aber kaum etwas runter. Die Gedanken sind woanders.

Wieder im Zimmer. Keiner sagt ein Wort. Vertrautes Schweigen. Das funktioniert nicht mit allen, mit Vossi schon.

Jeder kontrolliert noch einmal seine Tasche: Sportkleidung … drei Paar Spikes, eins fürs Laufen, eins für Weitsprung, eins für Hochsprung … Schuhe fürs Kugelstoßen … Magnesia im Block … Haftspray fürs Kugelstoßen … Tape zum Markieren des Anlaufs und zum Stabilisieren der Handgelenke und Finger … China-Öl im Riechfläschchen … Maßband für die Anlaufkontrolle … Handtücher … Sonnenbrille … Handschuhe … Verpflegung … Blockschokolade … Rosinen … Trinkflasche … ein Buch, für die Pausen. Und obenauf mein Talisman, ein kleines Stoffmännchen, das Helke für mich genäht hat.

Gepackt hatten wir am Vorabend. Die Adidas-Tasche ist riesig. Wir treten in Adidas an. Von wegen Klassenfeind, da geht die Argumentation anders: Das Beste für den Sieg des Sozialismus. Meine ersten Adidas-Spikes damals zu Weihnachten. Die Steigerungsläufe im Stadion mit Marita Koch. Und jetzt bin ich hier. Der Traum ist zu Ende – es ist kein Traum mehr.

Ich bin viel zu dick angezogen. Will die Muskeln warm halten. Wir gehen los. Immer noch Schweigen. Gutes Schweigen. Konzentration. Sind beide im Tunnel.

Mir ist schlecht. Ich spüre das Vorstartfieber bis zum Kinn. Rieche den fremden Geruch der Olympiakleidung, die ich trage. Ein kurzer Stopp an der Sicherheitsschleuse.

Dann der Bus. Er bringt uns in zwanzig Minuten zur warm-up area direkt neben dem Olympiastadion. Mit uns andere Athleten, für die habe ich keinen Blick.

Sieben Uhr. Wir beginnen, uns warm zu machen. Laufen, Dehnübungen, wieder laufen, wieder dehnen. Manche machen Fußsohlenreflexmassagen, um die Füße wach zu bekommen. Ich nehme die anderen wahr, bin aber nur mit mir beschäftigt. Fühle mich frisch. Keine Schmerzen, nirgendwo zwickt etwas. Eine schöne Leichtigkeit. Fast habe ich das Gefühl zu schweben. Versuche, mich etwas zu entspannen.

Wir verlassen den Platz, laufen zu einem Zelt, in dem die Startnummern und die Ausrüstung kontrolliert werden. Nebenan sitzen die anderen Zehnkämpfer. Wir gehen zu ihnen. High Five mit jedem. Der Raum kaum größer als ein Wohnzimmer. Wir sind neununddreißig Starter, dazu die Taschen – Platz zum Tanzen ist jedenfalls keiner.

Kaum jemand spricht. Nur Daley Thompson flachst herum. Der große Daley Thompson. Seine Art, sich abzulenken und mit der Spannung umzugehen. Es sind seine vierten Olympischen Spiele, aber ich wette, dass auch er so etwas wie Spannung spürt.

Nach einer Weile werden wir weitergeschickt. Es geht über eine Hochbrücke. Zu Fuß. Mit der schweren Tasche. Bestimmt vierhundert Meter, die sich doppelt so weit anfühlen. Jeder Schritt ist einer zu viel. Ich brauche die Energie für den Wettkampf. Zehnkampf funktioniert nicht so, dass man mal eben zum Stadion marschiert und dann locker loslegt. Nicht bei mir. Ich plane vorher jeden Schritt, damit ich auf die Sekunde vorbereitet bin. Solche Märsche wie jetzt über diese Brücke sind Gift.

Der nächste Raum. Wieder warten. Die ersten Psychospielchen, wortlos, nur mit Blicken. Lässt man sich darauf ein, besteht die Gefahr, Energie zu verlieren. Noch zehn Minuten bis zum ersten Start.

Die erste Disziplin, der Hundertmeterlauf. Wir sind auf fünf Läufe aufgeteilt. Ich bin im zweiten, nach dem mit Jürgen Hingsen. Stehe mit den anderen im Stadiontor, den Blick auf die Tartanbahn gerichtet. Auf den Tribünen erst wenige Zuschauer. Es ist kurz nach acht.

Der Startschuss für den Hingsen-Lauf. Fehlstart! Hingsen war zu früh aus dem Startblock geschnellt. Die Reaktionszeit wird über Sensoren in der Startpistole und den Startblöcken gemessen. Verwarnung für Hingsen.

Dann der zweite Schuss – und wieder Fehlstart. Und wieder Hingsen. Unruhe im Stadion.

Es folgt der dritte Versuch, danach ein vierter. Dann ist Hingsen raus, disqualifiziert wegen drei Fehlstarts. Den vorletzten hatte ein Sowjetrusse verursacht. Später wird es heißen, auch dieser sei von Hingsen herbeigeführt worden, doch ich glaube, das wurde nie sicher geklärt.

Hingsen wirkt schockiert, läuft wie ein aufgescheuchtes Huhn zum Kampfgericht, diskutiert, meutert, der letzte sei nicht sein Fehlstart gewesen. Läuft wieder weg, verständigt sich mit jemandem auf der Tribüne, vermutlich sein Trainer. Dann wieder zurück zum Kampfgericht. So geht es eine ganze Weile. Zeit verrinnt.

Wir im Stadiontor grinsen angesichts des ganzen Theaters. Dabei bin ich stocksauer. Diese Verzögerung ist das Letzte, was ich gebrauchen kann. Ich merke, wie meine Konzentration flöten geht. Bin raus aus meinem Tunnel, verliere den Fokus.

Unser Lauf startet eine halbe Stunde später als geplant.

Nichts läuft nach Plan, auch bei mir nicht. Die hundert Meter waren nie meine Paradedisziplin. Das ändert sich an diesem Morgen nicht. Ich komme nicht als Letzter ins Ziel, lande aber weit hinten. Mit einer Zeit, die ich am besten schnell vergesse. Das ist die Kunst: abhaken – neu motivieren – konzentrieren – weitermachen.

Die zweite Disziplin, Weitsprung. Meine Anlaufmarke liegt bei siebenundvierzig Metern. Von da aus gehe ich noch sechs Schritte zurück, dann habe ich den Startpunkt, der für mich ideal ist. Ich brauche diese Strecke, um bis zum Balken die maximale Geschwindigkeit zu erreichen. Sie darf nicht kürzer sein, aber auch nicht länger, sonst geht die Tempokurve vor dem Absprung wieder runter.

Der erste Versuch misslingt – ungültig.

Beim zweiten schaffe ich einen ganz ordentlichen Satz.

Ich lege alles in den dritten. Lande bei acht Metern, ungefähr. Fast hätte ich gejubelt. So weit war ich noch nie gesprungen. Dummerweise geht die rote Fahne nach oben – übertreten.

Ich gucke mir den Abdruck am Balken an. Etwa einen halben Zentimeter war ich zu weit vorn. Ärgerlich! Trotzdem verbessere ich mich um zehn Plätze. Liege an elfter Stelle. Bin optimistisch, fühlte mich gut.

Es geht weiter mit Kugelstoßen. In der Vorbereitung war ich beim Krafttraining ziemlich gut. Hundertzehn Kilo beim Reißen, hundertsiebzig beim Stoßen aus dem Nacken.

Gleich beim ersten Versuch fliegt die Kugel so weit wie nie zuvor. Persönliche Bestleistung. Die viertbeste Weite von allen. Ich reiße die Arme hoch. Soll das Publikum ruhig sehen, dass ich mich freue. Das Stadion ist inzwischen voller. Schiebe mich weitere fünf Plätze nach vorn.

Es folgen drei Stunden Pause. Wir werden aus dem Stadion geführt, in einen Aufenthaltsraum, der diesmal etwas geräumiger ist. Die Stimmung ist nicht so angespannt wie am Morgen. Erst essen, dann versucht jeder auf seine Art, die Zeit totzuschlagen. Ich krame mein Buch heraus, mache es mir auf dem Boden gemütlich, den Kopf auf der Tasche. Die Beine lege ich hoch, damit sie leicht werden, das Blut gut zirkuliert. In dieser Phase ist es wichtig, die Spannung runterzufahren, loszulassen. Der Tag ist noch lang. Kein Mensch kann über zwölf Stunden hoch konzentriert bleiben. Später jogge ich ein bisschen.

Dann die vierte Disziplin, Hochsprung. Alle springen sich ein. Ich bin der Einzige, der im Straddle, also bäuchlings, über die Latte wälzt. Eine ausgestorbene Technik. Die anderen lassen einen Meter sechzig oder siebzig auflegen. Als ich dran bin, bitte ich um zwei Meter. Kurzer Anlauf, Sprung, kein Problem. Nach mir muss die Latte wieder runtergeschraubt werden. Ein gutes Gefühl.

Aus Erfahrung weiß ich, dass der Hochsprung circa drei Stunden dauern wird. Ich suche mir ein Plätzchen etwas abseits. Der Sektor, in dem man sich aufhalten muss, ist vorgeschrieben. Schaue mir andere Wettkämpfe an, um die Zeit zu überbrücken. Versuche, locker zu sein. Fühle mich gut, richtig gut.

Der erste Springer beginnt bei der Höhe von einem Meter siebzig. Ich steige bei zwei Meter ein. Zu diesem Zeitpunkt sind die meisten der anderen seit einer Stunde zugange. Beame mich in den Zustand höchster Konzentration. Das ganze Stadion könnte toben, ich würde es hören, aber nicht wirklich wahrnehmen.

Der erste Sprung passt perfekt. Die nächsten zwei Höhen lasse ich aus. Dann folgen fünf, die ich jeweils mit dem ersten Versuch bewältige. Es geht in Drei-Zentimeter-Schritten nach oben.

Irgendwann springt nur noch einer, nämlich ich. Alle anderen sind raus.

Bei zwei Meter siebenundzwanzig leiste ich mir den ersten Fehlversuch. Im zweiten Anlauf packe ich die Höhe. Nie war ein Zehnkämpfer jemals höher gesprungen (das wird so bleiben, bis zum heutigen Tag).

Vielleicht freue ich mich zu sehr, auch darüber, dass ich mich damit in der Gesamtwertung an die Spitze setze. Auf einmal ist die Luft raus, die Konzentration dahin. Ich versuche mich noch an der nächsten Höhe, scheitere jedoch dreimal.

Die fünfte Disziplin sitzt mir bereits im Nacken. Mein ewiges Dilemma: Je länger ich an der Hochsprunganlage beschäftigt bin, desto kürzer fällt die Pause vorm Vierhundertmeterlauf aus. Dreißig Minuten sind das Minimum, darüber wacht das Kampfgericht. Das hätte mir am liebsten untersagt, mich wie gewohnt auf den Lauf einzustimmen. Weil die Zeit knapp ist. Wie gewohnt heißt, dreihundert Meter zu laufen. Relativ lockeres Tempo, als Vorbelastung, ein Signal an den Körper. Das hatte ich mir bei Marita Koch abgeschaut.

Jetzt bloß keine Gewohnheiten ändern. Sollen die Kampfrichter ruhig mosern, ich ziehe es durch. Laufe einfach los, beinahe schwebe ich, so kommt es mir vor.

Flutlicht erhellt das Stadion. Es ist fast zweiundzwanzig Uhr. Hohe Luftfeuchtigkeit. Ich muss die Spannung halten, damit sich die Müdigkeit nicht bemerkbar macht. Wieder sind es fünf Läufe. Auf dieser Strecke war ich nie ein Siegkandidat, dabei bleibt es auch. Aber die Zeit, die am Ziel angezeigt wird, stimmt mich zufrieden.

Und dann sehe ich, dass ich in der Gesamtwertung weiterhin vorn liege. Fast hundert Punkte vor Christian Plaziat, dem Franzosen. Auf Platz drei Daley Thompson. Vossi ist Vierter. Das hat die Welt noch nicht gesehen. Ich kann es kaum fassen. Doch gleichzeitig fühlt es sich absolut richtig an. Nicht so, als wäre ich ein Hochstapler und würde nur durch einen Trick an der Spitze stehen. Die Platzierung passt zu meinem Gefühl, zu meiner Verfassung. Ich bin erschöpft, aber es geht mir blendend.

Zwei Runden auslaufen. Pflichtprogramm. Die Ränge leeren sich. Dann zurück ins Olympische Dorf. Unterwegs die erste Auswertung mit dem Trainer. Die Beine schmerzen. Müdigkeit kriecht in den Körper. Ein Bett wäre gut. Einfach schlafen wäre gut. Stattdessen der Fußmarsch zur Mensa. Fünftausend Kilokalorien müssen ersetzt werden. Reis und Hühnchen und was man an der Essensausgabe noch so greifen kann. Dazu viel Flüssigkeit.

Fast ist es Mitternacht, bis wir zurück sind in unserem Block. Noch die übliche Nachbehandlung, Physiotherapie, Massagen.

Danach ins Zimmer. Endlich. Mein Einschlafbier überlasse ich Vossi. Ich mag kein Bier. Brauche auch nichts zum Einschlafen. Für gewöhnlich liege ich nach so einem Tag wach, lasse die Bilder der letzten Stunden vor meinem inneren Auge ablaufen. Nicht so an diesem Abend. Ich höre noch, wie Vossi »Gute Nacht« sagt, schon schlummere ich ein.

Tag zwei, der 29. September, Donnerstag:

Der Wecker reißt uns um vier Uhr aus dem Schlaf. Bin hundemüde. Acht Stunden hätte ich gut gebrauchen können. Nicht darüber nachdenken – funktionieren. The same procedure. Die gleichen Abläufe wie am Morgen zuvor. Die gleichen Wege. Das gleiche Essen. *Und täglich grüßt das Murmeltier …* etwa so.

Vossi scheint nicht gut drauf zu sein. Beim Hochsprung gestern brach eine alte Verletzung auf. Er reduzierte seine Sprünge auf ein Minimum. Fast wäre er an der zweiten Höhe gescheitert. Beim ersten Versuch riss er, beim zweiten auch.

Vor dem dritten ging ich zu ihm. Er meinte, er könne nicht mehr. Ich sprach ihm Mut zu. Er schaffte die Höhe dann, die nächste leider nicht mehr. Ich spüre, wie das an ihm nagt. Aber Vossi ist ein Kämpfer. Er kann damit umgehen.

Die erste Disziplin an dem Tag ist die insgesamt sechste: der Hundertzehn-Meter-Hürdenlauf. Eigentlich meine Angstdisziplin. Aber heute habe ich keine Angst. Ich bin nicht einmal besonders aufgeregt. Nur die übliche Anspannung. Wahrscheinlich liegt es daran, dass ich punktemäßig nach dem gestrigen Tag deutlich über meinem Plan liege.

Zur Einstimmung kurze Testläufe über drei Hürden. Die Beine sind leicht. Alles fühlt sich richtig an. Na, dann gucken wir mal, was heute geht.

Ich gewinne auch für diesen Hürdenlauf keinen Schönheitspreis. Lande ähnlich weit hinten wie bei den hundert Metern am Vortag. Mit dem Unterschied, dass es für mich eine neue Bestleistung ist. Damit schon die vierte in diesem Wettkampf. So kann's weitergehen. In der Gesamtrechnung verliere ich lediglich einen Platz. Und als Nächstes ist Diskuswerfen dran, meine heimliche Lieblingsdisziplin. Obwohl es technisch eine der schwierigsten ist. Oder vielmehr, weil sie so schwierig ist. Die Herausforderung, komplizierte Bewegungsabläufe zu perfektionieren, übt seit jeher einen besonderen Reiz auf mich aus.

Aber erst einmal abschalten. Ich suche mir eine einsame Ecke im Stadion, wo sonst niemand ist. Lege mich hin. Schließe die Augen. Zähle im Gedanken bis fünf, langsam und gleichmäßig. Atme ein. Zähle wieder bis fünf, atme aus. Zähle weiter, atme ein, atme aus – immer in dem Rhythmus. Das mache ich eine Weile. Bis ich die Geräuschkulisse um mich herum nicht mehr höre. Nicht mehr spüre, ob es kalt oder warm ist. Der Hürdenlauf ist auf einmal weit weg, die Emotionen sind verschwunden. Bin ganz bei mir. Kann sein, dass ich für einen Moment einnicke. Dann komme ich wieder zu mir, höre wieder die Geräuschkulisse. Bin bereit fürs Diskuswerfen.

Der erste Versuch – ganz ordentlich.

Der zweite, die nächste Bestleistung. Und ich führe wieder! Verdammt, was läuft hier? Ich kann mein Glück kaum fassen.

Gleichzeitig meldet sich die Angst. Jetzt nur nichts versauen! Konzentriert bleiben. Euphorie ist gut – und auch wieder nicht. Sie verleitet leicht dazu, die Dinge übermotiviert anzugehen, zu hastig.

Zähle bis fünf, atme ein.

Zähle wieder bis fünf, atme aus …

Inzwischen ist es Nachmittag. Stabhochsprung, die achte Disziplin. Noch so eine heimliche Liebe. Diese Kombination aus Kraft, Beweglichkeit und Mut – faszinierend. Und wie für mich geschaffen. Wie oft habe ich das gedacht und mir bildlich vorgestellt, wie ich den perfekten Sprung abliefere. Nur leider kriegt es mein Körper nie hin, dieses Ideal umzusetzen. Nicht einmal ansatzweise. Die Wahrheit ist: Ich bin ein grottenschlechter Stabhochspringer.

Ich beginne bei vier Meter dreißig. Schon bei vier Meter fünfzig gerate ich ins Stocken. Zwei Fehlversuche.

Eigentlich habe ich ein gutes Gefühl. Das Anlauftempo stimmt. Aber oben in der Luft ist plötzlich der Schwung weg. Ich bleibe fast »stehen«.

Gerade als ich grüble, was ich ändern muss, kommt Vossi zu mir. Er sagt: »Dein Absprung ist zu weit weg. Du musst beim Anlauf einen Fuß vorgehen.«

Wir sind bei den Olympischen Spielen. Der Wettkampf geht in die entscheidende Phase. Vossi ist vorn dabei, besitzt gute Chancen, sich nach dem Weltmeistertitel auch hier Gold zu holen. Er schaut sich meine Sprünge an. Und er gibt mir diesen Rat, den ich natürlich befolge. Vossi ist viel besser als ich. Er wird locker die fünf Meter überspringen.

Ich verkürze also meinen Anlauf um die Länge eines Fußes. Das ist nicht viel, aber es ist entscheidend. Ich springe und überquere die Latte, ohne dass sie runterfällt. Danach schaffe ich vier Meter sechzig, anschließend sogar vier Meter siebzig. Auch das ein neuer Rekord für mich.

Vossis Hinweis bringt mir etwa sechzig Punkte ein, die ich ohne ihn nicht gehabt hätte. Damit bleibe ich vorn. Plaziat liegt fünfundvierzig Punkte hinter mir. Vossi ist Dritter. Er hat achtundsechzig Punkte weniger als ich.

Und nur noch zwei Disziplinen. Allerdings muss ich lange warten, bis es für mich weitergeht. Der Stabhochsprung zieht sich ewig in die Länge. Der Beste springt einen Meter höher als ich.

Ein Zehnkampf dauert im Schnitt etwa sechsunddreißig Stunden, vom Start der ersten bis zum Ende der letzten Disziplin, die Nacht dazwischen mitgerechnet. Zieht man die Zeit ab, die man wartend oder schlafend verbringt, bleiben keine elf Minuten reinen Wettkampfs. Und davon gehen allein viereinhalb für den Tausendfünfhundertmeterlauf drauf.

Mit all den Unterbrechungen und Pausen zurechtzukommen ist quasi die elfte Disziplin. Die höchste Stufe der Konzentration genau in der Zeitspanne zu erreichen, wenn man sie braucht. Die Emotionen, die zwangsläufig durch gute und weniger gute Ergebnisse entstehen, geschickt kanalisieren. Die positiven nutzen, um sich zu pushen. Aber das wiederum nicht zu sehr, damit einem im Überschwang der Gefühle keine Fehler unterlaufen, etwa aus Leichtsinn oder Selbstüberschätzung. Die negativen schnell ausknipsen, damit sie einen bei der folgenden Disziplin nicht lähmen. Kurz und gut: Es geht darum, die richtige Balance zu finden. Sich selbst immer wieder in Balance zu bringen, ganz gleich, welche Gefühle man gerade durchlebt.

So, und nun muss man sich den Abend im Olympiastadion von Seoul vorstellen. Aus meiner Perspektive. Aus der Perspektive eines Dreiundzwanzigjährigen, der allmählich eine Ahnung davon bekommt, was an diesem 29. September 1988 möglich sein könnte.

Es hilft, dass ich in dieser Situation nicht wirklich begreife, was geschieht. Ich liege auf Platz eins, das weiß ich wohl. Ich weiß auch, dass ich nur noch zwei Disziplinen über die Bühne bringen muss, um zu gewinnen. Ich darf mir keinen Aussetzer erlauben. Ich muss mit dem Speer eine bestimmte Weite erreichen. Und ich muss beim Tausendfünfhundertmeterlauf ins Ziel kommen, darf nicht stürzen oder disqualifiziert werden. All das ist mir klar. Und all das führt dazu, dass mein Puls schneller schlägt und ich ein zaghaftes Lächeln auf den Lippen trage. Jedenfalls glaube ich, dass ich lächle. Innerlich lächle ich auf jeden Fall. Weil die Welt gerade so schön ist. Weil alles so schön ist.

Aber: Ich habe nicht den blassesten Schimmer, wie sich ein Olympiasieg anfühlt, was es bedeutet, Olympiasieger zu sein. Und genau das verhindert, dass ich zu überschwänglich werde. So wie es verhindert, dass der Druck zu groß wird und mich blockiert. Ich mache einfach weiter, froh gelaunt, aber konzentriert, fast so, als wäre es ein x-beliebiger Wettkampf.

Das Speerwerfen noch. Bewegungsmuster in Stresssituationen abrufen, darum geht es. Das Ziel allen Trainings, physisch wie psychisch. Alle drei Versuche gelingen.

Der zweite Wurf ist wieder ein Bestwert für meine Rekordliste.

Vossi wirft noch weiter, schiebt sich damit auf Platz zwei.

Daley Thompson verbessert sich ebenfalls, liegt jetzt hinter ihm.

Wir drei, das wäre ein Podest! Der zweifache Olympiasieger, der aktuelle Weltmeister – und ich. Dieses Foto hätte ich gern.

Wieder eine Stunde warten, bis zweiundzwanzig Uhr. Zu Hause ist es acht Stunden früher. Glück sei immer der Moment davor, habe ich irgendwo gelesen. Dann müsste ich jetzt glücklich sein.

Die letzte Disziplin, das Finale. Anderthalb Kilometer ist das Ziel entfernt. Knapp vier Stadionrunden. Etwa viereinhalb Minuten. Wenn es gut läuft, wenn ich gut laufe, ein paar Sekunden weniger.

Der Startschuss. Laufe los. Denke ich etwas? Bestimmt nicht. Oder doch? Stumme Befehle. Pass auf, wo du langläufst! Bleib in deiner Bahn! Komm nicht zu dicht an den Rand!

Die erste Runde, die zweite … dann ist es nur noch eine. Die letzten dreihundert Meter, jetzt zweihundert, hundert … die Zielgerade. Vossi, denke ich, ich glaube, wir gewinnen!

Die Füße schwer wie Blei. Noch ein Schritt und noch einer und noch einer … die Ziellinie, geschafft! Ich taumele wie ein angeknockter Boxer. Ringe nach Luft. Aber kein Jubel. Würde gern fallen, einfach daliegen und … Aber mein Trainer sagt immer: Ein Athlet geht nicht zu Boden! Dass ich daran denke, jetzt?!

Vossi kommt kurz nach mir. Geht in die Knie. Steht wieder auf. »Vossi, es ist vorbei«, sage ich, als ich wieder Luft habe.

Wir umarmen uns.

Die Minuten danach, wie in einer Parallelwelt. Als könnte ich mich selbst sehen.

Einen großen Triumphator gebe ich nicht ab. Die totale Erschöpfung. Gemischt mit Fassungslosigkeit. Ein schreckliches Wort, aber es ist genau so: Ich weiß, dass ich gewonnen habe. Doch das Gehirn weigert sich, es zu glauben. Als müssten erst einmal alle Fakten sortiert werden. Es ist schwer zu beschreiben.

Dann zur Dopingkontrolle. Bier wird gereicht. Damit es schneller geht.

Dann zur Pressekonferenz. Der Überraschungssieger aus der DDR.

Dann in den Bus. Kein geschmückter Festwagen für den Olympiasieger und den Silbermedaillengewinner. Es ist ein normaler Bus, der nach Plan fährt.

Im Olympischen Dorf steigen wir aus. Als wir unsere Etage erreichen, kommt uns jemand von der Delegationsleitung entgegen, reicht uns die Hand und sagt wie auswendig gelernt: »Herzlichen Glückwunsch zum Doppelvierer!« Er denkt, wir sind Ruderer.

Irgendwann nach Mitternacht sitzen wir in unserem Zimmer. Wir müssten todmüde sein, sind es aber nicht. Heute nehme ich das Einschlafbier. Es hat nur keine Wirkung. Wir legen uns in die Betten, in der Hoffnung, dass uns der Schlaf übermannt. Funktioniert auch nicht. Also stehen wir wieder auf und beschließen, Tennis spielen zu gehen. Was man halt so macht morgens um eins, nachdem man Olympiasieger geworden ist.

Vor dem Block ist ein Tennisplatz. Unten schmunzeln wir. Zwei französische Zehnkämpfer und ein Schwede tigern wie wir durch die Nacht. Wir spielen gegen die beiden Franzosen und tun so, als wäre es ein Davis-Cup-Match. DDR und Davis Cup, da müssen alle lachen.

Am nächsten Tag verschlafen wir um ein Haar die Victory Ceremony im Stadion. Erreichen den Bus auf den letzten Drücker. Die Arena ist brechend voll. Hunderttausend Menschen.

Ich habe *One Moment in Time* von Whitney Houston im Ohr. Es ist nicht die offizielle Olympia-Hymne, wird hier aber überall und ständig gespielt.

Eine hübsche Südkoreanerin im weißen Kostüm führt uns quer über die Laufbahn zum Siegerpodest. Ich folge ihr als Erster, hinter mir Vossi, dahinter Dave Steen. Der Kanadier hatte sich durch einen starken Tausendfünfhundertmeterlauf an Daley Thompson vorbeigeschoben, sprichwörtlich in letzter Minute.

Ich gönne ihm die Medaille, finde es aber auch ein wenig schade. Kein Foto mit Thompson.

Als würde ich ahnen, was später geschrieben werden sollte. Manche werden behaupten, ich hätte nur gewonnen, weil die Topleute nicht dabei waren. Würde Thompson bei der Siegerehrung mit auf dem Podest stehen, wäre ihnen solcher Unsinn vermutlich nicht aus der Feder geflossen. Bis auf Siggi Wentz, der sich vor Olympia verletzt hatte, fehlte keiner der Favoriten.

»The Olympic Champion ...« Mein Name wird zuerst aufgerufen. Damals war das noch so. Alle im Stadion können ihn hören. Und alle vor den Fernsehern.

Doch daran denke ich nicht. Ich bemühe mich, alles richtig zu machen. Erinnere mich an Siegerehrungen, die ich gesehen habe. Es geht ganz leicht. Mit einem großen Schritt steige ich aufs Podest.

Erst die Medaille, dann ein Blumenstrauß. Zwei ältere Herren, der eine mit Sonnenbrille. Ich schüttele ihre Hände, die sie mir entgegenstrecken.

Danach gratuliere ich Vossi, der inzwischen neben mir steht. Dann Dave Steen, nachdem auch er aufgerufen wurde.

Ein Blick hinüber zur Tribüne. Ich sehe alle, und ich sehe niemanden.

Wie auf Kommando drehen wir drei uns nach rechts, dorthin, wo die Flaggen gehisst werden. Schon ertönen die ersten Takte unserer Nationalhymne. Es ist eine Hymne, die keinen Text mehr hat. Bald wird sie auch kein Land mehr haben. Aber davon weiß die Welt noch nichts, die diese Hymne jetzt aus einem einzigen Grund hört: weil ich gewonnen habe.

Ich stehe stramm wie ein Soldat. Höre die vertraute Musik an diesem unvertrauten Ort. Was für eine grandiose Kulisse!, denke ich. Mehr nicht. Zu viele Gefühle, zu viele Eindrücke. Unmöglich, all das in sich aufzunehmen.

Meine Lippen bewegen sich. Ich reihe Worte aneinander, ohne dass ich das als einen bewussten Vorgang registriere. Ich habe mir das nicht vorgenommen. Es geschieht einfach. Die Worte ergeben keinen Satz. Es sind Namen. Die Namen meiner Freunde. Stefan und Uwe und Gunnar und Roland … und es ist Helkes Name.

Später werde ich mich fragen, warum es nicht meine Eltern und Geschwister waren, die mir dort oben in den Sinn kamen. Oder die Trainer, Lehrer und Physios, die mich auf meinem Weg als Sportler begleiteten, an der KJS, bei Empor, in der Nationalmannschaft. Ich werde darauf keine Antwort finden. Und das wird dann doch eine Antwort sein.

Die nächsten Tage erlebte ich wie in einem Schwebezustand. Ich war erschöpft und müde, zugleich aber aufgekratzt, sodass ich kaum schlafen konnte. In Schönefeld empfingen mich Helke und meine Eltern. Aber erst nachdem wir die offizielle Begrüßung durch Egon Krenz, damals der zweite Mann nach Honecker, und Manfred Ewald, oberster Sportfunktionär der DDR, hinter uns hatten. Weiter ging es in einem Ikarus-Bus, der anscheinend extra auf Hochglanz poliert worden war.

Irgendwann in der Nacht erreichten wir Rostock. Jeder Olympiastarter wurde bis vor seine Haustür kutschiert. Am Ende saßen nur noch Helke und ich im Bus. Als der in unsere Straße einbog, wunderte ich mich, dass es vollkommen dunkel war. Keine Straßenlaterne brannte, nichts. Der Fahrer stoppte, öffnete uns die Tür. Auf einmal grelles Scheinwerferlicht. Jetzt sahen wir auch die Menschentraube, die sich vor dem Haus versammelt hatte. Glücksgefühle. Gänsehaut. Freunde, Nachbarn, Bekannte, Fremde auch – sie alle waren gekommen, um sich mit mir zu freuen.

Am Morgen danach wurde es noch turbulenter: Empfang der Olympiateilnehmer auf dem Universitätsplatz. Am Brunnen der Lebensfreude, wie treffend. Die halbe Stadt schien auf den Beinen. Für uns hatten sie eine Bühne gebaut. Jemand, der wichtig aussah, drückte mir ein paar beschriebene Seiten in die Hand und sagte: »Hier, das liest du vor, wenn du aufgerufen wirst!«

Also las ich vor, was da stand. Es ging um die Verwirklichung der Aufgabenstellungen des XI. Parteitags der SED. Und um eine Rede des Generalsekretärs Erich Honecker auf irgendeiner Tagung des Zentralkomitees. Und um die Vorbereitung auf den vierzigsten Jahrestag der DDR. Einige Worte über mich und die Olympischen Spiele, woher wir gerade zurückgekehrt waren, kamen immerhin auch vor.

Es sprachen noch andere, der Bürgermeister etwa, der uns anschließend im Rathaus empfing, damit wir uns ins Goldene Buch der Stadt eintrugen. Aber erst einmal dahin gelangen. Es waren vielleicht achthundert Meter. Ich brauchte fast zwei Stunden dafür, so viele Leute wollten ein Autogramm oder mir einfach nur gratulieren. Mittendrin ein kleines Mädchen, das mir einen Brief ihrer Oma überreichte. Ich las ihn später. Die Oma lud mich in ihre Bäckerei ein. Sie wolle zwei Bleche Kuchen für mich backen. Offenbar hatte sie irgendwo aufgeschnappt, dass ich ein größeres Fest plante.

Den Kuchen konnten Helke und ich zwei Wochen später gut gebrauchen – für unseren Polterabend. Der stieg natürlich in der Mensa. Es kamen so viele, dass ich den Überblick verlor, fast auch über die Kosten. Gut, dass es für den Olympiasieg eine Prämie gab: fünfundzwanzigtausend Mark. Plus tausend in Forumschecks, quasi Westgeld, damit konnte man im Intershop einkaufen.

Am nächsten Tag zum Standesamt. Eine Pause wäre angebracht gewesen, doch dafür blieb keine Zeit. Es war, als hätte ich nach den tausendfünfhundert Metern von Seoul gar nicht aufgehört zu laufen. Schnell noch ein Autogramm für die Standesbeamtin, weil sie darum bat. Von der Wand hinter uns schaute Honecker zu.

Dann weiter in den guten Schuhen, die Helke vor Olympia besorgt hatte. Sie war extra nach Kienbaum gekommen, damit ich sie vor der Abreise anprobieren konnte. Doch ich durfte keinen Besuch empfangen, das Gelände nicht verlassen. Also war ich heimlich übern Zaun geklettert. Schuhanprobe im Wald, wie romantisch. Der Kastenanzug aus Tepito vervollständigte mein Festgewand. Doch die wahre Augenweide war natürlich die Braut.

Nach dem Standesamt die Feier. Und nach der Feier direkt in die Flitterwochen. Aus Zeitmangel verkürzten wir sie zu Flittertagen, genau drei an der Zahl. Immerhin auf Hiddensee, einmal weg vom ganzen Trubel.

Und anschließend gleich wieder mitten rein. Mit Helkes Trabi nach Berlin. Dort in den Flieger, mit dem Ziel Tunesien. Im Hafen von Tunis lag die *MS Arkona*. Für damalige Verhältnisse ein Luxusdampfer, made in Germany, allerdings West. Das Traumschiff aus der berühmten Fernsehserie, die DDR hatte es über verschlungene Wege gekauft. Die Reise, sie war als Auszeichnung für Medaillengewinner gedacht, führte nach Varna am Schwarzen Meer. Fünf Tage wie ein verlängerter Polterabend, eine einzige Party.

Kaum zurück, durfte ich noch einmal nach Berlin. Diesmal ging es schick gemacht ins Staatsratsgebäude. Erich Honecker höchstpersönlich gab sich die Ehre – beziehungsweise uns, den Olympiahelden, wie manche uns titulierten. Ölgötzen gleich saßen wir aufgereiht in einem der Festsäle. Die komplette Staatsführung fand sich ein, Stoph, Sindermann, Mielke und wie sie alle hießen. Die alten Männer sahen blass und grau aus, gar nicht wie auf den Fotos, die man von ihnen kannte. Mit Ausnahme von Honecker, der eine gesunde Gesichtsfarbe hatte.

Einzeln wurden wir nach vorn gerufen. Jeder bekam eine Ehrenurkunde, manche dazu eine Version des Vaterländischen Verdienstordens. In meinem Fall war es der goldene, passend zur Medaille.

Bevor das Jahr zu Ende ging, erwartete mich noch eine Ehrung. Sieben DDR-Athleten wurden zur World Athletic Gala nach Monte Carlo eingeladen. Fünf hatten wie ich Gold in Seoul gewonnen, einer in dem Jahr einen Weltrekord aufgestellt. Das waren die Kriterien, um zum erlauchten Kreis der Auserwählten zu gehören. Gastgeber war Prinz Albert von Monaco. Ich fühlte mich geehrt, als die fürstliche Einladung eintraf, rechnete jedoch nicht damit, dass wir hindürfen. Erstaunlicherweise durften wir. Es gab nur ein Problem: Um bei der Gala auflaufen zu können, benötigte ich einen Smoking.

Helke musste helfen mit ihren Kontakten in die Modewelt. Zehn Tage, dann hatte sie einen in meiner Größe ausfindig gemacht. Als ich den Preis hörte, wurde mir schwindlig. Zweitausend Mark verlangten sie für das gute Stück vom VEB Herrenmode Dresden, inklusive Hemd, Fliege und allem Pipapo. Für DDR-Verhältnisse ein kleines Vermögen. Aber die Investition lohnte sich. Den Smoking trage ich heute noch, wenn es der Anlass erfordert.

Erstaunlich war auch, dass sie uns ohne Begleitschutz reisen ließen. Wir flogen über Amsterdam nach Nizza. Dort stand eine Stretchlimousine bereit. Meine Jungfernfahrt in einem solchen Gefährt. War ich nicht eben noch aus Helkes Trabi gestiegen? Das musste man erst einmal sortiert bekommen. Dabei war die Stretchlimo nur der Notfall-Service. Wäre es nicht so stürmisch gewesen, hätten sie uns mit einem Hubschrauber ins Fürstentum transportiert. Es ging zum *Loews* Hotel, was heute das *Fairmont* ist. Von außen erinnerte es mich an die Plattenbauten in Rostock-Evershagen, wo Helke früher gewohnt hatte, innen dann nicht mehr.

Noch weniger, als wir abends den Festsaal betraten. Glitzer und Glanz, wohin man schaute. Und auf den Tischen, an jedem Platz, Unmengen an Besteck, dass ich gar nicht wusste, welche Gerätschaften ich für welchen Gang wählen sollte. Um mich nicht zu blamieren, wartete ich ab, wofür sich die anderen entschieden, bevor ich selbst zulangte.

Dann erschien Prinz Albert. Und mit ihm Primo Nebiolo, der damalige Präsident des Leichtathletik-Weltverbandes. Die beiden ehrten achtunddreißig Sportler mit dem *Golden Star of Athletics,* sieben davon waren wir. Ich würde lügen, würde ich behaupten, ich wäre an diesem Abend nicht stolz gewesen. Aber es kam mir irgendwie auch unwirklich vor, als wäre ich in einen Traum geraten. Der monegassische Thronfolger und die anderen Honoratioren, all diese Prächtigkeit, das hatte so wenig mit meinem Leben zu tun.

Das Fest dauerte bis Mitternacht. Da wir nun einmal in Monte Carlo waren, wollten wir natürlich auch ins Casino. Mit den hundert Schweizer Franken, die jeder von uns als Taschengeld dabeihatte, wären wir wahrscheinlich schnell wieder draußen gewesen. Doch einer, ich glaube, es war Ulf Timmermann, setzte beim Roulette auf die richtige Zahl, was ihm das Dreißigfache seines Einsatzes als Gewinn bescherte. Oder war es sogar noch etwas mehr? Auf jeden Fall genügte es, um das Glück noch einige Stunden herauszufordern. Am Ende hatten wir alles verspielt.

Und die Nacht war vorüber.

Höchste Zeit, zum Flughafen aufzubrechen. Wir blieben, wie wir waren, schnappten nur schnell unsere Taschen in den Zimmern. Zurück ging es auf direktem Weg, allerdings nach Tegel. Wir rechneten fest damit, dass uns am Ausgang jemand in Empfang nehmen und über die Grenze bringen würde. Damit wir nicht auf dumme Gedanken kamen. Doch da stand niemand.

Heute klingt es seltsam, aber für mich war das so, als hätten sie uns damit noch einen Orden an die Brust geheftet. Dieses Vertrauen, schon die ganze Reise, und jetzt sogar in Westberlin, wo es ein Einfaches gewesen wäre, einen anderen Weg einzuschlagen als den zurück in den Osten.

Ich weiß nicht, was in den Köpfen der anderen vorging. Ich verschwendete keinen Gedanken daran. Wir sprachen nicht einmal darüber. Wie folgsame Schüler fuhren wir mit dem Bus zum Bahnhof Friedrichstraße. Am Grenzübergang legten wir unsere Reisepässe vor, zeigten den Zöllnern unsere Taschen. Und dann waren wir wieder drin, in dem Land, das es bald nicht mehr geben sollte.

Acht

Wie ein aufgescheuchtes Huhn laufe ich durch die Wohnung. In keine bestimmte Richtung, in alle Richtungen. Da die Wohnung kein Palast ist, gelange ich immer wieder zu den gleichen Punkten. Und immer wieder schaue ich mich hektisch um, als würde ich verfolgt.

Verdammt, wo kann ich mich verstecken?

Vielleicht im Schlafzimmer. Merkwürdig, die Bettdecke ist zurückgeschlagen. Tagsüber schlage ich die nie zurück. Jemand muss hier gewesen sein.

Mein Puls rast plötzlich. Ich ringe nach Luft, als wäre ich dreimal ums Haus gerannt.

Womöglich ist noch jemand hier. Die bösen Blicke überall … also doch.

Ich wage kaum, mich aufs Bett zu setzen. Überall Feinde. Auch das Bett ist jetzt ein Feind.

Endlich fällt mir die Vermieterin ein. Ich brauche mein Handy. Sie ist eine gute Freundin. Sie muss mir helfen.

Als ich ihre Stimme höre, beichte ich sofort das Malheur mit dem seidenen Gebetsteppich. Ich habe schwere Schuld auf mich geladen, sage ich, dafür muss ich bestraft werden!

Ich rede ohne Punkt und Komma, obwohl ich völlig erschöpft bin. Erschöpft, aber hellwach, aufgedreht. Ich erzähle wirres Zeug, aber das werde ich erst später erfahren.

Sie soll mich von hier wegholen. Ich flehe sie an: »Du musst sofort rüberkommen, ich kann nicht mehr.« Weil ich denke, dass sie nebenan ist, in ihrer eigenen Wohnung. Ich bilde mir sogar ein, dass sie mich sehen kann, während wir sprechen, durch die Wand.

In Wirklichkeit ist sie in ihrer anderen Wohnung, in Paris. Später wird sie mir schildern, wie sie, nachdem mein unsortierter Wortschwall abgeebbt war, auf mich einredete, eine geschlagene Stunde, mir unzählige Fragen stellte, damit ich nicht auflegte. Und dass sie parallel versuchte, Freunde in Berlin zu erreichen, um jemanden zu mir zu schicken, damit der sich um mich kümmerte. Doch es war mitten in der Nacht, wahrscheinlich schon früher Morgen, sie bekam niemanden ans Telefon. Irgendwann hätte ich dann nicht mehr auf ihre Fragen geantwortet. Ich muss mit dem Handy am Ohr eingeschlafen sein …

Blaue Tabletten

Als die Mauer fiel, schliefen wir. Das ist kein Witz. Helke und ich gingen am Abend des 9. November 1989 ins Kino. Arvid, unser Sohn, war inzwischen drei Monate alt. Wir hatten das erste Mal einen Babysitter. Es lief *Die bleierne Zeit* von Margarethe von Trotta. Das ist der Film, für den sie in Venedig als erste Filmemacherin einen *Goldenen Löwen* erhielt. Jutta Lampe und Barbara Sukowa spielen zwei Schwestern, die das Leben auseinandertreibt. Eine der beiden wird Terroristin, landet im Gefängnis, stirbt dort unter mysteriösen Umständen. Die Handlung ist an die Geschichte von Gudrun Ensslin und ihrer Schwester angelehnt.

Ziemlich schwere Kost, die nachwirkte. Wir liefen wortkarg nach Hause. Bis wir in unserer Wohnung ankamen, war es schon spät. Sonst hätten wir wahrscheinlich noch den Fernseher angestellt. So aber legten wir uns gleich schlafen.

Am nächsten Morgen ein schnelles Frühstück. Helke kümmerte sich um den Kleinen. Wir hatten noch immer nichts mitbekommen. Schon verrückt, wenn ich mir das jetzt vorstelle: Da geriet die Welt aus den Fugen, und wir lebten weiter, als säßen wir auf einem anderen Planeten.

Ahnungslos, dass ich gerade die ersten Stunden einer neuen Zeitrechnung erlebte, machte ich mich auf den Weg zu Uwe, einem meiner Mensa-Freunde. Der hockte mit Gipsbein zu Hause, war krankgeschrieben. Ich kümmerte mich ein wenig um ihn, hatte auch einen Schlüssel für seine Wohnung.

An der Tür schlug mir ein Geruch entgegen, als hätte er seine vier Wände über Nacht in eine Kneipe umfunktioniert. Ich ging ins Wohnzimmer, sah Uwe, er schlief. Wie noch ein paar Leute, die sich auf den Sitzmöbeln verteilt hatten und ähnlich hinüber schienen wie er.

Immerhin bemerkte er mich. Kann auch sein, dass ich ihn weckte.

Meine Frage, was sie denn gefeiert hätten, muss ihm angesichts der Ereignisse selten dusselig erschienen sein. Der kurze Dialog, der sich daraus entspann, wäre etwas für Loriot gewesen:

»Hast du es etwa nicht mitbekommen?«, fragte er.

»Was mitbekommen?«, fragte ich.

»Die Mauer ist auf!«, sagte er.

»Wie, die Mauer ist auf?«, fragte ich.

Ich hatte in den Wochen davor einige Demonstrationen miterlebt. Zuerst fand ich es etwas unheimlich, sich gegen das System aufzulehnen. Aber dann ging ich doch mit meinen Freunden mit. In Rostock fing es ja später an als in Leipzig. Aber auch hier versammelten sich die Menschen zunächst in Kirchen, bevor sie durch die Straßen zogen. Eine der Kirchen war die Marienkirche mitten im Stadtzentrum. Dort sprach Pfarrer Joachim Gauck, der spätere Bundespräsident, zu den Besuchern, aus denen anschließend Demonstranten wurden. Einmal, es muss Ende Oktober gewesen sein, beschlossen sie, nach dem Gottesdienst zur Bezirkszentrale der Stasi zu marschieren.

Es war ein eiskalter Abend. Ich lief neben Stefan und einigen anderen Freunden. Stefan engagierte sich in der Jungen Gemeinde und machte jetzt auch beim Neuen Forum mit. Er druckte heimlich Flugblätter. Einmal fragte er Gauck, ob er dessen Kopierer benutzen dürfe, aber das wollte der nicht. Früher hatte Stefan die Aktion *Schwerter zu Pflugscharen* unterstützt, was ihm nach eigener Aussage mehrere Festnahmen einbrachte. Ich bin nicht sicher, ob ich all das damals wusste. Vermutlich nicht. Solche Sachen vertraute er mir nicht an. Ich war ihm zu systemnah, wie er mir später offenbarte. Das stimmte ja auch.

Der Demonstrationszug bewegte sich also Richtung Stasi-Zentrale. Die befand sich in der August-Bebel-Straße. Ein ziemlich großer Komplex, im Karree gebaut wie eine Festung. Im Innenhof das Untersuchungsgefängnis. Ein grauer Block mit Zellen auf drei Etagen, als Fenster blinde Glasbausteine, davor Gitter, als Lüftung schmale Schlitze. Das Gebäude sah man von der Straße nicht. Wahrscheinlich war mir zu der Zeit nicht einmal bekannt, dass es existierte. Schon gar nicht hätte ich mir vorstellen können, wie es innen aussah und wie es darin zuging. Davon sollte ich erst Jahre später einer Ahnung bekommen, bei einer Besichtigung, dann der Gedenkstätte, also in besseren Zeiten, die für mich jedoch keine guten sein würden.

Aber die Angst schwang bereits an diesem Abend im Oktober mit. »Dona nobis pacem …«, erklang als vieltausendstimmiger Chor, während ich einen Schritt vor den anderen setzte, fest und entschlossen zunächst, zögerlicher dann. Umso zögerlicher, je dichter wir uns dem unheimlichen Ziel näherten. Immer wieder schaute ich zu den Fenstern in den oberen Etagen der Häuser. Die, die dunkel waren, schienen mir am verdächtigsten. Bewegte sich da etwas hinter der Gardine? Oder dort, warum ging plötzlich das Licht aus? Damit sie uns besser beobachten konnten, schlussfolgerte ich, ohne dass wir sie sahen. Ich stellte mir vor, wie sich hinter den Fenstern uniformierte Männer verschanzt hielten und ihre Waffen auf uns richteten. Vielleicht ging meine Fantasie mit mir durch, vielleicht auch nicht. Inzwischen weiß man, dass Stasi-Leute die Demonstrationen zumindest beobachteten, einige von ihnen sogar als verkappte Oppositionelle mitliefen.

Es war nicht mehr weit. Die Angst wuchs mit jedem Schritt. Die Stasi würde ihre Festung nicht einfach aufgeben.

Doch wie wollten sie die Massen aufhalten? Fast wurde Panik daraus. Was, wenn sie tatsächlich auf uns schossen? Stefan hatte drei Kinder. Als wir die nächste Querstraße erreichten, verließ uns der Mut. Wir scherten aus dem Pulk aus und verschwanden.

Die Wende veränderte alles. Auf einmal waren wir Sportler nicht mehr die gefeierten Helden, sondern Begünstigte eines verabscheuungswürdigen Systems. Staatsdiener, Marionetten. Lieblinge von Honecker und Co. Nicht für alle, doch immerhin für so viele, dass man es deutlich spüren konnte. Auch mir schlug Neid und Missgunst entgegen. Unser Briefkasten zu Hause wurde in Brand gesteckt, mein Auto verkratzt. Nach dem Olympiasieg hatte ich einen Lada bestellen dürfen, der in Rekordgeschwindigkeit von knapp einem Jahr geliefert worden war, wenige Wochen vor den ersten Demonstrationen. Ein solches Auto zu besitzen schien plötzlich verdächtig. Nur Bonzen fuhren die, hieß es. Sogar Helke, die nun wirklich nichts dafür konnte, wurde auf der Straße beschimpft.

Auch Empor geriet mächtig in Schieflage. Auf einmal musste der Verein, der vorher ohne Ende subventioniert wurde, nach den Gesetzen der Marktwirtschaft funktionieren. Er sollte für die Sportstätten, die wir nutzten, Miete zahlen und effizient arbeiten. Über dreihundert Trainer und Betreuer für rund zweihundert Sportler, das war nach den Regeln, die nun galten, alles andere als effizient.

Ich ließ mich von der allgemeinen Aufbruchsstimmung anstecken und meinte, ein bisschen rebellieren zu müssen. Immerhin war ich Olympiasieger. Als solcher stand mir im Verein ja wohl eine gewisse Mitsprache zu, jetzt, da demokratische Verhältnisse Einzug hielten. Als eine der ersten Aktionen versuchte ich, eine Athletenvertretung zu initiieren. Ich war zu der Zeit verletzt, sodass ich mich mit solchen Dingen beschäftigen konnte. Auch die Neugründung des

Vereins war ein Gedanke, der mich umtrieb. Was immer ich im Kopf bewegte, mein Ziel bestand darin, in Rostock zu bleiben und einen guten Weg in die Zukunft zu finden.

Die Reaktion der Vereinsführung? Keine, jedenfalls keine, die mich zufriedenstellte. Ich war ratlos, wollte mit einer kleinen Protestaktion nachhelfen, ihnen die Augen öffnen. Inzwischen wieder fit, zumindest einigermaßen, trat ich bei der DDR-Meisterschaft an, der letzten der Geschichte. Im Frühsommer 1990. Anstatt in der traditionellen Vereinskleidung – rote Hose, weißes Hemd mit blauem Brustring – lief ich komplett in Schwarz auf. Für mich, der sich bisher nie gegen irgendetwas aufgelehnt hatte, war das ein gewaltiges Statement. Das würde ihnen zu denken geben, war ich überzeugt.

Falls sie tatsächlich ins Grübeln gerieten, ließen sie mich das nicht merken. Ich hatte angenommen, dass ich ihnen wichtig sei, sie mich halten wollten. Doch auf Signale, die das zum Ausdruck brachten, wartete ich vergebens. Oder ich erkannte sie nicht. Was ich auf jeden Fall übersah: Alle im Verein waren verunsichert. Niemand wusste, wie es weitergeht. Ob es weitergeht. Schiere Existenzangst, sie grassierte wie ein schlimmer Virus. Viele Trainer wurden entlassen. Jeder musste zusehen, wo er blieb.

Und dann geschah noch etwas bei dieser Meisterschaft: Während ich auf dem Platz um Punkte kämpfte, saßen Helke und mein Trainer auf der Tribüne, nebeneinander. Sie sprachen über dieses und jenes. Irgendwann meinte der Trainer, es würde schwer werden für mich, Vossi und Freimuth seien kaum zu schlagen. Tatsächlich quälte ich mich durch die Disziplinen. Meine Achillessehne machte mir zu schaffen. Darauf bezog sich wohl seine Aussage.

Wer mir von seinen Zweifeln berichtete, erinnere ich nicht mehr, entweder Helke oder jemand, der bei den beiden saß. Mit dem Abstand von heute kann ich es nur der angespannten Situation zuschreiben, die uns damals alle belastete, dass ich seine Äußerung als Ausdruck mangelnden Vertrauens verstand.

Das Gleiche trifft auf die Szene zu, die sich tags darauf zwischen ihm und mir ereignete. Ich fragte ihn geradeheraus: »Sie vertrauen nicht mehr auf meine Leistung?« Er antwortet mit einer Frage: »Du glaubst doch nicht wirklich, dass ich nicht von dir überzeugt bin?« Und ehe ich darauf reagieren konnte, versetzte er mir – verbal – einen Dolchstoß: »Gut, dann hast du ab heute keinen Trainer mehr!«

Er sagte es, und er meinte es so. Nach zehn Jahren, in denen wir mehr Zeit miteinander verbracht hatten als mit irgendeinem anderen Menschen, war das Tischtuch zerschnitten, einfach so. Zwar schrieb er eine Zeit lang weiter meine Trainingspläne, aber es fand nicht ein gemeinsames Training mehr statt. Weder er noch ich unternahmen den Versuch, die Sache wieder hinzubiegen. Wir gingen uns aus dem Weg, sprachen nicht miteinander, verloren uns aus den Augen. Bald war es, als hätten wir uns nicht gekannt.

Erst vergangenen Sommer, nachdem siebenundzwanzig Jahre ins Land gegangen waren, sahen wir uns wieder. Ich besuchte ihn zu Hause. Ich fand, es war an der Zeit, sich endlich wieder in die Augen zu schauen. In den Monaten zuvor hatte ich eine ziemlich üble depressive Phase durchgemacht. Ob ich ohne die Krankheit den Kontakt zu ihm gesucht hätte, weiß ich nicht. Man reflektiert nur in der Niederlage. Und die Krankheit ist eine Niederlage. Für mich ist sie das. Sie reißt einem den Boden unter den Füßen weg. Es ist, als würde man seine Wurzeln verlieren, die Verbindung zu seinem Leben. Zu dem, was war, und zu dem, was noch sein könnte. All das spielte wohl mit rein.

Anfangs war das Gespräch holprig. Wir verhielten uns beide distanziert. Doch je länger wir miteinander sprachen, umso offener schilderte jeder seine Sicht der Geschehnisse, die damals zur Trennung geführt hatten. Und wie er die Zeit danach erlebte. Und wie es jetzt war. Vier Stunden saßen wir zusammen, und am Ende duzte ich ihn sogar.

Noch eine Niederlage musste ich mir in den Wochen der Wende eingestehen. Die Sache mit dem Studium: In vier Jahren hatte ich es zu drei oder vier Scheinen gebracht, eine mehr als magere Ausbeute. Weit entfernt von dem Leistungsdenken, das mich nach wie vor beherrschte. So deprimierend es war, ich musste der Wahrheit endlich ins Auge schauen – und einen Schlussstrich ziehen.

Es dauerte eine Weile, ehe ich den Mut fand, meinem Vater die Entscheidung zu beichten. Er machte gerade keine leichte Zeit durch. Das Krankenhaus hatte ihm gekündigt, aus politischen Gründen. Seine Bindung zur Partei sei zu stark gewesen, hieß es. Das war nicht zu widerlegen. Er glaubte noch immer, dass der Sozialismus das bessere System war. Er wünschte sich Reformen in der DDR. Die Wiedervereinigung wollte er nicht. Man sehe ja, so seine Worte, dass der Kapitalismus keine Zukunft habe.

Und nun kam auch noch ich mit dieser traurigen Botschaft daher. Ich hatte es nicht geschafft, seinen Traum zu verwirklichen. Ich würde nicht den gleichen Weg einschlagen wie er. Sein Sohn, ein Versager. Etwa so muss er es empfunden haben. Anders konnte ich mir seine Reaktion nicht erklären. Er kritisierte mich nicht. Er versuchte auch nicht, mich umzustimmen. Er sagte gar nichts. Und das war schlimmer als alles andere. Denn sein Schweigen galt nicht für den Moment, als ich es ihm sagte, oder für diesen einen Tag. Als hätte er sich ein Gelübde auferlegt, sprach er beim nächsten Besuch wieder nicht mit mir. Und beim übernächsten. Ganze fünf Jahre hielt er das durch. Jedes Mal, wenn ich zu meinen Eltern fuhr, hoffte ich, meine Strafe nun endlich verbüßt zu haben. Doch dann sagte er wieder kaum mehr als »Hallo« und »Auf Wiedersehen«.

Dass er es über eine so lange Zeit durchzog, tat weh. Dabei hätte ich mir seine Reaktion vorher ausrechnen können. Die Beziehung zu meinem Vater war immer von Sachlichkeit bestimmt. Umarmungen gab es nicht, auch kein Kuscheln, als ich noch kleiner war. Ich empfand es stets so, dass ich ihm die größte Freude bereitete, wenn ich meine Aufgaben erfüllte, in der Schule, beim Sport. Wenn ich ein folgsamer, guter Sohn war. Aber auch das verführte ihn nie dazu, mir mit überschwänglichen Emotionen zu begegnen. Selbst nach dem Olympiasieg fiel sein Glückwunsch fast förmlich aus. »Gratuliere«, sagte er, »gut gemacht, aber die Hürden bin ich früher schneller gelaufen als du.«

Als hätte ich ein Jahresabo für schlechte Nachrichten abgeschlossen, braute sich an einer anderen Front noch größeres Ungemach zusammen: Die Medien stürzten sich auf das Thema Doping. Zu DDR-Zeiten galt alles, was damit im Zusammenhang stand, als Staatsgeheimnis. Doping existierte offiziell nicht in unserem Land. Mehr noch: Doping galt als Ausgeburt des Kapitalismus. Wir dagegen waren die guten, die ehrlichen Sportler. Wenn ich mich recht erinnere, wurde bis zur Wiedervereinigung nur einmal einer unserer Spitzensportler des Dopings überführt.

Doch nun kam die Wahrheit ans Licht. Und auch ich sollte mich ihr stellen. Journalisten meldeten sich mit unangenehmen Fragen. Von uns Sportlern fand kaum jemand den Mut, sich selbst des Dopings zu bezichtigen. Ich bildete da keine Ausnahme. Anfangs bestritt ich, jemals verbotene Mittel eingenommen zu haben. Dann legte ich mir die juristisch etwas weichere Antwort zurecht, ich hätte nie wissentlich gedopt. Beides war gelogen. Ich habe gedopt, und ich wusste, dass ich dope. Letzteres vielleicht nicht von Anfang an, doch lange hatte es nicht gedauert, bis ich begriff, dass es Mittel waren, über die man besser nicht sprach.

In meiner Erinnerung begann es nach der Junioren-Europameisterschaft 1983, wo ich Silber gewann. Eines Tages gab mir mein Trainer ein kleines Päckchen, das in Alufolie eingewickelt war. Er sagte, das sei ein Präparat, das den Muskelaufbau fördere. Dazu erteilte er mir die Anweisung, wie viele Tabletten ich täglich nehmen sollte und über welchen Zeitraum.

Daran, dass er mich über etwaige Nebenwirkungen oder irgendwelche Gefahren aufklärte, an dem Tag oder später, erinnere ich mich nicht. Ich fühlte mich aber auch nicht veranlasst, Fragen zu stellen. Wenn er mir das gab, ging ich davon aus, dass es in meinem Sinne war. Wieder das Thema Hörigkeit. Kein Gedanke, etwas kritisch zu hinterfragen, nur Vertrauen, blindes Vertrauen. Und es kam noch etwas hinzu, worüber ich heute selbst den Kopf schüttle: Ich war stolz, dass ich nun zu den Auserwählten gehörte. Vor gar nicht langer Zeit hatte meine Zukunft an der KJS noch auf der Kippe gestanden. Doch ich hatte bewiesen, dass es kein Fehler war, auf mich zu setzen. Und nun hatte ich die nächste Stufe erklommen.

Bei dem Präparat handelte es sich um das berühmt-berüchtigte Oral-Turinabol vom VEB Jenapharm: blaue Tabletten, zehn in einem Streifen, zwanzig pro Packung. Bei der Dosierung bin ich mir nicht mehr sicher. Ich glaube, anfangs bekam ich Tabletten mit fünf Milligramm des Wirkstoffs, später mit zehn. Einnehmen sollte ich sie in Phasen höchster Trainingsbelastung, also hauptsächlich während der Trainingslager, für einen Zeitraum von drei bis fünf Wochen. Was ich auch tat, folgsam, wie ich war.

Ob die anderen das Gleiche bekamen, was heute als ziemlich sicher gilt, und in welcher Dosierung, wusste ich nicht. Untereinander sprachen wir nie darüber. Mir war nur klar, dass man, sobald man wie ich als A-Kader eingestuft wurde, was Nationalmannschaft bedeutete, sogenannte unterstützende Mittel erhielt, die helfen sollten, die enorme Trainingsbelastung zu meistern und seine Leistungen zu steigern.

Nebenwirkungen stellte ich keine fest. Zumindest dachte ich das. Denn ich brachte das eine nicht mit dem anderen zusammen. In Wirklichkeit führte Oral-Turinabol unter anderem zu verstärkten Wassereinlagerungen, durch die man sich steif wie ein Holzklotz fühlte. Deswegen wurde es nur eingesetzt, jedenfalls bei mir, wenn ich Kraft und Ausdauer trainierte, wie in Belmeken die Grundlagen schuf. Maximalkrafttraining, Sprungkrafttraining, solche Sachen. Dagegen nicht in Trainingsphasen, in denen es vorrangig um die Optimierung koordinativer Fähigkeiten ging, die beispielsweise beim Hürdenlauf oder beim Stabhochsprung wichtig waren.

In Belmeken erlebte ich es, dass zu den Mahlzeiten auf den Tellern der Athleten die verschiedensten Pillen ausgeschüttet wurden. Wir nannten sie Smarties. Was genau wir da schluckten, weiß ich nicht. Angeblich waren es Vitamine und Mineralien. In rauen Mengen verteilt wurde während solcher Intensivtrainingsphasen auch ein Eiweißpräparat namens Obelac. Das kriegten wir in Form von Pralinen oder als Pulver. Nicht zu vergessen die silbergrauen Alutütchen, auf denen Dynvital stand. Vom VEB Ankerwerk Rudolstadt. Damit wurden wir regelmäßig versorgt, nicht nur in Trainingslagern. Gesagt wurde, dass es ein Multivitaminpräparat sei. Inzwischen habe ich gelesen, dass dem Pulver mitunter anabole Steroide beigemischt wurden, sogar welche, die sich erst im Erforschungsstadium befanden. Bei uns kann das nicht so gewesen sein, da wir Dynvital durchgehend nahmen und dann sicher bei einer Kontrolle aufgeflogen wären.

Ansonsten erinnere ich mich noch an eine spezielle Behandlung bei einem der Sportärzte von Empor. Dabei wurde mir eine bestimmte Menge Blut abgenommen – ich glaube, es waren zweihundert Milliliter – und nach UV-Bestrahlung und Beigabe eines Vitamincocktails wieder injiziert. Angeblich um Infektionen vorzubeugen. Demnach sollte das bestrahlte Blut im Körper wie ein Code wirken, der dazu führte, dass etwaig vorhandenen Krankheitserregern der Garaus gemacht wurde. So ungefähr erklärte der Arzt mir das.

An der Stelle kann ich nun sagen, warum ich es vermeide, den Namen meines Trainers zu nennen. Er war es, der mir das Oral-Turinabol gab. Ich weiß, dass er nur ein Rädchen im Getriebe war, so wie ich auch. Er dachte sich das System nicht aus, entschied nicht, wer etwas bekam und welche Dosen derjenige schlucken musste. Das bestimmten andere, die einige Etagen über ihm saßen, in den zuständigen Gremien der Regierung, bei der Stasi, beim Sportmedizinischen Dienst, beim Deutschen Turn- und Sportbund, beim Leichtathletikverband und wer weiß wo noch. Wie die Mechanismen genau funktionierten, wodurch das Ganze überhaupt anfing und welches Ausmaß es annahm, all das ist inzwischen in verschiedenen Publikationen nachzulesen.

Aber es ging um meinen Trainer. Trotz unseres Zerwürfnisses am Ende habe ich ihm viel zu verdanken. Natürlich wiegt es schwer, dass er sich beim Doping zum Handlanger machte. Er hätte mich aufklären und vor möglichen Folgen warnen können. Aber so liefen die Dinge damals nicht. Um ihn zu verurteilen, müsste ich wissen, wie viel er wusste. Ob er zum Beispiel billigend in Kauf nahm, dass ich oder andere Sportler, die er betreute, gesundheitliche Schäden davontrugen. Falls dem so war, müsste ich meinen Standpunkt überdenken. Was ich jedoch selbst dann nicht tun würde: ihn bloßstellen.

Nach der Wende wurde gegen einige Leichtathletik-Trainer von Empor in Sachen Doping ermittelt, wegen Körperverletzung. Soweit ich weiß, führte das in keinem Fall zu strafrechtlichen Konsequenzen. Ob mein Trainer von diesen Ermittlungen betroffen war, entzieht sich meiner Kenntnis. Inzwischen sind die Vorwürfe verjährt. Ich glaube, dass er mit dem Thema ähnlich blauäugig umging wie ich. Lieber verkniff ich mir Fragen, als Gefahr zu laufen, mit unangenehmen Wahrheiten konfrontiert zu werden. Es wird schon alles seine Richtigkeit haben. Ich bin nicht einmal sicher, ob ich mir überhaupt Gedanken machte. Das ist im Nachhinein schwer zu glauben, das verstehe ich. Für mich selbst ja auch.

Bevor wir an einem Wettkampf im Ausland teilnahmen, wurden wir beim Sportmedizinischen Dienst in Kienbaum untersucht, inklusive Blutabnahme. Damit sollte sichergestellt werden, dass kein Athlet ausreiste, dem die Einnahme verbotener Substanzen nachgewiesen werden könnte. Ich erlebte es nie, dass einer nach diesem Test nicht starten durfte. Gleichwohl soll es solche Fälle gegeben haben. Doch selbst bei diesen Untersuchungen war Doping kein Gesprächsthema. Weder klärten uns die Ärzte über mögliche Risiken auf, noch unterhielten wir Sportler uns darüber. Wie ein großes Schweigekartell.

Das setzte sich sogar im Privaten fort. Heute muss man sagen: auf absurde Weise. Helke erzählte kürzlich, dass sie, nachdem wir uns entschieden hatten, ein Kind zu bekommen, unseren Sportarzt bei Empor aufsuchte. Sie wollte von ihm wissen, welcher Zeitpunkt für eine Schwangerschaft geeignet sei. Die Frage zielte nicht auf ihren Eisprung, sondern auf den Zustand meines Spermas – wann das seiner Meinung nach unbelastet von Medikamenten sein würde. Der Arzt druckste etwas herum, bevor er ihr eine Antwort gab. Ich hörte diese Geschichte zum ersten Mal. Nicht einmal mit Helke hatte ich über die blauen Tabletten oder eins der anderen Mittel gesprochen.

Ich nahm das Zeug freiwillig. Und doch steckte auf subtile

Weise Zwang dahinter. Entweder du machst mit, oder du bist raus. Das musste nicht einmal ausgesprochen werden. Diese Botschaft übertrug sich von allein. Wie ich das im Kopf auf die Reihe kriegte, kann ich nur vermuten. Wahrscheinlich durch Verdrängen. Indem ich verdrängte, löschte ich Fragen aus, bevor sie überhaupt entstanden. Und in gleicher Weise Zweifel. Man müsste einen Psychologen dazu befragen. Ich fürchte, neben dem Verdrängen liefe es wieder auf Hörigkeit hinaus. Die Unterwerfung des eigenen Willens, in meinem Fall freiwillig, sozusagen von klein auf anerzogen.

Der Vorwurf, gedopt zu haben, haftete mir nach der Wende an wie allen DDR-Leistungssportlern. Es war unerheblich, ob jemand die Wahrheit sagte oder nicht. Wir standen unter Generalverdacht. Was nicht so ungerecht war, wie es am Anfang schien. Las ich damals, wenn etwas über die Dopingpraktiken in der DDR aufgedeckt wurde? Nicht alles, einiges schon. Wollte ich es wahrhaben? Nein. Ich wollte und ich konnte mir nicht vorstellen, dass wir in diesem Maße missbraucht wurden, dass in diesem System der Mensch nichts zählte. Dass sie Maschinen aus uns machten, psychisch und physisch willige Werkzeuge einer Ideologie.

Wenn ich ehrlich bin, bereitet es mir noch immer Bauchschmerzen, es so zu sehen. Des Öfteren ertappe ich mich dabei, das Thema zu betrachten, als würde es mich nicht betreffen, als hätte es zwei verschiedene Arten des staatlich verordneten Dopings gegeben. Eine Art, die ich erlebte, die – vermeintlich – ohne Folgen blieb. Und eine andere, die bei vielen, bei Hunderten, zu schlimmen gesundheitlichen Schäden oder gar zum Tod führte.

Vergangenen Herbst las ich einen Artikel über eine Ärztetagung in Schwerin. Dort stellten Mediziner die Ergebnisse einer neuen Studie über Folgen des DDR-Dopings vor. Demnach bestünde bei Dopingopfern ein deutlich höheres Risiko, an Krebs, Herz-Kreislauf-Störungen und Depressionen zu erkranken. Das las ich mit großem Unbehagen. Eine Aussage jedoch machte mich wütend. In dem Text stand, die Lebenserwartung der Betroffenen würde sich um zwölf bis fünfzehn Jahre verringern. Wie konnten sie so etwas in die Welt hinausposaunen? Dann hätte ich schlimmstenfalls nur noch zwölf Jahre. Woher wollten die das wissen?

Da mich diese Behauptung am folgenden Tag immer noch aufregte, rief ich Ines Geipel an. Sie leitet die Doping-Opfer-Hilfe. Durch ihre Initiative kam die Studie zustande. Das Gespräch dauerte ungefähr eine Dreiviertelstunde. Mit jedem Satz, den sie sagte, und mit jeder Minute, die verstrich, wurde ich stiller. War ich tatsächlich so blind gewesen? Hatte ich meine Augen vor der Wahrheit verschlossen, über so viele Jahre? Man braucht sich nur die Homepage des Vereins anzuschauen. All die Fälle, die dort aufgeführt sind – es verschlägt einem die Sprache.

Einige Tage darauf telefonierte ich noch einmal mit ihr. Nachdem ich das Thema so lange so hartnäckig verdrängt hatte, ließ es mir keine Ruhe. Eine konkrete Frage hatte ich diesmal nicht. Es war wohl eher so, dass ich im Stillen hoffte, sie würde einige ihrer Aussagen relativieren, vor allem die zur verminderten Lebenserwartung.

Ich sagte ihr, dass mich unser Gespräch sehr aufgewühlt hätte, mir seitdem vieles durch den Kopf ginge. Und dass sie mir die Augen geöffnet habe. Irgendwann meinte ich, fast ein bisschen flachsig: »Da hatte ich ja richtig Glück.«

Darauf antwortete sie, ihre Stimme klang ernst: »Nach dem, was Sie mir beim letzten Mal schilderten, sehe ich das nicht so.«

Ich hatte ihr von meiner Krankheit erzählt.

Neun

Als ich am nächsten Tag erwache, ist die Angst sofort wieder da. Ein Blick aus dem Fenster. Unten auf der Straße herrscht jetzt der übliche Trubel, doch das beruhigt mich nicht. Dieser Typ da, starrt er nicht hier hoch? Und warum hält das Auto vor der Tür? Jede Bewegung, jede Gestalt erscheint mir verdächtig. Alle haben es auf mich abgesehen.

Aber heute muss ich die Wohnung verlassen. Ich muss Aaron von der Schule abholen, der Zweiwochenrhythmus, so ist es ausgemacht. Ich kann ihn unmöglich im Stich lassen.

Ich warte, dass die Zeit vergeht. Dann laufe ich los. U-Bahnhof Wittenbergplatz. Ich steuere die Eingangshalle an. Auf dem Platz davor stehen zwei Polizeifahrzeuge, ein Van und ein Kombi. Das sollte mich nicht beunruhigen. Ein gewohntes Bild, gefühlt steht da immer Polizei. Aber heute glaube ich – was heißt, ich glaube: ich bin mir sicher –, dass die Polizisten wegen mir dort stehen. Es kann keinen anderen Grund geben, weil sowieso alles mit mir zu tun hat.

Am liebsten würde ich umkehren, laufe aber weiter, darauf gefasst, dass sie jeden Moment auf mich zugestürmt kommen, mich zu Boden reißen und mir Handschellen anlegen. Vor all den Leuten, die hier unterwegs sind. Hoffentlich erkennt mich niemand.

Worauf warten die noch? Ich ziehe den Hals ein, marschiere weiter, als wäre nichts. Behalte die Jungs im Augenwinkel, tue aber so, als würde ich sie nicht bemerken.

Jetzt bloß nicht auffallen, auf die Schritte achten, nicht schneller werden!

Erst als ich die Treppenstufen nach unten erreiche, merke

ich, dass ich die ganze Zeit die Luft angehalten habe. Hinter mir keine Uniform.

Was für ein Spiel treiben die? Jetzt haben sie auch noch Zivile auf mich angesetzt. Auf dem Bahnsteig wimmelt es nur so von ihnen.

Kaum dass die Bahn losgefahren ist, taucht eine Frau in schäbiger Kleidung vor mir auf. Ruckartig streckt sie mir einen schmutzigen Pappbecher entgegen wie eine Pistole. Ich zucke zusammen. Sie nuschelt ein paar Worte, die harmlos klingen, ich verstehe nichts.

Ruhig bleiben, denke ich und zwinge mir ein Lächeln ins Gesicht.

Dann wird mir mit einem Schlag klar, was diese Aktion soll: Die Frau ist verkleidet, eine verkappte Polizistin. Sonst wäre sie wohl kaum direkt zu mir gekommen. Ich habe es durchschaut, sie wollen mich testen.

Noch während ich das denke, ziehe ich einen Fünfeuroschein aus dem Portemonnaie. So viel würde ich normalerweise nicht geben. Aber ich muss denen beweisen, dass ich ein guter Mensch bin. Vielleicht verhaften sie mich dann doch nicht.

Die Frau bedankt sich, dreht sich weg, nimmt meinen Nachbarn ins Visier.

Nichts passiert.

Ich atme auf, anscheinend habe ich die Prüfung bestanden …

Ein Traum platzt

Die deutsche Wiedervereinigung fand an der dalmatinischen Adriaküste statt. Spontan verknoteten wir die schwarz-rot-goldenen Flaggen miteinander, die mit Hammer, Sichel und Ährenkranz und die ohne – schon war es vollbracht. Wir eilten der Zeit voraus. Es war der 1. September 1990. Im Puljud-Stadion von Split lief die Abschlussveranstaltung der Leichtathletik-Europameisterschaft. Zur Eröffnungsfeier eine knappe Woche zuvor waren die beiden deutschen Mannschaften noch getrennt einmarschiert. Nun vereinten wir uns hinter den beiden Fahnenträgern zu einer großen Gemeinschaft. Gabriele Lippe, die Sprinterin aus dem Westen, und Ulf Timmermann, der Kugelstoßer aus dem Osten, führten es uns vor. Sie liefen Arm in Arm wie ein Pärchen, während jeder mit der anderen Hand die Fahne seines Landes schwenkte.

So einträchtig, wie es an dem Abend wirkte, waren wir vorher nicht miteinander umgegangen. Obwohl wir im selben Hotel wohnten, einander täglich über den Weg liefen, hielten wir die gewohnte Distanz. Unsere Delegationsleitung wollte das so, und die Trainer achteten darauf, dass wir uns daran hielten. Es steckte wohl bei allen noch so in den Köpfen. Doch auch die Westdeutschen ließen keinen übertriebenen Verbrüderungswillen erkennen, machten ihrerseits einen Bogen um uns.

Die Situation war kompliziert. Im Hintergrund schmiedeten die beiden Leichtathletikverbände ihren Zusammenschluss. Funktionäre schacherten um Posten und Einfluss. Und darum, welche Trainer übernommen würden. Und wer von den Sportlern ins gesamtdeutsche Team kommen sollte.

Unsere Mannschaft hatte bei den Wettkämpfen in Split, ihrem letzten Auftritt unter DDR-Flagge, eine eindrucksvolle Visitenkarte hinterlassen: vierunddreißig Medaillen, davon zwölf goldene, Platz eins in der Länderwertung, und das mit deutlichem Abstand vor Großbritannien und der Sowjetunion. Ich trug mit einer Bronzemedaille meinen bescheidenen Anteil bei. Unsere künftigen Landsleute hingegen waren knapp an einer Katastrophe vorbeigeschrammt: Lediglich sieben Medaillen standen auf ihrem Konto. Verständlich, dass manche der bundesdeutschen Starter ihre Felle davonschwimmen sahen. Wir Sportler würden keine Klassenfeinde mehr sein, Konkurrenten jedoch blieben wir. Von den Entscheidungen, die in diesen Tagen getroffen wurden, hingen Schicksale ab.

Dann kam jemandem die Idee, eine gemeinsame Schiffstour zur organisieren. Einer der damaligen Verbandssponsoren charterte einen Dreimaster. Damit schipperten wir hinaus auf die Adria. Am Anfang eine Stimmung, als fürchtete die eine Mannschaft, die andere wolle sie auf dem offenen Meer versenken. Längs übers Deck schien eine Grenze zu verlaufen wie vor der Wende die Mauer in Berlin. Wir hielten uns streng steuerbord, die anderen backbord.

Was dann geschah, hätte sich ein Drehbuchautor nicht besser ausdenken können.

Je weiter wir hinausfuhren, desto stärker wurde der Wind. Es war nicht stürmisch, aber die Segeltücher waren gut gespannt. Das Schiff pflügte durch die Wellen, bewegte sich auf und ab. Bis eine Welle kam, die es seitlich erwischte. Vielleicht hatte der Steuermann etwas nachgeholfen. Es gab jedenfalls einen Ruck, unverhofft, sodass beide Mannschaften durcheinandergewirbelt wurden. Erst Geschrei, dann Gelächter, damit war das Eis gebrochen. Bald sprang der

Erste zum Baden ins Wasser, dann andere. Es wurde noch richtig lustig.

Die Politik folgte unserem Beispiel einen Monat später. Volkskammer und Bundestag segneten in der Zwischenzeit den Einigungsvertrag ab. Am 3. Oktober dann die offizielle Zeremonie der Wiedervereinigung. Aber damit fingen die Probleme erst an, im Großen wie im Kleinen.

Ich versuchte meine zu lösen, indem ich Rostock verließ. Ohne Trainer in einem Verein, dessen Zukunft ungewiss schien – was blieb mir übrig? Ich sprach nicht mit Helke darüber, ich entschied es einfach, für uns beide, also für uns drei. Das heißt, ich hatte es sogar schon entschieden, in Split. Dort hatte ich mit den Trainern von Siggi Wentz, der seinen letzten internationalen Wettkampf bestritt, gesprochen.

Mein wievielter Umzug war das eigentlich? Und was macht es mit einem, ständig die Orte zu wechseln, nie sesshaft zu werden? Wer glaubt, dass ich darüber nachgedacht hätte, der irrt. Solche Fragen kommen mir jetzt, im Rückblick. Weil bei allem der Gedanke an die Krankheit mitschwingt. Manche Ereignisse seziere ich wie unter einem Brennglas. In der Hoffnung, einen versteckten Hinweis zu finden. Könnte das eine Ursache gewesen sein? Fing es damit an? Aber das ist das Verflixte: Die Krankheit lässt sich nicht verorten wie eine Grippe, die man sich irgendwo einfängt. Genauso wenig ihre Ursache. Nach dem, was man weiß, kann sie von Anfang an in einem drinstecken, gewissermaßen wie ein Samenkorn. So jedenfalls lautet eine Theorie. Dann wieder sage ich mir: Was bringt es, in der Vergangenheit zu wühlen? Ich sollte mich auf die Gegenwart konzentrieren, die zu meistern ist Aufgabe genug. Den Gedanken werde ich dennoch nicht los. Irgendwann blitzt er wieder auf. Und ich stelle mir wieder die gleichen Fragen.

Damals stellte ich mir nicht dauernd irgendwelche Fragen. Damals marschierte ich einfach drauflos. Trotzdem war es natürlich kein gewöhnlicher Umzug. Ich setzte meinen Fuß in ein fremdes Land. Das nun auch mein Land sein sollte, aber danach fühlte es sich nicht an.

Fürs Erste hatten wir drei Monate Probetraining vereinbart.

Ich brach also nach Mainz auf, allein, im Zug, mit zwei Koffern. In Köln ein Zwischenstopp, um mein erstes Westauto in Empfang zu nehmen. Der Sponsor des Verbandes spendierte einen Diesel, fünfundsiebzig PS. Ich machte es mir auf dem Sitz bequem, kuppelte den ersten Gang ein, trat aufs Gas – und dachte: Wann fährt der endlich los? Er rollte vorwärts, das schon, jedoch so gemächlich, dass ich fast vermutete, nicht der Motor würde der Antrieb sein, sondern jemand, der von hinten schob. Dagegen startete mein Lada wie eine Rakete.

Die nächste Herausforderung folgte, kaum dass der Wagen etwas in Schwung kam. Ich musste auf die andere Rheinseite, unternahm etwa zehn Anläufe, fand aber nie den Weg zu einer der Brücken. Man hätte das Navi viel früher erfinden sollen. Irgendwann gelang es mir doch, drei Stunden später erreichte ich das Ziel.

Holger und Joachim, der Trainer und der Medien-Fachmann, quartierten mich in ihrer WG ein, die sie mit Holgers Lebensgefährtin Jutta teilten. Der Begriff WG war mir neu. Dann hatten Helke und ich mit Opa Arnold also in einer WG gelebt. Und noch etwas war anders: Ich nannte meine neuen Trainer – zu Holger kam Axel hinzu – bei ihren Vornamen, sie mich bei meinem, wir duzten uns. Nicht Autorität bildete die Basis unserer Zusammenarbeit, sondern Partnerschaft. Uns einte das gleiche Ziel, wir zogen an einem Strang.

Doch zunächst einmal mussten wir uns kennenlernen. Nirgends konnte das besser funktionieren als in der WG.

Abend für Abend hockten wir beieinander, sie erzählten aus ihrem Leben, ich aus meinem. Ich begriff, dass man Geschichte aus verschiedenen Blickwinkeln betrachten konnte. Begierig saugte ich alles auf, hörte von der RAF, kaufte mir ein Buch über Rudi Dutschke, plapperte nicht mehr wie an der KJS nach, was mir andere erzählten, sondern suchte mir einen eigenen Standpunkt. Ich schien erwachsen zu werden. Alles war anders, vieles war neu, die Zeit hätte aufregender kaum sein können.

Ich kehrte noch einmal nach Rostock zurück, nach der Probetrainingszeit, aber nur um Helke und Arvid zu holen. Zu dritt zogen wir nach Ingelheim, eine kleine Stadt am Rhein. Das Gelände des USC Mainz, für den ich nun startete, war gerade einmal fünfzehn Kilometer entfernt. Und doch schien es, als lebten die beiden in einer Welt und ich in einer anderen. Ich hatte sie in einen Ort verfrachtet, wo sie niemanden kannten. Da wir für Arvid keinen Krippenplatz fanden, konnte Helke nicht arbeiten. Sie versuchte, das Beste aus der Situation zu machen, aber glücklich schien sie nicht zu sein. Sie weinte viel. Und ich sah ihre Tränen nicht – weil ich sie nicht sehen wollte.

Mein Blick ging immer nur in eine Richtung: Sport, Sport, Sport. Etwas anderes existierte in meinem Universum nicht. Ich trug die Verantwortung für die Familie, also musste ich Erfolg haben bei dem, was ich tat. Ich musste Profisportler sein, Geld verdienen. Also trainierte ich. Oder ich flog in der Weltgeschichte herum. Hier ein Trainingslager, dort ein Trainingslager. Eins in Amerika, eins in Nizza, eins auf Lanzarote. Dazwischen ein Wettkampf, damit ich auf der Bühne blieb, mich qualifizierte für den nächsten Höhepunkt, der anstand. Und natürlich auch, um für den USC die Tradition solcher Zehnkämpfer wie Werner von Moltke, Guido Kratschmer und Siggi Wentz fortzuführen, die alle hervorragend waren.

Ich hätte das Team gewechselt, sagte Helke später einmal. Nicht wir zwei seien ein Team gewesen, wie es in Rostock war, sondern Holger, Axel und ich. Damit hatte sie recht. Die Trainer waren meine Gesprächspartner, mit ihnen verbrachte ich fast die gesamte Zeit, bei ihnen holte ich mir Rat. Helke und Arvid sahen mich kaum noch. Und in den wenigen Stunden, die wir gemeinsam hatten, waren meine Gedanken doch nur wieder beim Sport.

Vielleicht kann man sich aber auch in meine Lage hineinversetzen. Ich spürte einen ungeheuren Druck. Ich wollte, ich musste es dem Westen beweisen. Mein Rostocker Trainer hockte auf den Trainingsplänen, die mich zum Olympiasieg geführt hatten, wie auf einem Schatz. Keinen einzigen rückte er heraus. Notgedrungen mussten wir aus meiner Erinnerung neue Pläne zusammenschustern.

Und dann waren da die Dopingvorwürfe, die unaufhörlich weiterschwelten. Auch im Westen wurde gedopt, das bestritt schon damals niemand, und inzwischen ist es erwiesen. Doch stigmatisiert wurden – und werden – vor allem die Athleten aus der DDR. Damit will ich nichts rechtfertigen oder schönreden, nur verdeutlichen, welche Last ich mit mir herumschleppte.

Umso wichtiger war mir, das Thema offensiv anzugehen. Ich setzte mich für regelmäßige Kontrollen ein, auch in den Trainingsphasen. Innerhalb des Zehnkampf-Teams führten wir einen Doping- und Medikamentenpass ein. Ein ehemaliger Polizeikommissar tauchte unangemeldet auf und forderte Urinproben ein. Das war belastend, aber notwendig, denn wir wollten beweisen, dass Medaillen bei Olympischen Spielen und Weltmeisterschaften auch sauber zu erringen waren.

Was den Druck nur weiter erhöhte. In Zukunft würde ich ausschließlich an Medaillen gemessen werden. Ein Ergebnis schlechter als Platz drei zählte nicht mehr. Hinzu kam der

Faktor Zeit. Wir hatten gerade so richtig mit dem Training losgelegt, schon standen Qualifizierungswettkämpfe für die Weltmeisterschaft an. Zum ersten Mal fürs wiedervereinte Deutschland starten, das wollte ich um keinen Preis verpassen. Strampeln, strampeln, immer weiter … Willkommen im Hamsterrad.

Was für ein Tag dann der 30. August 1991! Das Olympiastadion in Tokio. Die Weltmeisterschaft. Abends gegen zehn. Kaum erträgliche Schwüle. Die letzten Schritte beim Tausendfünfhundert-Meter-Lauf. Ich mit dem Bundesadler auf der Brust. Das Überqueren der Ziellinie, total erschöpft und mit einer Handbewegung, die mich selbst überraschte: Ich bekreuzigte mich. Meine Mutter muss am Fernseher vor Schreck Stilaugen bekommen haben. Als wir einige Tage danach telefonierten, wollte sie wissen, welcher Sekte ich neuerdings angehörte. Mir ist bis heute nicht klar, wieso ich das gemacht habe.

Dann der Blick zur Ergebnistafel. Die Gesamtwertung: Platz drei, also eine Medaille. Bronze! Die Erleichterung in dem Moment – es ist, als könnte ich sie jetzt noch spüren. Sechzehn Punkte weniger und ich wäre ohne Medaille nach Hause gefahren. Bei den Trainern eine ähnliche Gefühlswallung, auch sie waren zum Erfolg verdammt. Hinterher eine Party, von uns fiel jede Last ab, wir flippten völlig aus.

Und da wir einmal so ausgelassen waren, buchten wir kurzerhand einen Urlaub, erst Bangkok, dann Hongkong. Lag beides ja gleich um die Ecke. »Ich komme zehn Tage später«, informierte ich Helke am Telefon und hielt es für selbstverständlich, dass sie nichts einzuwenden hatte, sich stattdessen für mich freute. Egoismus in Reinkultur. Das kam dabei heraus, wenn man von Kindesbeinen an zum Hochleistungssportler gezüchtet wurde.

Nach dem Wettkampf war vor dem Wettkampf. Ab sofort richteten wir alles auf die nächsten Olympischen Spiele aus:

Barcelona 1992. Dort noch einmal eine Medaille, und ich wäre unsterblich. Ungefähr das war der Gedanke, mit dem ich mich motivierte.

Und dann legten wir los, optimierten das Training, die ärztliche Betreuung, die physiotherapeutische auch. Wir kooperierten mit einem Ernährungsinstitut, da mit richtiger Ernährung fünf Prozent zusätzliche Leistungssteigerung herauszuholen waren. Um meine Hürdenläuferqualitäten zu verbessern, buchten wir einen Spezialtrainer. Alle vierzehn Tage flog ich zu ihm nach Berlin, immer von Freitag bis Sonntag. Die Zeit dort nutzte ich auch gleich, um einige Trainingseinheiten Stabhochsprung mit Sergej Bubka zu absolvieren. Von den Besten lernen, heißt siegen lernen – das hatte ich nicht vergessen.

Ich war in blendender Verfassung. Noch besser wurde sie, als wir – Axel, Holger und ich – zum Trainingslager nach Santa Barbara aufbrachen. Wir quartierten uns im *Eagle Inn* ein, zwei oder drei Blocks vom Meer entfernt. Jeden Morgen beim Laufen begleiteten mich im Wasser Delfine. Der Blick aufs offene Meer und die parallel schwimmenden Tiere – das hatte etwas Magisches.

Fürs Training nutzten wir meist die Sportanlage des City Colleges, das oberhalb des Hafens liegt. Oder die Treppen hinunter zum Wasser. Wir machten unzählige Treppenläufe. Wir trainierten überhaupt viel, und wir trainierten hart. Vor allem Kraft und Ausdauer. Den ganzen Tag machte ich nichts anderes. Irgendwie fühlte sich alles leichter an. Und das spiegelte sich in den Trainingsergebnissen wider. Ich staunte selbst, wie schnell ich auf einmal war. Das milde Klima, die Sonne, die kalifornische Lässigkeit, die anderen Sportler auf dem Trainingsgelände – ich konnten mir keinen besseren Platz vorstellen, um mich auf große Aufgaben vorzubereiten.

Mit dem jährlichen Mehrkampf-Meeting in Götzis bot

sich die erste Gelegenheit, das Ticket für die Olympiateilnahme zu lösen. Nach den intensiven, aber höchst motivierenden Wochen in Santa Barbara wähnte ich mich in der Form meines Lebens. Zuversichtlich peilte ich achttausendsechshundert Punkte an. Deutlich mehr, als ich für die Quali brauchte.

Alles lief nach Plan. Ich befand mich praktisch schon auf der Zielgeraden. Nur noch die letzten zwei Disziplinen waren zu bewältigen. Ich musste keine Rekorde mehr brechen. Es genügte, wenn ich den Wettkampf solide zu Ende brachte.

Ein winzig kleines Stück Knochen, nicht größer als fünf Millimeter, veränderte alles – an dem Tag und für immer. Ohne dass mir diese Dimension in der Situation bewusst gewesen wäre. Und das war vielleicht noch das Beste daran.

Irgendwann, vermutlich im Herbst zuvor, war das Knochenteilchen von meinem rechten Ellenbogen abgesplittert. Die Folge eines Abnutzungsprozesses, auch das eine Vermutung. Seitdem irrlichterte es wie ein führerloses U-Boot durch das Gewebe meines Ellenbogengelenks, blieb mal hier, mal dort, bewegte sich weiter. Bisweilen verursachte es Schmerzen. Dann half ein Physiotherapeut mit Massagen oder Friktionen. Oder ein Arzt, der ein schmerzstillendes Mittel spritzte. Im Training hatten wir die Methode mit der Spritze getestet, um für einen solchen Fall vorbereitet zu sein, wie er jetzt eintrat. Setzte man die Injektion an der richtigen Stelle, wurde ein bestimmter Nerv betäubt, sodass ich das Gelenk schmerzfrei bewegen konnte.

Wie immer war die vorletzte Disziplin das Speerwerfen. Ich brauchte also meinen rechten Arm. Und ich brauchte einen guten Wurf, wobei ein durchschnittlich guter vollkommen genügt hätte.

Ich hätte es einfach versuchen sollen, trotz Schmerzes, wenigstens einen Wurf. Aber vom Konjunktiv konnte man sich noch nie etwas kaufen. Außerdem war ich nun einmal so gestrickt, dass ich immer die Bestleistung anstrebte. Damit steht man sich manchmal selbst im Weg.

Hinterher wusste ich das auch. Aber erst einmal wollte ich herausholen, was herauszuholen war, den bestmöglichen Wurf fabrizieren. Unglücklicherweise war der Arzt, der mich sonst betreute und dem ich blind vertraute, diesmal nicht dabei. Er gab per Telefon zwar genaue Anweisung, wie sein Vertreter vorgehen sollte, doch der vermasselte es. Ob er die Dosis zu hoch wählte oder die falsche Stelle erwischte oder ob beides zusammenkam, kann ich nicht sagen. Nach fünf Minuten konnte ich meine rechte Hand nicht mehr bewegen, alle Finger waren taub.

Da ich ein guter Speerwerfer war, dachte ich, irgendwie wird es trotzdem gehen. Ich legte mir den Speer in die rechte Hand, bog mit der linken die Finger, sodass ich ihn einigermaßen festhalten konnte. Ich lief an, machte alles wie sonst, ließ den rechten Arm nach vorn schnellen, gab den Speer frei … fast im selben Moment Gelächter bei den Zuschauern. Das Gerät flog nicht, es eierte, trudelte und landete beinahe schneller auf dem Boden, als man gucken konnte. Die Weite? Schätzungsweise zehn Meter, auf jeden Fall so kurz, dass nicht einmal gemessen wurde.

Ich taperte wie orientierungslos über den Platz, traute mich nicht zu den Trainern, bemitleidete mich, verfluchte mich und überhaupt alles, dann kam mir eine Idee: Da war ja noch der linke Arm. Mit dem hatte ich zwar noch nie geworfen, aber ich hatte auch noch nie eine taube rechte Hand.

Noch war also nichts verloren. Dachte ich. Vierzig Meter hätten ausgereicht. Die schaffte ich sogar, mit dem linken Arm und fast ohne Anlauf. Gemessen wurde aber wieder nicht. Der Speer landete zu weit links, außerhalb des Sektors. Um es abzukürzen: Beim dritten Wurf versuchte ich, alles richtig zu machen, schickte den Speer so auf die Reise, dass er weiter nach rechts flog. Flog er auch, nur stach er leider erneut außerhalb der Sektorenmarkierung in den Boden, diesmal auf der anderen Seite.

Damit war der Wettkampf für mich beendet. Alles, was danach folgte: pure Verzweiflung – an dem Tag, in den Wochen darauf, beim nächsten Quali-Wettkampf. Ich hatte mir in Götzis zusätzlich eine Verletzung am linken Fuß zugezogen, vorher schon. An einer Stelle war die Haut bis zum Knochen durchgerieben. Lag wohl am Schuh. Mit all dem Adrenalin im Blut hatte ich die Wunde zu spät bemerkt. Sie entzündete sich, ich kam mit Verdacht auf Blutvergiftung ins Krankenhaus. Ein anderer Arzt versuchte, die Wunde mittels Laserbehandlung zu schließen, den Heilungsprozess zu forcieren.

Ich trainierte mit Schlappen, die ich am Fuß festtapte. Zwei Wochen waren es noch bis zum nächsten Wettkampf, als ich es wieder mit Spikes probierte. Es funktionierte, irgendwie. Der Wettkampf kam. Es war die letzte Chance, bei Olympia dabei zu sein. Also trat ich an. In der Bibel steht: »Der Geist ist willig, aber das Fleisch ist schwach.« So in etwa war es dann auch. Am Ende saß ich auf dem Rasen und heulte.

Ein Anruf vom ZDF riss mich aus dem Jammertal. Ich weiß nicht, wie ich sonst mit der vermaledeiten Situation umgegangen wäre. Der Sender buchte mich als Co-Kommentator. Auf diese Weise kam ich doch noch zu den Sommerspielen nach Barcelona. Ein kleiner Trost.

Zum ersten Mal beschäftigte ich mich gedanklich mit der Zeit nach dem Sport. Das Journalistische schien mir eine gute Option zu sein. Falls ich mich ernsthaft mit dem Gedanken trug, empfahl mir einer der Chefs, solle ich Publizistik studieren. Da ich für Ratschläge immer empfänglich war, wurde ich wieder Student. Um parallel den Bezug zur Praxis zu haben, arbeitete ich freiberuflich für die Sportredaktion.

Mit dem Sport machte ich trotzdem weiter. So gut es ging.

Anfangs ging es gar nicht gut, dann wurde es besser, aber nie, wie es vorher war. Kaum eine Trainingseinheit, die ich ohne Schmerzen absolvierte. Die Folgen des jahrelangen Drills, jetzt machten sie sich bemerkbar. Ich biss die Zähne zusammen, versuchte, wie gewohnt an meine Grenzen zu gehen und darüber hinaus. In der DDR wurden wir gepeitscht, so hart zu trainieren, dass wir den Gegner auch dann schlagen konnten, wenn wir nicht in Bestform waren. We try harder, das war die Devise, sie steckte nach wie vor in meinem Kopf.

Mit der Weltmeisterschaft in Stuttgart 1993 hatte ich ein neues Ziel. An meinen Auftritt dort wird sich kaum jemand erinnern. Ich wurde Vierter, mit der besten Punktzahl, die ich jemals erreichte. Doch ohne Medaille verschwindet man schnell aus der Wahrnehmung. Paul Meier erkämpfte Bronze, wurde von den Sechzigtausend im Stadion frenetisch gefeiert. Ein paar Punkte mehr, dann wäre ich der Held gewesen.

Trotzdem weckte meine Bestleistung neuen Ehrgeiz in mir: Atlanta 1996! Warum nicht? Dann würde ich einunddreißig sein. Für Zehnkämpfer ein gutes Alter. Mit diesem Gedanken hangelte ich mich weiter.

Nach Stuttgart legte ich eine Pause ein, um dem Körper Zeit zum Regenerieren zu geben. Mein Arzt und mittlerweile engster Vertrauter, mit dem ich alles besprach, riet mir zum Heilfasten, um einer entzündlichen Ablagerung an der Achillessehne beizukommen. Zehn Tage quälte ich mich mit Salzlösungen zum Abführen und mit Gemüsesäften herum. Mir stellen sich noch heute die Nackenhaare auf, wenn ich an den Geschmack und an das pelzige Gefühl auf der Zunge denke. Aber die gute Nachricht war: Es funktionierte, die Ablagerung war hinterher verschwunden.

Danach begann ich mit leichtem Training, allein, einmal am Tag, nichts Anstrengendes, um die Regeneration voranzutreiben. Ansonsten widmete ich mich dem Studium und der Arbeit fürs Fernsehen.

Elf Tage vor Heiligabend, an das Datum erinnere ich mich, als wäre es gestern gewesen, wollte ich mit intensiverem Training beginnen. Dafür hatte ich mich mit einem der Trainer in der Halle des USC verabredet. Um neun Uhr wollten wir starten. Wie üblich kam ich eine halbe Stunde früher, um mich einzulaufen und mit Gymnastik aufzuwärmen. Außer mir war noch niemand da.

Ungefähr zehn Minuten joggte ich, dann fing ich mit meinem Sprung-ABC an. Die reinste Trainingsroutine. Nichts Kompliziertes. Jede der Übungen hätte ich im Schlaf hinbekommen, so oft hatte ich sie gemacht. Beim Hopserlauf geschah es. Auf einmal fand ich mich auf dem Boden wieder. Genau erklären kann ich es nicht. Irgendwie war plötzlich die Stabilität im Rücken weg. Und jetzt konnte ich meine Beine nicht mehr richtig bewegen.

Ich robbte auf den Unterarmen zu meiner Tasche, fingerte das Handy heraus, rief in der Praxis meines Arztes an. Anne, meine Schwester, arbeitete inzwischen dort. Als die Rettungskräfte einrafen, mich anschauten und daraufhin eine Vakuummatratze aufbliesen, geriet ich in Panik. Die Angst war schlimmer als die Schmerzen. Kann auch sein, dass ich die Schmerzen vor lauter Angst nicht spürte.

Mit Blaulicht ging es in die Praxis des Arztes. Meine Schwester weinte, als sie mich sah. In meinem Schockzustand dachte ich, es scheint wirklich schlimm um mich zu stehen.

Es stellte sich heraus, dass ich offenbar einen Bandscheibenvorfall erlitten hatte. Die Diagnose des Arztes fiel etwas ausführlicher aus. Zum Beispiel erklärte er, dass sich durch das wenige Training meine Muskeln stark zurückgebildet hätten, speziell im Bereich der Lendenwirbelsäule. Das könne, so seine Vermutung, den Vorfall begünstigt haben. Wobei nicht klar war, ob es an dem Tag passiert war oder bereits vorher. Die Auswirkungen betrafen hauptsächlich das linke Bein, in dem spürte ich kaum etwas. Es brauchte zehn Tage, bis das Gefühl wieder da war.

Das Körperliche war die eine Geschichte. Obwohl mein Zustand besser wurde, ich mich bald wieder selbstständig fortbewegen konnte, brauchte ich an Training nicht einmal zu denken. Der Arzt riet mir ab, die Bandscheibe operieren zu lassen. Ich sollte es mithilfe einer Manualtherapie versuchen. Die verlangte vor allem eines: Geduld. Und das ausgerechnet von jemandem, für den Bewegung so elementar war wie Essen und Trinken und dessen Körper seit fünfzehn Jahren an exzessives Training gewöhnt war.

Hätte mich zu der Zeit jemand gefragt, was diese abrupte Bewegungseinschränkung psychisch mit mir machte, ich hätte ihm von Fieberträumen berichtet, in denen ich mich steif wie ein Roboter an Krücken gehen sah. Und von meiner Angst, dass trotz der optimistischen Prognose des Arztes etwas zurückbleiben könnte. Wahrscheinlich hätte ich auch erzählt, dass meine Emotionen Kapriolen schlugen, ich mir an manchen Tagen vorkam, als säße ich in einer Achterbahn. Nur eines wäre mir ganz sicher nicht über die Lippen gekommen: das Wort Depression.

Im Verhältnis zu dem Pensum, das ich vorher absolvierte, selbst in Phasen der Regeneration, bewegte ich mich jetzt kaum noch. Stattdessen spürte ich ständig Verlangen nach Süßigkeiten. Ich kutschte von einer Tankstelle zur nächsten, um mich mit irgendwelchen Riegeln einzudecken. Was ich auch holte, der Vorrat reichte nie lange. So fuhr ich wieder los, kaufte wieder diese Zuckerbomben und verschlang sie. Mit Vernunft hatte das nichts mehr zu tun. Die einzige Erklärung, die ich vorbringen kann: Futterte ich genug von dem Süßkram, stellte sich ein ähnliches Glücksgefühl ein wie nach hartem Training.

Lange dauerte es nicht, dann hatte ich zehn Kilo zugelegt, und bald waren es fünfzehn. Mein Arzt schüttelte verständnislos den Kopf und meinte, ich solle endlich damit aufhören. Da ich mir seine Worte stets zu Herzen nahm, unterdrückte ich die Fressattacken. Und nicht nur das. Ich kaprizierte mich darauf, mein Hungergefühl generell zu ignorieren. Erst reduzierte ich die Mahlzeiten, dann ließ ich eine aus, dann die nächste und so weiter. Ich trank weniger – und damit meine ich keinen Alkohol –, bis es zu wenig war und ich mich eines Tages auf der Pritsche des Arztes wiederfand, in der Armbeuge eine Infusion.

Das muss der Moment gewesen sein, als er kapitulierte. Mit seinen Mitteln, sagte er, könne er mir nicht mehr helfen. Ich solle dringend einen Psychiater aufsuchen. Er organisierte auch gleich einen Termin, nur hingehen musste ich selbst.

Ich erinnere mich vage an meinen Seelenzustand von damals. Ich hatte meine Mitte verloren, so kann man es wohl beschreiben. Von einem Extrem ins andere, der Platz dazwischen, das Normale, schien für mich nicht zu existieren. Bis zu dem Zwischenfall in der Sporthalle war mein Leben ein einziger Trainingsplan gewesen. Den Körper belasten, Pausen einlegen, wieder belasten, ein Ziel definieren, darauf hinarbeiten, einen Wettkampf bestreiten, sich mit anderen messen, bis das Ziel erreicht war. Und danach das Ganze wieder von vorn. All das war mit einem Mal weggebrochen. Die Orientierung war weg, der Halt war weg. Damit auch der eigene Antrieb. Ich war wie eine Schachfigur, bewegte mich nur, wenn man mich irgendwo hinschob.

Der Psychiater stellte mir zwanzig Fragen, von denen ich jede einzelne mit Ja beantwortete. Das war ein klares Ergebnis, aber nicht unbedingt ein gutes. Als er die letzte Frage formulierte, nämlich ob ich Selbstmordgedanken in mir trüge, versagte meine Stimme. Bevor ich eine Silbe herausbekam, brach ich in Tränen aus, ohne dass ich es wollte. Damit war das Ergebnis noch klarer.

Ich sei einer von Millionen, sagte der Psychiater. Das sollte mich vermutlich beruhigen und seiner Diagnose die Wucht nehmen. Meine Antworten ließen ihn zu dem Schluss kommen, dass ich unter einer sogenannten Entlastungsdepression litt.

»Ich bin doch keiner von Millionen«, sagte ich. Wäre ich nicht so niedergeschlagen gewesen, hätte ich eine ordentliche Portion Entrüstung in meine Worte gelegt. So aber werden sie eher verzweifelt und ungläubig geklungen haben. Aber ich war ja wirklich keiner von Millionen. Ich war Olympiasieger. Davon gab es weiß Gott nicht Millionen.

Er lächelte nachsichtig, als würde er meine Gedanken erraten. Dann sagte er mit ernster Stimme: »Sie müssen verstehen lernen, dass Sie eine Krankheit haben, von der sehr viele betroffen sind. Sie mögen etwas Außergewöhnliches geleistet haben, die Krankheit aber ist nicht außergewöhnlich.«

Exakt diese Worte waren es nicht, aber sinngemäß sagte er das. Mein Belastungsregulativ sei durch die körperlichen Einschränkungen zerstört worden. Infolge der Passivität sei ich dann in die Depression gerutscht.

Sein Therapievorschlag hörte sich denkbar einfach an: Er verschrieb mir keine Psychopillen und auch keine weiteren Therapiesitzungen. Ich solle einfach wieder Sport treiben, so gut das möglich sei. Mich auf das besinnen, was ich am besten konnte. Am ersten Tag würde ich vielleicht nur hundert Meter laufen. Am nächsten Tag aber schon hundertzehn. Diese Differenz, so klein sie sein möge, würde mir Zuversicht geben und dazu verhelfen, am übernächsten Tag noch einmal zehn Meter mehr zu schaffen, und an dem darauf wieder. Etwa so erklärte er mir das Prinzip: Raus aus der Untätigkeit. Sich kleine Ziele stecken und die dann erreichen. Positive Selbstwahrnehmung, das sollte der Schlüssel sein. Und genauso machte ich es.

Und es funktionierte. Es funktionierte so gut, dass ich nach einer Weile überschwänglich wurde und anfing, mich an mein altes Trainingspensum heranzutasten. Es war beinahe wie ein Zwang. Der ewige Anspruch, Großes zu erreichen. Davon muss man erst einmal loskommen.

Jener Arzt, der zugleich ein guter Freund war, bemerkte meinen neu erwachten Elan – und stoppte ihn. Ich müsse niemandem mehr etwas beweisen, sagte er eines Tages. Und dass ich aufhören solle, an Wettkämpfe zu denken. Er kannte meinen Körper wahrscheinlich besser als ich und wusste, dass ich auf dem Niveau, das für einen Profisportler notwendig wäre, nicht mehr schmerzfrei trainieren könnte. Auch das sagte er mir. Keine neue Erkenntnis für mich, doch selbst hätte ich mir das nicht eingestanden, nicht zu diesem Zeitpunkt.

Ich war dankbar, dass er mir den Weg wies. Meine Dankbarkeit äußerte sich unter anderem darin, dass ich ihn beinahe täglich anrief. Er wurde meine wichtigste Bezugsperson. Sobald mich irgendeine Frage beschäftigte, wählte ich seine Nummer. Und mich beschäftigten viele. Ich fürchte, dass ich in dieser Phase seine Gutherzigkeit überstrapazierte. Das war egoistisch, aber eben auch eine Folge meines bisherigen Lebens. Seit ich denken konnte, hatte ich immer jemanden an der Seite gehabt, der vorgab, wo es langging.

Es wäre eine günstige Zeit gewesen, sich mehr der Familie zu widmen, gemeinsam mit Helke Pläne für die Zukunft zu schmieden, zu überlegen, was die nächsten Schritte sein sollen. Stattdessen machte ich im gewohnten Trott weiter, ersetzte das Training durch die Arbeit beim Fernsehen und kümmerte mich verstärkt ums Studium. So plätscherte unsere Beziehung weiter dahin. Ich marschierte voran in eine

Richtung, die ich für die richtige hielt, und setzte stillschweigend voraus, dass es für uns beide in Ordnung war.

Den Druck, sportlich erfolgreich sein zu müssen, war ich los. An seine Stelle trat die Herausforderung, beim Sender einen guten Job zu machen. In meinem Kopf ging es gleich wieder um Bestleistungen. In anderen Dimensionen konnte, wollte ich nicht denken. Ich ging mit dem Anspruch heran, den Zuschauern die Welt des Hochleistungssports zu erklären, endlich einmal richtig und natürlich in Form von großen Reportagen. Kleinkram wie Anderthalb-Minuten-Beiträge war meiner ja wohl nicht würdig. Dabei übersah ich, dass ich auf diesem Gebiet ein Anfänger war, der praktisch bei null begann.

Das Interesse des Senders, mich als Co-Kommentator für Olympia zu verpflichten, muss mir diesbezüglich etwas den Blick verschleiert haben. Eines Tages stiefelte ich unangemeldet ins Büro des damaligen Chefredakteurs. Bevor er etwas sagen konnte, konfrontierte ich ihn mit der Frage: »Herr …, wie kann ich ein guter Journalist werden?« Seine Antwort: »Christian, das müssen Sie selbst herausfinden. Schließen Sie bitte die Tür – von außen!«

Diese kleine Begebenheit verdeutlicht ganz gut die Diskrepanz zwischen meinem Selbstverständnis und dem, was mir in der Realität begegnete. Und schon lande ich wieder bei der Spurensuche. Bildete ich mir zu viel auf meine Erfolge im Sport ein? War ich arrogant, weil ich meinte, ich besäße mehr Fachverstand als mancher Redakteur? Oder waren das Auswirkungen der Krankheit? War ich damals schon krank? Steckte ich in einer hypomanischen Phase? Bei allem ein bisschen drüber, ob Rededrang oder jegliche Form von Aktivismus, verbunden mit dem Hang, auch sich selbst zu erhöhen, bis hin zu Größenwahn.

Es könnte so gewesen sein, belegen kann ich es nicht. Wie auch, ich selbst hielt mich damals für vollkommen gesund.

Der Psychiater hatte eine Entlastungsdepression diagnostiziert. Nach seinen Worten war das eine Krankheit, die einen Anfang und ein Ende besaß, die man heilen konnte wie einen Schnupfen. Und ich sah mich als geheilt an. Inzwischen frage ich mich, ob es die richtige Diagnose war. Es scheint eher die Ausnahme zu sein, dass eine bipolare Störung von Anfang an als solche erkannt wird.

Um das Thema Fernsehen zu Ende zu bringen: Es war eine intensive, überaus lehrreiche Zeit, die ich nicht missen möchte. Ich hatte einen wunderbaren Mentor, tolle Kollegen und weniger tolle, durfte mich ausprobieren, eigene Beiträge machen. Viel Zeit verbrachte ich beim Handball, was passte, schließlich kam ich aus einer Handballstadt. Pferdesport war dagegen fremd für mich, aber auch da wurde ich eingesetzt. Weniger bei der Leichtathletik. In dem Bereich sicherte jemand seine Pfründe, der mich offenbar als Konkurrenz empfand oder einfach nicht leiden konnte. Dass es beim Fernsehen auch um Eitelkeiten geht, ist nicht neu. Manchmal stieß ich an meine Grenzen. In Live-Situationen punktgenau Texte zu sprechen, da fehlte mir die Übung. Es kam vor, dass ich vor lauter Aufregung meine eigene Schrift nicht entziffern konnte. Schwer fiel mir auch, andere Sportler neutral zu bewerten. Wahrscheinlich war ich dafür selbst noch zu sehr Sportler. Ich neigte dazu, überkritisch zu urteilen. Wobei auch hier eine gewisse Arroganz durchschimmerte, die mich mitunter verführte, andere kleiner zu machen, um selbst größer zu erscheinen. Sympathisch wirkte das gewiss nicht. Aber es bringt mich zu dem Punkt von eben. Wie viel davon war ich, wie viel machte die Krankheit aus?

Zehn

Potsdamer Platz, ich muss umsteigen, verlasse die Bahn.

Während ich den Bahnsteig entlanghetze, registriere ich, dass auf einem der großen Bildschirme ein Film läuft. Sofort bilde ich mir ein, dass es darin um den Islam geht, um die fünf Säulen des islamischen Glaubens, um heilige Gebetsteppiche und so etwas. Und dass der Film nur läuft, weil ich hier bin. Das wissen sie, weil sie mich beobachten. Alle beobachten mich.

Die Bilder passen zwar nicht zu diesem Thema, in Wirklichkeit läuft Werbung für eine Quizsendung, aber das fällt mir nicht auf.

Ich schaue auch nicht richtig hin, halte meinen Kopf geradeaus, weil ich glaube, so am wenigsten Verdacht zu erregen. Trotzdem scheinen mich alle Leute anzustarren, die ganze Zeit schon. Ich weiche ihren Blicken aus. Laufe schneller. Bis mir einfällt, dass ich mich damit verdächtig mache. Also drossele ich mein Tempo wieder.

Die Stufen nach oben. Draußen grauer Himmel. Irgendwie ist alles düster, die Häuser, die Fahrbahnen der Straßen und eben auch der Himmel. Als würde ich durch einen Schwarz-Weiß-Film laufen. Die Leute starren mir immer noch entgegen.

Nur wenige Schritte, dann muss ich wieder hinunter, zur S-Bahn. Noch eine Treppe, diesmal abwärts. Unten angekommen, ist es für einen Augenblick, als könnte ich mich selbst sehen, ungeduscht und nicht rasiert, in Klamotten, die eine Wäsche dringend nötig hätten. Ein Schaufenster, in dem ich mich sehen kann.

Erbärmlich, das Bild, das ich abgebe. So fühle ich mich auch.

Ein anderer Bahnsteig. Kein Bildschirm. Aber die wirren Gedanken sind noch da. Und wieder warten. Warten ist die Hölle, wenn man Unruhe in sich spürt und eigentlich nur wegwill, weiter …

Alles aus, alles neu

Wir waren im Westen gescheitert, deswegen kamen wir zurück – so, dachte ich, sahen es die Leute. Sie empfingen uns nicht mit offenen Armen. Unsere Heimkehr fühlte sich eher wie ein Spießrutenlauf an. Als würden sie hämisch mit den Fingern auf uns zeigen, sobald wir irgendwo aufkreuzten: Erst die Heimat im Stich lassen und jetzt wieder angeschlichen kommen. Ist wohl doch nicht alles Gold im goldenen Westen?

Schwer zu sagen, ob das wirklich so war oder ob ich es in meiner hypersensiblen Wahrnehmung nur so empfand. Oder machte ich womöglich meine eigenen Gedanken zu denen der anderen, um mir nicht eingestehen zu müssen, dass ich selbst es war, der sich als gescheitert betrachtete? Wie Cäsar, der einst stolz in Rom einmarschierte, kam ich mir jedenfalls nicht vor, als wir unsere Zelte wieder in Rostock aufschlugen.

Die Bäume hatten in der Fremde keine Wurzeln geschlagen. Helke wollte zurück, lange schon, jetzt war ich nicht mehr unglücklich darüber, hätte mir die Rückkehr allerdings etwas triumphaler gewünscht. Ich kam als Arbeitssuchender, so nüchtern musste man es sehen. Ein halbes Jahr noch blieb ich beim Fernsehen, pendelte Woche für Woche nach Mainz, dann musste ich mir etwas Neues einfallen lassen.

Thomas, ein enger Freund aus Jugendtagen, der nicht zur Mensa-Clique gehörte, half uns, eine Wohnung zu finden. Sie lag etwas außerhalb, auf einem ehemaligen Bauernhof in Papendorf. Die pure Idylle, noch schöner als damals bei

Tante Annemarie in Stäbelow. Vom Hof hatten wir einen herrlichen Blick über die sich weit ausbreitenden Wiesen des Warnowtals. Für einen Jungen in Arvids Alter genau das Richtige. Er konnte nach der Schule mit seinen Freunden durch die Gegend stromern, ohne dass wir uns Sorgen machen mussten.

Ich gründete eine Agentur, nannte sie *Sports unlimited,* mit Bescheidenheit sollten sich andere herumplagen. Vor lauter Begeisterung über einen ersten Auftrag ließ ich gleich mal die Korken knallen, stieß mit Helke und meinen besten Freunden an, die ich nun wieder öfter um mich hatte. Selbstverständlich musste es Champagner sein, obwohl noch keine Mark in der Kasse gelandet war.

Da es so großartig anlief, dachte ich im großen Stil weiter. Meine Sportlermentalität kam mir dabei entgegen. Immer auf Sieg eingestellt, das war so drin.

Und damit nicht im Verborgenen blieb, welche klugen Einfälle mir kamen, ließ ich von einem befreundeten Künstler eine Broschüre gestalten, die hochwertiger kaum sein konnte. Das kostete richtig Geld, aber noch mehr würde ich damit verdienen, so rechnete ich. Das Meisterwerk enthielt an die hundert Module für unterschiedlichste Aktivitäten, mit denen man Urlauber in der Küstenregion bespaßen konnte. Siegesgewiss verschickte ich es an zweihundert Hotels und konnte kaum abwarten, die begeisterten Rückmeldungen in Empfang zu nehmen.

Nach einer Woche machte ich mir noch keine Gedanken. Ich geduldete mich zwei Wochen, dann drei … Irgendwann waren drei Monate verstrichen, ohne dass sich nur ein Einziger gerührt hätte. Ich telefonierte einige der Hotels ab, das konnte ja nur ein Versehen sein. Doch überall bekam ich die gleiche Botschaft zu hören: »Herr Schenk, wir brauchen keine Vergnügungsangebote, was wir brauchen, sind Gäste.«

Ernüchterung trat ein, leichte Verzweiflung auch – wobei,

die war schon etwas stärker. Wer hoch fliegt, stürzt umso tiefer.

Als Sportler hatte ich es verinnerlicht, auf Reize zu reagieren. Kam ein solcher Reiz in Form einer Niederlage daher, warf mich das nicht zu Boden, oder höchstens für einen kurzen Moment. Danach aber wuchs ich genau daran, fühlte mich umso motivierter, die nächste Herausforderung in Angriff zu nehmen. Um irgendwann als Sieger dazustehen. Das war eine gute Schule fürs Leben und in Situationen wie dieser überaus hilfreich.

Zum Glück hatte ich noch eine Idee in petto. Irgendwoher wusste ich, dass die Gästestruktur der Ostseeregionen im Westen eine gewisse Überalterung aufwies. Ein schreckliches Wort, meine Erfindung war das nicht. Bei uns an der Ost-Ostsee war es angeblich noch nicht so, der Trend schien aber in die gleiche Richtung zu gehen. Und ich meinte nun, ein Rezept gefunden zu haben, womit sich diese Entwicklung aufhalten ließ.

Mein Zauberwort hieß: Beacholympiade. Ein solches Event würde junge Leute an die Küste locken, wenn man es nur groß genug aufzog. Bei der Premiere in Warnemünde starteten wir mit fünf Disziplinen und etwa zweihundert Teilnehmern. Perfektes Wetter hatte ich gleich dazugebucht. Strahlender Sonnenschein, das Thermometer stieg auf fast vierzig Grad. Im Jahr darauf waren es zehn Disziplinen und fast fünfhundert Sportler, sodass ich noch stärker an den Erfolg glaubte.

Finanziell lohnte es sich bisher nicht, aber das würde schon kommen. Anstatt auf die Bremse zu treten, erst einmal ein gesundes Fundament zu setzen, gab ich noch mehr Gas. Ich machte aus dem Event eine Tour: Sylt – Travemünde – Binz – Warnemünde. Irgendwelche Warnsignale? Ich erkannte keine. Die Finanzierung erwies sich als schwierig, aber darüber schaute ich hinweg. Von Berufspessimisten wollte ich mich nicht entschleunigen lassen. Eine große Vision verlangte nun einmal große Taten. Je mehr Hürden auftauchten, desto mehr steigerte ich mich in die Aufgabe hinein. An Kreativität war ich kaum zu überbieten.

Allerdings musste ich mir irgendwann eingestehen, dass die unternehmerischen Fähigkeiten, das Betriebswirtschaftliche, Balancieren mit Zahlen, Einnahmen-Ausgaben-Rechnung, solche Dinge, nicht unbedingt meine Stärke waren. Doch auch dafür fand sich eine Lösung. Eine Steuer- und Unternehmensberatung offerierte ihre Dienste, und ich hielt es für einen cleveren Schachzug, diesen Bereich meiner Agentur dorthin outzusourcen. Als die gleiche Firma anbot, mit einer Kapitaleinlage als stiller Teilhaber einzusteigen, war ich dermaßen begeistert, dass ich auf der Stelle einschlug. Die dunklen Wolken, die damit aufzogen, nahm ich nicht wahr. Und das war nicht das Einzige, was an mir vorbeilief.

Eines Tages offenbarte mir Helke, dass sie und Arvid mich verlassen würden. Es traf mich wie ein Schlag. Ich kenne kaum einen Satz, der ausgeleierter ist. Vielleicht wird er deshalb so häufig benutzt, weil es sich treffender nur schwer beschreiben lässt. Mich trafen zwei Schläge. Der erste landete in der Magengrube, dass mir speiübel wurde. Der zweite auf dem Kopf. Es kam mir vor, als würde ich mit einem Mal die Hälfte meiner Körpergröße verlieren, wie in den Boden gerammt. Und einen gehörigen Teil meines Selbstwertgefühls gleich mit. Ich fühlte mich mickrig wie ein Wurm. Und ich fühlte, wie Wut in mir aufstieg. Und Enttäuschung. Eine Enttäuschung, für die mir die Worte fehlten. Ich war doppelt betrogen worden – von meiner Frau und von meinem damals besten Freund. Er war der Trennungsgrund. So fasste ich die Worte auf, die sie sagte.

Doch das war nur die halbe Wahrheit. In solchen Situationen neigt man zu selektiver Wahrnehmung. Der reine Selbstschutz. Man schiebt dem anderen die Schuld zu. Das ist schwer genug zu ertragen, aber leichter, als sich mit dem eigenen Versagen auseinanderzusetzen. Die beiden hatten zugelassen, dass sie sich ineinander verliebten, trotz Ehe und trotz unserer Freundschaft. Und sie waren nun zusammen. Jedoch hatte unsere Ehe schon in Trümmern gelegen, bevor sie diesen Weg einschlugen. Aus ihrer Sicht. Aus meiner nicht. Was wiederum daran lag, dass ich zu oft weg war, mich zu wenig kümmerte, Alarmsignale ignorierte oder gar nicht erst wahrnahm.

So abgeklärt sich das jetzt liest, ich brauchte Jahre, um mir das einzugestehen. In den ersten drei nach unserer Trennung lebte ich wie in einem schlechten Traum, immer in der verzweifelten Hoffnung, eines Tages aufzuwachen und wieder in meinem alten Leben zu sein – mit Frau und Kind und all unseren Freunden.

Dass mich diese Geschichte nicht vollends aus der Bahn warf, schreibe ich meiner antrainierten Disziplin zu. Ich trotzte der psychischen Belastung, die die Trennung mit sich brachte, indem ich exzessiv Sport trieb. Das war eine Krücke, die mich stützte, die andere war die Arbeit. Mit übertriebenem Ehrgeiz ging ich daran, meine Agentur zu vergrößern. Ich stellte mehrere Mitarbeiter ein, pumpte die laufenden Projekte auf, initiierte neue. Schwerpunkt blieb die Beacholympiade, die wir bis auf fünfundzwanzig Sportarten erweiterten. Wir gewannen Sponsoren, lockten Medien zu den Veranstaltungen, kooperierten mit einem Radiosender, der eine Bühne mit einem Showprogramm bespielte.

Es sah wirklich aus, als seien wir dabei, etwas Großes zu schaffen. Diese Vorstellung passte perfekt zu meiner Verfassung. Ohne den Sport wäre ich emotional in ein dunkles Loch gerauscht. So aber fegte ich in einem hypomanen Zustand durch die Tage. Ich war ständig in Bewegung, kam mit wenigen Stunden Schlaf aus, lief dauernd oberhalb meines

Limits. Ich überforderte mich, ohne es als Überforderung zu empfinden, redete mit allen und jedem, entwarf die kühnsten Luftschlösser. Nur die Realität, die verlor ich manchmal aus dem Blick.

Für Open-Air-Veranstaltungen kann man alles planen, außer das Wetter. Auf einmal waren die Sommer keine Sommer mehr, zumindest an den Tagen, an denen wir die Beacholympiade veranstalteten. Statt knapp vierzig Grad wie im ersten Jahr, herrschten plötzlich Temperaturen, die im Spätherbst üblich gewesen wären. Und dazu regnete es. Die Sportler traten trotzdem an, doch Zuschauer ließen sich unter diesen Umständen nur mit Mühe an den Strand bugsieren. Zeigte sich Petrus doch einmal gnädig, beschwerten sich prompt Anwohner und Hotelgäste, weil ihnen die Musik zu laut war, die wir spielten, um den jungen Leuten zusätzlich etwas zu bieten. Ein Ärgernis folgte dem anderen. Neid und Missgunst, so schien mir, gesellten sich hinzu. Am Ende standen unterm Strich rote Zahlen, sogar tiefrote. So gut die Idee gewesen sein mochte, sie war nicht zu retten.

Der Reiz der Niederlage, da war er wieder, er hielt mich aufrecht. Jetzt erst recht!, dachte ich. Und machte weiter, organisierte andere Events, die weniger finanzintensiv waren, schob neue Projekte an, verkleinerte die Agentur wieder. Manche Dinge, die ich anpackte, funktionierten, manche nicht. Ich erlebte gute Tage und weniger gute. Doch auch an den guten war ich nicht wirklich zufrieden, weil immer der Gedanke blieb, es könnte noch besser sein. Das alte Muster aus Sportlerzeiten. Selbst nach meinem Olympiasieg hatte ich mir gesagt: Ich kann das viel besser, das war noch nicht alles. Dabei war ich von einem Olympiasieg, im übertragenen Sinne, gerade meilenweit entfernt.

Irgendwann stellte ich mir die Frage, ob ich überhaupt am richtigen Ort war, um es besser machen zu können. Von da an dauerte es nicht lange bis zu dem Tag, an dem ich meine

Möbel auf einem kleinen Lastwagen verstaute, Richtung Autobahn steuerte und Rostock verließ. Der nächste Umzug eines unruhigen Geists.

Mein Ziel diesmal: Berlin. Eine befreundete Volleyballerin, die zu einem Verein in Italien gewechselt war, überließ mir ihre Wohnung – zwei Zimmer, traumhaft gelegen, nicht weit vom Schlachtensee. Zwei Tage später unternahm ich meine erste Radtour, um die Gegend zu erkunden. Ich fuhr über den Kronprinzessinnenweg zum Wannsee und von dort weiter zur Glienicker Brücke. Auf der Brücke hielt ich an, ließ meinen Blick übers Wasser schweifen, von der Havel hinüber zum Jungfernsee, sah das viele Grün ringsum und dachte: Gut gemacht, die beste Entscheidung seit Langem.

Ich konnte etwas Aufmunterung gebrauchen. Wenn ich ehrlich war, musste ich mir eingestehen, dass der Umzug vor allem eine Flucht war. Seit der privaten Tragödie war Rostock belastetes Terrain. Zu viele Orte, die Erinnerungen wachriefen. Inzwischen waren Jahre vergangen. Wir hatten die Scheidung mit Anstand hinter uns gebracht. Und doch haderte ich noch immer mit meinem Schicksal. Jedes Mal, wenn die Geschichte wieder hochkam, spürte ich einen Druck im Brustkorb, als würde ein Elefant darauf stehen. Sosehr ich es mir wünschte, die Vergangenheit ließ sich nicht abschütteln.

In mir rumorte es, doch äußerlich strahlte ich. Und dieses Strahlen gab mir den Anschein, ein zufriedener Mensch zu sein. Auch das ein Zeichen der Manie beziehungsweise Hypomanie. Ich unterdrückte mein Innenleben, setzte mich nicht mit Problemen auseinander, sodass ich auch keine Lösungen herbeiführte. Ich brachte nichts zu Ende, schloss kein Kapitel ab. Stattdessen spielte ich aller Welt etwas vor, mir selbst am meisten.

Nichts davon war das Resultat einer bewussten Entscheidung. Demzufolge geschah auch nichts aus Berechnung.

Wenn man in einer Manie steckt, weiß man das nicht. Das ist das Fatale daran. Für einen selbst ist die Welt in bester Ordnung. Dabei kann sie gerade aus den Fugen geraten. Genau das bemerkt man eben nicht. Man steckt voller Energie, hält sich für unverwundbar und darüber hinaus für ziemlich genial. Man kommt nicht darauf, dass man überdreht ist, die Relationen verliert, sich selbst falsch einschätzt. Im Gegenteil, alles fühlt sich absolut richtig an.

Wie hätte ich das wissen sollen? Zu diesem Zeitpunkt hielt ich mich für gesund. Von bipolarer Störung oder manisch-depressiver Erkrankung, wie es vorher hieß, hatte ich vielleicht irgendwann einmal etwas gehört oder gelesen. Aber nie hätte ich einen Grund gesehen, das Krankheitsbild auf mich zu beziehen.

In diesem Zustand sah ich mich nun doch wie der stolze Cäsar einst im alten Rom. Nur dass es in meinem Fall Berlin war, Berlin-Mitte, der Nabel der Stadt. Brandenburger Tor, Unter den Linden, Friedrichstraße, hin zum Gendarmenmarkt, dort befand sich mein neues Büro. Charlottenstraße/Ecke Mohrenstraße, eine der feinsten Adressen. Verglaste Front im Dachgeschoss, darunter das Schokoladenhaus. Der Blick raubte mir den Atem. Das hätte der Mietpreis wohl auch getan, auf andere Art, wäre ich bei klarem Verstand gewesen. Die exponierte Lage, so kalkulierte ich, würde mir zu potenten Kunden verhelfen. Auf diese Weise würden sie sofort erkennen, dass sie es mit einem erfolgreichen Unternehmer zu tun hatten. Mehr Schein als Sein – ging es nicht hauptsächlich darum, in dieser Stadt, wo jeder vorgab, hipp und erfolgreich zu sein?

Ich strotzte vor Selbstbewusstsein, sonst hätte ich das unmöglich durchgezogen. Ich traf mich mit wichtigen Leuten, darunter der Vorstandsvorsitzende einer Bank, namhafte Unternehmer und einige Lobbyisten, die für große internationale Firmen unterwegs waren. Ich unterbreitete ihnen brillante Geschäftsideen, zumindest waren sie das aus meiner Sicht. Wie stets das gleiche Spielchen: das eine funktionierte, anderes nicht.

Berlin war kein einfaches Pflaster, das merkte ich wohl. Der Markt war längst verteilt, nun kam noch ich hinzu. Aber das Einfache kann jeder, sagte ich mir. Und ich sagte mir: Du kannst alles schaffen! Diese Einstellung ging zurück auf das kurze Training mit Marita Koch, damals an Weihnachten im Rostocker Stadion. Du kannst alles schaffen, wenn du mehr machst als die anderen.

Einer meiner ersten Jobs war dann gleich eine ziemliche Herausforderung. Das ISTAF, das größte deutsche Leichtathletik-Meeting, war durch jahrelange Misswirtschaft in die Insolvenz geraten. Die Verantwortlichkeiten wurden gerade neu strukturiert, als man mir den Posten des Meetingdirektors antrug. Den Geschäftsführer hatte ich kurz zuvor in Nairobi kennenlernt, beim Endausscheid für die Bewerbung zur Leichtathletik-Weltmeisterschaft 2005. Gemeinsam mit Heike Drechsler, Ulrike Nasse-Meyfarth und dem Regierenden Bürgermeister Klaus Wowereit hatte ich mich als Botschafter ins Zeug gelegt, damit Berlin den Zuschlag erhielt. Was leider nicht eintrat. Aber so kamen wir zusammen.

Fürs ISTAF ging es ums Überleben. Wir brauchten neue Sponsoren. Die Veranstaltung musste organisiert werden. Das hieß auch, Sportler zu verpflichten, möglichst große Namen, weil die Publikum anzogen. Und das alles mit einem geringeren Budget. Kam hinzu, dass im Olympiastadion, wo das Sportfest traditionell stattfand, gebaut wurde, sodass wir in den Jahn-Sportpark ausweichen mussten, vom Westen in den Osten.

Die größte Aufgabe jedoch bestand darin, den Leichtathletik-Weltverband durch eine gelungene Veranstaltung mit spannenden Wettkämpfen und vielen Zuschauern davon zu überzeugen, dass das ISTAF in der Golden-League-Serie blieb. Andernfalls hätte es an Bedeutung und Strahlkraft verloren, seine Zukunft wäre mehr als fraglich gewesen.

Am Ende konnten wir alle Fragezeichen beseitigen. Die Veranstaltung wurde ein Erfolg. Das Stadion war ausverkauft. Die Zuschauer schienen begeistert. Und wenige Tage später entschied der Weltverband, dessen Vertreter sich das Spektakel angeschaut hatten, dass Berlin Bestandteil der Golden League blieb. Damit hatte ich meinen Auftrag erfüllt. Oder um es mit Schillers Worten zu sagen: Der Mohr hatte seine Schuldigkeit getan, der Mohr konnte gehen. So war es nämlich. Kaum hatten wir alles hinter uns gebracht, wurde erneut umstrukturiert, mein Posten abgeschafft, stattdessen ein anderer installiert, für den dann auch jemand anderes kam.

Aber es ging nahtlos weiter, ich wechselte nur das Spielfeld. In der Zwischenzeit war ich mit einer großen Bank ins Geschäft gekommen, die ihr Image aufpolieren und bekannter werden wollte, in Deutschland, idealerweise auch international. Ein klassischer Fall für Sponsoring im Sport. Ich entwickelte ein Konzept, setzte dabei auf Wintersport, nicht auf einzelne Athleten, sondern auf ein Engagement bei Verbänden – und erhielt mit meiner Miniagentur den Zuschlag.

Irgendwann in dieser Zeit traf ich bei einer Veranstaltung – ich glaube, es war in Leipzig – einen Mann, der mein berufliches Leben prägen sollte. Ich meine Manfred Birkholz, den Grandseigneur des deutschen Sportmarketings. Er war einer der Ersten, ein Vorreiter auf diesem Gebiet, lange vor meiner Zeit, und einer der erfolgreichsten. Ich freute mich, ihn wiederzusehen. Wir kannten uns seit einigen Jahren. Ich muss immer schmunzeln, wenn ich an unseren ersten Kontakt denke. Er rief in meinem Büro an. Damals lebte ich noch in Rostock. Als er seinen Namen sagte, schnellte ich wie eine Sprungfeder aus dem Stuhl. Ich fühlte mich geehrt. Er fragte, ob ich mir vorstellen könne, für seine Klienten zu den Olympischen Spielen nach Sydney zu fliegen. Hatte ich mich verhört? Ob ich mir das vorstellen konnte? Olympia erleben! In Australien, auf dem schönsten Kontinent! So schnell hatte ich noch nie Ja gesagt.

In Sydney begegneten wir uns dann persönlich. Wir hatten beide eine Kabine auf der *MS Deutschland*, die als Gästeschiff fürs Nationale Olympische Komitee gechartert worden war. Zwei fantastische Wochen, fast ein bisschen unwirklich in dieser Umgebung. Jeden Morgen der spektakuläre Blick auf Harbour Bridge und Opera. Und abends die Lichter der Skyline. Die meiste Zeit war ich damit beschäftigt, die verschiedensten Leute zu treffen, Wirtschaftskapitäne, Politiker, Sportfunktionäre, Künstler und Sportler natürlich, aktive und ehemalige wie ich. Mit all diesen Persönlichkeiten Gespräche zu führen, war gewissermaßen mein Job, dafür hatten sie mich angeheuert.

Seit diesen Tagen am anderen Ende der Welt war ich mit Manfred und seiner Frau Jossi, eine bezaubernde Person, herzlich, geradeaus und voller Energie, in Kontakt geblieben. Manchmal begegnet man jemandem und spürt sofort eine Verbindung. Bei den beiden war das so.

Manfred wurde mein Lehrmeister und Berater und zugleich ein väterlicher Freund. Später, als die Krankheit ihre andere Seite zeigte, half er mir einige Male aus der Patsche. Ich hätte öfter auf ihn hören sollen, dann wäre manches sicher besser gelaufen.

Doch ich war bei dem Treffen in Leipzig. Dort sprach ich mit Manfred über eine Idee, die uns beruflich enger zusammenbringen sollte. Nachdem er Interesse signalisierte, entwarf ich ein erstes Konzept. Das fiel ihm zu großspurig aus. Später meinte er, das sei typisch für mich – immer groß denken. Vielleicht war es vor allem typisch für meine Krankheit. Aber wir ergänzten uns gut: Ich flog gedanklich auf den

Mond, er machte in seiner pragmatischen Art eine Reise daraus, die auch umsetzbar war.

So entstand schließlich das Sporthilfe Elite-Forum, eine Veranstaltungsreihe, bei der wir Top-Athleten mit Spitzenkräften aus Politik, Wirtschaft, Wissenschaft, Medien, Kunst und Kultur zusammenführten. Eliten mit Eliten. Wobei wir den Begriff als Definition für herausragende Leistungen und bestimmte Werte verstanden, nicht im Sinne von abgehoben oder Establishment. Als Leitspruch liehen wir uns einen klugen Satz von Wilhelm von Humboldt: »Bilde dich selbst, und dann wirke auf andere durch das, was du bist.« Genau das war unser Ansatz. Wissen vermitteln und Werte, den Horizont erweitern, Orientierung geben.

So hochklassig wir das Programm anstrebten, so besonders sollte der Ort sein, an dem es stattfand. Da traf es sich gut, das die Stiftung der Bank, für die ich tätig war, mit Schloss Liebenberg nördlich von Berlin eine so prachtvolle wie geschichtsträchtige Immobilie besaß. Einst als Rittergut entstanden, verewigte es bereits Theodor Fontane in seinen *Wanderungen durch die Mark Brandenburg*. Der bekannteste Schlossherr, Philipp Fürst zu Eulenburg und Hertefeld, war ein enger Vertrauter von Kaiser Wilhelm II., der häufig zu Besuch dort weilte. Die Enkelin des Fürsten heiratete später in der Schlosskapelle Harro Schulze-Boysen, der als Luftwaffen-Offizier zum Widerstandskämpfer gegen das Naziregime wurde. Nach dem Krieg und der Spaltung Deutschlands lag das Anwesen in unmittelbarer Grenznähe. Der Besitzer wurde enteignet, das Schloss der SED überschrieben. War früher Hermann Göring zum Jagen nach Liebenberg gekommen, gingen dort nun Wilhelm Pieck, Walter Ulbricht und wohl auch Erich Honecker auf die Pirsch. Nach der Wende übernahm die Treuhandanstalt das Gut, bis sich ein Käufer fand: die Bank.

Deren Stiftung war von unserer Idee schnell überzeugt,

ebenso die Sporthilfe, wir konnten loslegen. Als Initiator des Ganzen übernahm ich die Projektleitung, in enger Kooperation mit Manfred und dessen Agentur. Ich leitete und moderierte die Veranstaltungen, war sozusagen ihr Gesicht, während die anderen im Hintergrund wirbelten. Manchmal schien es, als könnten sie zaubern. Wen wir uns als Gast oder Referenten wünschten, sie schafften beinahe jeden herbei. Astronaut Ulf Merbold ebenso wie die damalige Generalbundesanwältin, die Chefs von Firmen wie Adidas, Telekom und Deutscher Bank oder Wolfgang Schäuble, zu der Zeit Innenminister. Wissenschaftler kamen, Schauspieler, Schriftsteller, Maler, andere Regierungspolitiker, die bekanntesten Fernsehmoderatoren, Musiker, bis hin zum Architekten Albert Speer.

Eine der aufwühlendsten Begegnungen war die mit Christa Wolf. Ich hätte nicht damit gerechnet, dass sich eine Schriftstellerin ihres Formats mit Sportlern treffen würde. Doch sie sagte zu. Je näher der Termin rückte, umso mehr Muffensausen bekam ich. Ich bereitete mich auf jedes Gespräch gründlich vor. In ihrem Fall machte ich es noch gründlicher. Mit vierzehn hatte ich zum ersten Mal ein Buch von ihr in die Hände bekommen. Durch meine Mutter, sie war ursprünglich Buchhändlerin. Es war die Erzählung *Der geteilte Himmel*, die Geschichte eines jungen Paares, das durch den Mauerbau getrennt wurde. Später las ich *Kindheitsmuster*. An *Kassandra* versuchte ich mich auch, das war mir jedoch zu schwierig.

Sie kam mit ihrem Mann nach Liebenberg. Für ihren Auftritt wählten wir die gemütliche Atmosphäre des Kaminzimmers im Seehaus. Zuerst las sie aus *Ein Tag im Jahr*, das ich vorher natürlich auch studiert hatte. Dann war ich mit meinen Fragen dran. Eine Stunde hatten wir geplant, fast vier Stunden wurden es. Wir sprachen über ihre Arbeit und mehr noch über ihr Leben. Die Kindheit unter den Nazis, dann die Zeit in der DDR, die Widersprüche in ihrer Biografie, die Wendemonate, ihre Rede vor den Demonstranten auf dem Alexanderplatz, der Umzug in die USA, als sie die Vergangenheit mit Stasi-Vorwürfen und die der Parteitreue einholte, schließlich die Rückkehr in die Heimat. Ein faszinierender Lebenslauf, eine faszinierende Frau.

Sie zog bemerkenswerte Parallelen zwischen dem Prozess des Schreibens und dem Streben nach sportlichen Höchstleistungen. Am Schreiben sei das Schwierigste, sagte sie, den Mut zu finden, mit sich selbst umzugehen. Ähnlich sei es bei Sportlern, die sich permanent damit befassten, den Erwartungen, die an sie gestellt würden und die sie selbst an sich stellten, gerecht zu werden. Dabei fänden sie selten den Mut, sich mit der eigenen Person zu konfrontieren, in sich hineinzuhören, wie es ihnen dabei geht und was sie wirklich wollen. Durch den ständigen Leistungsdruck seien sie kaum in der Lage, zu reflektieren, die Dinge einmal in Ruhe zu betrachten.

Während ich ihr zuhörte, kam vieles aus meinem eigenen Leben wieder hoch. Noch Tage danach beschäftigten mich diese Gedanken.

Das Elite-Forum wurde für Jahre eine Säule für die Existenz meiner Agentur. Ich steckte unendlich viel Zeit und all mein Herzblut in diese Aufgabe. Im Team mit Manfred und Jossi und ihren und meinen Leuten leisteten wir gute Arbeit. Das lasse ich mir von niemandem ausreden, so war es einfach. Damit will ich nicht sagen, dass ich keine Fehler machte, die macht jeder. Sicher war ich bei den Ränkespielen hinter den Kulissen manches Mal nicht diplomatisch genug. War ich mir in solchen Situationen meiner Sache zu sicher? Und lag das womöglich daran, dass ich gerade wieder durch eine hypomanische Phase flog?

In der Rückschau und in Anbetracht dessen, was ich mittlerweile über meine Krankheit weiß, könnte es durchaus so gewesen sein. Andererseits rief unser Erfolg schon bald Missgünstige auf den Plan, die kaum eine Gelegenheit ausließen, besonders gegen mich zu sticheln. Ich denke dabei vor allem an eine bestimmte Person bei der Sporthilfe, die es nicht über sich brachte, die Arbeit anderer anzuerkennen. Eigentlich ein bedauernswertes Geschöpf, das in meinen Augen auf diese Weise nur seine eigenen Probleme kompensierte. Aber der Betreffende kam durch damit und sorgte schließlich dafür, dass mein Vertrag nicht verlängert wurde. Nach sechs Jahren, in denen wir fünfundzwanzig Foren mit über zweihundert Top-Referenten organisiert und durchgeführt hatten. Es fühlte sich wie ein Rausschmiss an. Ich war zutiefst verletzt. Und es brachte meine Agentur an den Rand des Bankrotts.

Doch bevor es so weit kam, traf ich Dawn, die die ersten Sonnenstrahlen seit Langem in mein Leben brachte. Ich meine, im privaten Bereich. Eines Abends saß ich mit Freunden in einem Restaurant in Schöneberg. Plötzlich tauchte sie auf, groß, schlank, dunkelhäutig, man konnte sie nicht übersehen – nicht ihr strahlendes Lächeln und nicht das Funkeln in ihren Augen.

Dann saß sie an unserem Tisch, wir sprachen miteinander, und wir lachten miteinander. Und da sich alles so gut und richtig anfühlte, lud ich sie noch am selben Abend ein, zwei Tage später mit mir ins Ballett zu gehen – *Romeo und Julia*. Aus einer Laune heraus hatte ich zwei Karten gekauft, obwohl ich nicht wusste, für wen die zweite sein sollte. Als hätte ich geahnt, dass mir die passende Begleitung rechtzeitig über den Weg laufen würde.

Romeo und Julia also. Getanzt vom Russischen Staatsballett. In der Deutschen Oper. Mit dieser bezaubernden Frau an meiner Seite. Wenn man sich da nicht verliebte …

Vier Wochen später zogen wir zusammen. Ich war erschöpft von der Arbeit. Ein bisschen Urlaub hätte mir gutgetan. Aber mein Körper reagierte anders – von wegen Erschöpfung. Schmetterlinge im Bauch und Schmetterlinge im Kopf. Die verrückte wilde Zeit am Anfang. In den Nächten kaum Schlaf. Tagsüber die Arbeit in der Agentur. Wochen wie im Rausch.

Durch Dawn tauchte ich in eine Welt, die mir bisher verborgen geblieben war. Als Model kannte sie sich in der Kunst- und Modeszene aus. Kein Vergleich zu der biederen Modelwelt, die ich durch Helke erlebt hatte. Jetzt war alles viel schillernder. Anscheinend gaben wir ein hübsches Paar ab, auch für die Medien. Kaum ein gesellschaftliches Ereignis in der Stadt, zu dem wir nicht eingeladen wurden. Wir brauchten unseren Kühlschrank selten zu füllen, ständig waren wir unterwegs. Von einem roter Teppich zum nächsten. Und immer schön lächeln. Hierhin und dorthin. Ja, bitte noch eins von dieser Seite.

An manchen Tagen trug ich das Lächeln wie eine Maske im Gesicht. Niemand sah, was sich dahinter verbarg, wie es mir wirklich ging, nicht einmal Dawn, nicht in der ersten Zeit. Wie hätte sie auch etwas sehen sollen, ich sah es ja nicht einmal selbst.

Dawns Eltern lebten in London. In Paris hatte sie Freunde aus der Zeit, als sie dort arbeitete. Berlin, London, Paris – das war das Dreieck, in dem wir uns bewegten. Mit dem *TGV* mal schnell nach Paris. Mit dem Flieger übers Wochenende ihre Familie in London besuchen. Dazwischen eine Galerieeröffnung in Berlin. Oder irgendeine Gala.

Die Euphorie des Verliebtseins überdeckte meine beruflichen Sorgen. In der Zwischenzeit war der stille Teilhaber aus Rostock ausgestiegen, hatte seine Einlage zurückverlangt, dazu einen Teil des Gewinns. Ich fand seine Forderungen übertrieben. Abwenden konnte ich sie allerdings nicht, sodass ich jetzt mit Schulden dastand. An schlechten Tagen bedrückte mich das. An guten sagte ich mir: Irgendwie komme ich da schon raus. Wenn ich mit Dawn zusammen war, spielte es keine Rolle, ob es solche oder solche Tage waren, dann versuchte ich einfach, nicht daran zu denken.

Nach anderthalb Jahren machte ich ihr einen Heiratsantrag. Als hätte sie darauf gewartet, legte sie mir am nächsten Tag einen opulenten Hochzeitsbildband auf den Tisch. Die Abbildungen darin sollten der Maßstab für die Ausstattung unseres Festes sein. Da ahnte ich, dass die Veranstaltung etwas kostspieliger ausfallen könnte.

Dass sie sich wünschte, ihr Hochzeitskleid bei einer Designerin in Paris zu kaufen, wunderte mich schon nicht mehr. Also machten wir uns auf in die Stadt der Liebe. Es war Frühling, ein kühler Tag mit Regenschauern. Aber Paris ist zu jeder Zeit romantisch. Und bei jedem Wetter. Man muss nur in der richtigen Stimmung sein. Wir schlenderten Hand in Hand an der Seine entlang, besuchten ein Museum, und abends, nach dem Essen in der Nähe von Sacré Coeur, schwebten wir wie zwei Liebesengel durch Montmartre.

Das Kleid war natürlich ein Traum. Es musste später nur geändert werden, da Dawns Bauch schneller wuchs, als die Designerin kalkuliert hatte. Ich glaube, ich erwähnte noch nicht, dass wir ein Baby erwarteten.

Da ich wusste, welche Ansprüche ich zu erfüllen hatte, und weil es für alle ein wunderschönes Fest werden sollte, luden wir unsere Gäste an einen besonderen Ort ein. Man kann sich wahrscheinlich denken, wohin – nach Liebenberg, ins Schloss. Am Abend vor der Trauung feierten wir mit unseren engsten Freunden im Bootshaus des Seehauses. Fackeln brannten, auf dem Grill brutzelten die leckersten Sachen, schöne Musik lief, wir redeten und tanzten und alberten ausgelassen herum – es war traumhaft.

Am nächsten Morgen erwachte ich in dem Hochgefühl, ein glücklicher Mensch zu sein. Mit den besten Freunden an diesem hochherrschaftlichen Ort, und gleich würden noch die anderen Gäste eintreffen, auch auf sie freuten wir uns.

Dawn und ich, wir strahlten um die Wette. Nur das Wetter bereitete mir Sorgen. Am Himmel dicke Regenwolken, die sich ausgerechnet an diesem Tag ausheulen mussten. Dazu blies ein unangenehmer Wind. Beides passte überhaupt nicht zur Stimmung. Still schickte ich ein Stoßgebet nach dem anderen gen Himmel.

Fünf Minuten bevor die Trauung beginnen sollte, schien jemand mein Flehen zu erhören. Der Regen hörte auf, und der Wind pustete die Wolken weg, als wären es Watteböllchen. Und schon fielen Sonnenstrahlen durch die Fenster der Schlosskapelle, wo sich die Hochzeitsgesellschaft versammelt hatte. Sechs Cellisten übernahmen den musikalischen Teil, und eine Sopranistin, die so gefühlvoll sang, dass mir vor Rührung die Tränen kamen.

Vier Monate später wurde unser Sohn Aaron geboren. Ich war bei der Geburt dabei, wie schon bei Arvid. Mein neues Glück, es schien perfekt zu sein.

Elf

Auf der Fahrt zum Stadtrand leert sich die S-Bahn. Zwei Stationen vor dem Ziel sitzt nur noch ein einziger Fahrgast in meinem Wagen: ich. Wahrscheinlich ist das um diese Uhrzeit völlig normal. In meiner Verfassung aber denke ich, dass die Polizei das geschickt gedeichselt hat. Von Station zu Station muss sie alle anderen Fahrgäste aus dem Wagen gelockt haben, unauffällig, damit ich nicht aufgeschreckt werde. Um die Leute in Sicherheit zu bringen – vor mir.

Es wird noch schlimmer!, hämmert es in meinem Kopf, du bist ein schlechter Mensch, ein Verbrecher!

Ich steige aus, nichts geschieht.

Laufe von der Haltestelle zu Aarons Schule. Dawn ruft an. Sie will wissen, ob ich auf dem Weg bin und ob ich es schaffe. Damit meint sie nicht, ob ich es rechtzeitig schaffe, sondern ob ich überhaupt in der Lage bin, den Jungen abzuholen. Aber auch das sollte mir erst später klar werden.

Was ich sage, und vor allem, wie ich es sage, scheint sie zu beunruhigen. Es dauert nicht lange, da ruft sie ein zweites Mal an und stellt die gleichen Fragen.

Inzwischen habe ich das Schulgelände erreicht, mich dort auf dem Fußballplatz postiert, direkt neben das Tor, in dem Aaron steht. Stolz beobachte ich meinen Sohn. Der Junge ist ein Bewegungstalent, sind wohl seine jamaikanischen Wurzeln. Aarons Mutter ist zwar in Großbritannien geboren, aber ihre Eltern stammen aus Jamaika.

Der Platz so nah am Tor ist nicht unbedingt gut gewählt, das weiß jedes Kind. Doch an dem Tag braucht man mir mit Vernunft nicht zu kommen.

Die gegnerische Mannschaft startet ihren nächsten Angriff, bis vor Aarons Tor ... und Schuss.

Der Ball verfehlt das Ziel, pfeift stattdessen um Haaresbreite an meinem Kopf vorbei. Vielleicht war es auch ein Meter, oder er flog nur ungefähr in meine Richtung. Auf jeden Fall begreife ich sofort, dass der Ball gar nicht ins Tor sollte. Es geht gar nicht um Fußball, nicht um die Schüler, sondern um mich.

Der Schuss. Der Ball. Ich muss mich in Sicherheit bringen! Und meinen Sohn natürlich auch. Wir müssen los, rufe ich ihm zu und kann nicht verstehen, warum er die Gefahr nicht erkennt.

Die Worte, die ich ins Telefon stammelte, veranlassten Dawn, Aarons Tagesmutter Richtung Schule in Bewegung zu setzen. Sie ist für ihn wie eine Oma. Das war eine kluge Entscheidung. Sage ich heute.

Die Tagesmutter erscheint mit ihrem Mann. Ich kenne beide seit Jahren, sie kümmern sich gut um Aaron. Sympathische Menschen sind das, ich mag sie. Aber wie sie da jetzt auf mich zugelaufen kommen, wird mir augenblicklich alles klar: Ich habe mich in ihnen getäuscht. Sie haben mich getäuscht. In Wirklichkeit sind sie Polizisten, sind es die ganze Zeit gewesen, mit dem Auftrag, mich zu überwachen.

Aber was noch schlimmer ist: Jetzt sind sie hier, um mir Aaron wegzunehmen. Wie gefesselt sitze ich auf einer Bank, die irgendwo auf dem Schulhof steht. Ich habe nicht den blassesten Schimmer, wie ich hierhergelangt bin. Ich sollte etwas unternehmen. Stattdessen sitze ich da und rühre mich nicht.

Die beiden sagen kein Wort, zumindest höre ich keins. Ich sehe nur, wie sie meinen Sohn in ihre Mitte nehmen und wegführen. Dieser Anblick bricht mir das Herz.

Dann kommt der Mann zurück und sagt, sie würden mich mitnehmen. Er meint es als Frage, für mich klingt es wie ein

Befehl. Als hätte er nicht mitnehmen gesagt, sondern festnehmen.

Ich zwinge mich, seinem Blick standzuhalten, und sage: »Sie haben das alles seit Langem vorbereitet!« Meine Stimme soll fest klingen. Ich fürchte, das tut sie nicht.

Er spielt den Ahnungslosen, ja, klar, will wissen, was ich damit meine.

»Mir können Sie nichts mehr vormachen«, sage ich. »Sie sind aufgeflogen. Ich weiß, dass Sie Polizeikommissar sind.«

Deswegen versuche ich gar nicht erst, mich zur Wehr zu setzen. Was kann einer wie ich schon gegen die Staatsmacht ausrichten? Ich gehorche, folge ihm zum Auto. Dann fahren wir, aber nicht zu seiner Dienststelle, sondern zu Dawns Wohnung.

Während sich Aaron in seinem Zimmer fürs Training fertig macht, im Verein spielt er Handball, warte ich in der Küche, ohne zu wissen, worauf. Die Tagesmutter sagt, sie würden den Jungen zur Sporthalle bringen, für mich sei es Zeit, sich von ihm zu verabschieden.

Da ich auch sie für eine Polizistin halte, gehorche ich wieder. Gehe in Aarons Zimmer, umarme ihn. »Papa hat etwas Schlimmes getan«, sage ich. »Sie holen mich gleich ab. Wir werden uns eine Weile nicht sehen. Aber ich werde dich immer lieb haben. Das weißt du doch, oder?«

Aaron weint. Er ist vollkommen überfordert. Die Tagesmutter nimmt ihn mit nach draußen zum Auto.

Ich bin wie gelähmt, spüre noch seinen Körper – Phantomschmerz. Tue nichts, denke nichts.

Da ist nur Leere.

Dann endlich überwinde ich die Starre, laufe hinterher, um ihm wenigstens noch einmal zuzuwinken. Doch bis ich die Haustür erreiche, sind die drei bereits verschwunden …

Die Diagnose

Als Robert Enke sich das Leben nahm, hatte ich auch solche Gedanken. Ganz in der Nähe verliefen Bahngleise. Alle paar Minuten hörte ich das Geräusch, wenn wieder ein S-Bahn-Zug vorbeiratterte.

Nachdem wir zwei Jahre in einer schönen Dachgeschosswohnung in Dahlem gelebt hatten, waren wir in ein noch schöneres Haus am Schlachtensee gezogen. Eine Anwandlung von Größenwahn. Die Folge der Manie. Das Haus war für unsere Verhältnisse viel zu teuer. Ich verdiente allein. Dawn kümmerte sich um Aaron. Aber das Haus hatte einen Garten. Und es hatte eine Garage mit elektrischem Tor. Als wir es besichtigten, hatte ich mich im Auto sitzen sehen, wie ich nach Hause kam und von der Straße aus lässig mit der Fernbedienung das Tor öffnete. Dieses Bild gefiel mir. Also entschied ich, das Haus zu mieten. Meine Geschäfte würden sicher bald besser laufen.

Gerade hatte ich einen neuen Auftrag an Land gezogen. Im Vorfeld der Leichtathletik-Weltmeisterschaft, die diesmal nach Berlin vergeben worden war, organisierte ich zusammen mit Klaus Wolfermann, Speerwurf-Olympiasieger von 1972, das *Wiedersehen der Legenden,* ein Get-together von Weltmeistern und Olympiasiegern aus Ost und West. Zwanzig Jahre nach dem Mauerfall wollten wir fünfzig ehemalige Top-Athleten zusammenbringen. Ein solches Treffen hatte es noch nie gegeben. Das war der Reiz und zugleich der Anspruch.

Fast drei Monate putschte ich mich damit auf. Wenn ich etwas unbedingt wollte, konnte ich mich festbeißen wie ein

Terrier, bis ich das Ziel erreicht hatte. Ich war von der Idee begeistert und fast noch mehr von mir, der dafür sorgen würde, dass sie Realität wurde. In dieser überdrehten Zeit entschied ich mich auch für das Haus am Schlachtensee. Manisch, wie ich war, ritt ich auf einer Wellenspitze der Euphorie durch die Tage. Siegesgewiss und bar jeder Vernunft. Finanziell lohnte sich der Aufwand für das Legenden-Treffen kaum, die alte Leier, aber was spielte das schon für eine Rolle. Am Ende würde ich als König dastehen, bewundert von allen.

Es kam der Tag, auf den wir so lange hingearbeitet hatten. Am Vormittag baten wir die Legenden zu einem Golfturnier zugunsten der Kinderhilfe Organtransplantation, für die ich mich seit Jahren engagiere. Das Wetter war prächtig, die Stimmung auch. Abends dann eine festliche Gala mit Showprogramm in einem großen Hotel. Auch die ging zu aller Zufriedenheit über die Bühne. Am nächsten Tag begann im Olympiastadion die Weltmeisterschaft, also chauffierten wir unsere Gäste dorthin. Und wieder lief alles nach Plan. Ich hätte mir stolz auf die Schulter klopfen und die nächsten Aufgaben in Angriff nehmen können.

Doch irgendwie war mir nicht danach. Die Hyperaktivität, die mich zuvor ruhelos durch die Tage getrieben hatte, verwandelte sich auf einmal in Lethargie. Am Anfang dachte ich mir nichts dabei. Nach dem ganzen Stress war ich wohl einfach nur ausgelaugt, erschöpft. Vier Wochen lang konnte ich mich kaum aufraffen, irgendetwas zu tun. Und danach wurde es noch schlimmer.

Ich brach den Kontakt zu Freunden und Geschäftspartnern ab, meldete mich nicht, und wenn jemand von ihnen versuchte, mich zu erreichen, erfolgte meinerseits keine Reaktion. Ich aß und trank kaum etwas, schlief schlecht und viel zu wenig, tagsüber döste ich vor mich hin. Meiner Arbeit nachzukommen war in diesem Zustand undenkbar. Ich tat so, als hätte ich keine Arbeit, ging nicht ins Büro, ließ angefangene Projekte liegen, ignorierte Mahnungen – ignorierte überhaupt alles. Einnahmen blieben aus, die Schulden wuchsen.

Selbst Dawn gelang es kaum mehr, zu mir vorzudringen. Fragte sie mich etwas, antwortete ich oft, indem ich stumm vor mich hin starrte. Das muss ziemlich gruselig für sie gewesen sein. Als hätte ich sie nicht gehört. Dabei hörte ich sie sehr wohl. Ich war nur nicht imstande, Sätze zu artikulieren, die einen Sinn ergaben. Ein einziges Wort auszusprechen erschien mir an manchen Tagen anstrengender als ein Tausendfünfhundertmeterlauf am Ende eines Zehnkampfs. Und was hätte ich ihr auch sagen sollen? Ich wusste selbst nicht, was mit mir los war. Ich schob es weiter auf meine Erschöpfung. Vielleicht, dachte ich, war das, was ich durchmachte, ein Burn-out. Aber mir eingestehen, dass ich – zwei Meter groß, hundert Kilo schwer – mit meiner Kraft am Ende war, wollte ich auch nicht.

Die Beziehung zu Dawn war ohnehin schwierig geworden. Am Anfang hätte ich sie am liebsten die ganze Zeit auf Händen getragen. Inzwischen fühlte sich unser Zusammensein an wie eine Last, die von Tag zu Tag schwerer wurde. Ohne dass ich die genauen Gründe dafür hätte benennen können. Aber es bedrückte mich. Vielleicht war ich zu Beginn einfach zu überschwänglich gewesen. Was wiederum ein Hinweis auf die Krankheit sein könnte. Die rosaroten Wölkchen am Himmel waren jedenfalls verschwunden, schon bevor ich in diesen merkwürdigen Zustand geriet. Und so kam wohl beides zusammen, die beruflichen Sorgen und die im Privaten.

Es gab Tage, da lag ich stundenlang auf dem Boden und tat nichts weiter, als an die Decke zu starren. Während nebenher der Fernseher lief, als Geräuschkulisse. Auf diese Weise erfuhr ich, dass Robert Enke sich vor einen Zug geworfen hatte. Ein ähnliches Szenario war mir selbst schon durch den Kopf gegangen, nicht nur einmal. In Gedanken hatte ich mich nachts aus dem Haus gestohlen und war wie ein Geist zu den S-Bahn-Gleisen gelaufen. Dort wäre es nur noch ein Schritt gewesen – im richtigen Moment. Doch dann musste ich immer an meine Söhne denken. Arvid war mittlerweile zwanzig. Ich hatte mich nie genug um ihn gekümmert. Wir sahen uns auch jetzt viel zu selten. Aber das durfte ich ihm nicht antun. Und auch dem Kleinen nicht.

Eines Abends, es war schon spät, klingelte jemand an der Tür. Dawn öffnete. Es war Arvid. Er stand damals als Torwart bei St. Pauli unter Vertrag. An dem Tag hatten sie in Rostock gespielt. Und er hatte Freunde und Verwandte mit Karten versorgt, auch mich. Ich war der Einzige gewesen, der sich nicht hatte blicken lassen. Ich hätte ihn anrufen und absagen müssen. Aber ich schämte mich. Als Vater hatte ich stark zu sein und nicht wie ein Häufchen Elend am Boden zu liegen. Leider war es nicht das erste Mal, dass ich eine Verabredung platzen ließ. Deswegen hatte er sich ins Auto gesetzt und war nach Berlin gekommen. Er war wütend, wollte mich zur Rede stellen, mir sagen, dass er sich im Stich gelassen fühlte. Doch dann merkte er, dass ich gerade einen denkbar schlechten Gesprächspartner abgab, apathisch wie ich war. Ich sprach wie in Zeitlupe, hatte Mühe, überhaupt Worte zu finden.

Arvid blieb über Nacht. Am nächsten Morgen packte er mich ins Auto, und wir fuhren nach Warnemünde. Dort spazierten wir am Strom entlang. Das tat gut. Ich mag diese Gegend. Natürlich wollte er wissen, was mit mir los war. Da ich die Diagnose selbst nicht kannte, schilderte ich ihm die Symptome, mit denen ich mich inzwischen seit acht oder neun Wochen herumschlug.

Was das in ihm auslöste, erfuhr ich erst Jahre danach. Die Situation überforderte ihn. Seinen Vater, zu dem er immer aufgeschaut hatte, der für ihn ein Held war, in diesem erbärmlichen Zustand zu erleben, schockierte ihn.

Später fuhren wir zu Stefan, um bei seiner Familie zu übernachten. Wie wir sind Arvid und Stefans Sohn Jogi ebenfalls beste Freunde. Die Jungs zogen sich in Jogis Zimmer zurück. Arvid erzählte ihm, wie es um mich stand. Er weinte dabei.

Thomas, der Freund aus Papendorf, brachte mich am nächsten Tag nach Berlin zurück. Arvid musste zum Training nach Hamburg. Stefan telefonierte derweil mit Roland, einem unserer Mensa-Freunde, er ist Psychiater. Die beiden berieten, wie sie mir helfen konnten.

Ich bin nicht sicher, ob ich die Abfolge der Ereignisse sortiert bekomme. In der Depression verliert man das Zeitgefühl. Es könnte sein, dass Stefan direkt am folgenden Tag bei mir auftauchte. Vielleicht aber auch ein, zwei Tage später. Ich erinnere nur, wie ich im Wohnzimmer auf dem Boden lag und aufschreckte, als er an die Scheibe des Wintergartens hämmerte. Offenbar hatte ich sein Klingeln überhört oder ignoriert. Später erzählte er, ich sei wie weggetreten gewesen, hätte kaum auf seine Worte reagiert. Und wenn, dann nur ausweichend.

Deshalb schaltete er in einen strengen Befehlston um. Ich sollte ein paar Sachen packen und in eine Klinik gehen. Roland hatte einen Platz organisiert. Dawn brachte mich hin. Es war der 28. November 2009, das habe ich komischerweise gespeichert.

Erst das Aufnahmeprozedere in der Klinik, es verlief ohne Komplikationen, war schnell erledigt. Dann lag ich auf dem Bett in meinem Zimmer, war allein und spürte fast ein Glücksgefühl, so erleichtert war ich auf einmal. Ich wähnte mich in Sicherheit. Hier wollte niemand etwas von mir, hier konnte mir nichts geschehen. Zum ersten Mal, seit ich in diesen Zustand geglitten war, fühlte ich mich von Menschen umgeben, die meine Krankheit – was immer es war – und damit auch mich akzeptierten. Und verstanden. Die mir nicht ständig das Gefühl vermittelten, dass mit mir etwas nicht stimmte. Das wusste ich schließlich selber. Die Leute hier sprachen anders als die draußen. Sie benutzten andere Worte, und ihr Tonfall war ein anderer.

Dass das Wohlgefühl des ersten Moments über Wochen anhielt, sich sogar vertiefte, lag sicher mit an den Medikamenten, die sie mir gaben. Ich bekam Tavor und Lithium.

Wir waren etwa zwanzig Patienten auf der Station. Ein Lehrer war darunter, auch ein Politiker. Und die Frau eines Fabrikanten. Mit ihr freundete ich mich nach einigen Wochen an. Sie war um die sechzig. Wir trafen uns täglich zu Spaziergängen im Park der Klinik. Meistens sprachen wir über Beziehungsthemen oder den Sinn des Lebens. Ich hatte das Gefühl, dass mir unsere Spaziergänge mehr brachten als manche der Therapiesitzungen. Ich erzählte ihr von den Problemen, die mein Leben kompliziert machten. Sie hörte geduldig zu und sagte dann, wie sie die Sache aus ihrer Perspektive und mit ihrer Lebenserfahrung sah. Auf diese Weise fand ich zu Lösungsansätzen. Zunächst nur in der Theorie, aber allein das war ein Fortschritt.

Kurz vor Weihnachten telefonierte ich mit einem Arzt in Österreich, der mit dem gleichen Namen beschenkt wurde wie ich. Wir kennen uns aus meiner aktiven Zeit. Als es die DDR noch gab, hatte er mich einmal operiert, nachdem ich mir in Götzis das Knie verletzte. Er ist Facharzt für Unfallchirurgie, eine Koryphäe. Seit der Wende war er stets der Erste, den ich kontaktierte, wenn irgendetwas mit meinen Knochen oder Gelenken war. Mit der Zeit entstand daraus eine Freundschaft. Er ist für mich wie ein Lebensberater.

Da ich wusste, dass er lange arbeitete, rief ich erst gegen Mitternacht an. Dass ich mich aus einer psychiatrischen Klinik meldete, überraschte ihn. Er hörte kurz zu, schien aber wenig Zeit zu haben. Das ganze Gespräch dauerte vielleicht zwei Minuten. Bevor er auflegte, sagte er, ich solle Folgendes in meinem Leben ändern: »Trenne dich von dem, was dich belastet! Fokussiere dich bei der Arbeit auf ein Aufgabengebiet! Treibe Sport!«

Bamm, bamm, bamm – die drei Punkte kamen wie aus der Pistole geschossen. Und jeder Punkt ein Treffer. Erst fühlte ich mich wie vor den Kopf gestoßen. Aber dann war ich ihm dankbar. Diese Klarheit seiner Worte, sie ließ weder Ausreden noch irgendwelche Deutungen zu. Mach es so und nicht anders! Als hätte er mich wachgerüttelt. Es war wohl die Autorität, auf die ich ansprang – wie bisher immer im Leben.

Ich begann mit dem dritten Punkt. Noch vor dem Frühstück zog ich mir Sportklamotten an und joggte hinüber zum Schlossgarten Charlottenburg. Ich rechnete mir aus, dass ich den äußeren Parkweg dreimal laufen musste, um auf etwa zehn Kilometer zu kommen. Von dem Tag an lief ich jeden Morgen, immer dasselbe Pensum, immer um die gleiche Zeit. Die Tage sollten wieder eine Struktur bekommen. Durch die Depression war sie verloren gegangen.

Ein anderer Anker waren die Mahlzeiten, die ebenfalls stets zur selben Uhrzeit eingenommen wurden. Und die verschiedenen Therapiemodule. Auch die liefen nach einem festen Plan.

Ich machte alles mit, tanzte und bastelte und hüpfte, beteiligte mich an der Musiktherapie und was sonst noch auf dem Programm stand. Einiges machte mir sogar Spaß, weil es wie eine Entdeckungsreise war – zu mir selbst. Zeichnen zum Beispiel. Ich begann mit einfachen Übungen, zeichnete Fotos aus Zeitungen ab. Eines der Fotos zeigte Häuser in einer syrischen Stadt, schlichte Bauten, die ich mit wenigen Bleistiftstrichen nachzeichnete, senkrechte und waagerechte, nicht viel mehr.

Mit der Zeit steigerte ich mich, nahm Farbe hinzu. Einer der ersten Versuche, zwei Kleeblätter – vierblättrig, weil die anderen kein Glück bringen –, erinnerte an eine Kinderzeichnung. Doch mit jeder Woche wurde ich besser, auch weil ich mein neues Hobby intensiver betrieb. Anfangs malte ich ein, zwei Stunden pro Woche, bald waren es fünf bis sechs am Tag. Der Ehrgeiz hatte mich gepackt, mal wieder. Ob das ein positives Zeichen in Hinblick auf meine Krankheit war oder nicht – keine Ahnung. Die Therapeuten bewerteten das nicht. Aber ich fühlte mich wohl dabei, das zählte.

Eines Tages besuchte mich Arvid in der Klinik. Durch die Medikamente war ich wohl etwas zombiemäßig unterwegs. Wir wussten beide nicht recht, wie wir mit der Situation umgehen sollten. Ich freute mich, dass er da war, konnte das infolge der Pillen aber nicht besonders herzlich zum Ausdruck bringen. Der Sinn der Medikation bestand ja gerade darin, starke Gefühlswallungen gar nicht erst entstehen zu lassen. Wir hangelten uns mühsam durch ein Gespräch, das sich mal hierhin, mal dorthin bewegte, letztlich jedoch immer auf die Frage hinauslief, was mich nun eigentlich in diese Klinik gebracht hatte. Wie nannte sich diese Krankheit? Was fehlte mir?

Die Therapeuten hatten mir die Diagnose inzwischen mitgeteilt. Sie sagten, ich leide an einer bipolaren Störung. Und dass das eine Krankheit sei, bei der die normalen Stimmungsschwankungen, die jeder Mensch durchlebt, in extremer Form auftreten. Gewöhnliche Niedergeschlagenheit wächst sich zu einer Depression aus. Euphorische Gefühle steigern sich über hypomanische Phasen bis hin zur Manie. Beide Varianten halten den Betroffenen über längere Zeit in Schach, sein vorher geordnetes Leben fliegt aus der Kurve.

Die Ursachen der Krankheit sind nicht bis ins Letzte erforscht. Bisher geht man davon aus, dass die Veranlagung über das Erbgut mitgegeben wird, Umwelteinflüsse – Ereignisse, Erlebnisse oder Lebenssituationen – jedoch darüber entscheiden, ob und in welcher Form ein Ausbruch der Krankheit erfolgt. Ein weiterer Faktor sind Störungen im Hirn, bei der Informationsübertragung beziehungsweise der Reizweiterleitung durch Botenstoffe. Entweder sind zu viele oder zu wenige davon unterwegs. Das hört sich nicht weiter dramatisch an, ist es aber. Denn es geht nicht um ein bisschen zu wenig oder zu viel. Entweder werden bestimmte Partien des Gehirns regelrecht mit diesen Botenstoffen überschwemmt, oder die Quelle versiegt beinahe vollständig. In dem einen wie dem anderen Fall gerät die Aktivität des Hirns in einem Maße aus dem Gleichgewicht, dass man sich selbst kaum wiedererkennt.

Wie genau sie mir das alles erklärten, kann ich nicht mehr sagen. Um ehrlich zu sein, hörte ich nur mit einem Ohr zu. Ich hatte mir selbst eine Diagnose zurechtgelegt, die mir plausibel genug erschien, um davon überzeugt zu sein. Wie viele Jahre hatte ich mich abgerackert, um mit meiner Agentur erfolgreich zu sein? Wie oft waren mir Hürden in den Weg gestellt worden? Und wie viele Rückschläge hatte ich wegstecken müssen? Trotzdem war ich jeden Morgen aufgestanden, hatte weitergemacht, wie in einem Hamsterrad – das hatte ich doch schon mal. Dazu der permanente Druck, aus allen Richtungen. Geld musste verdient werden, für die Familie, die Miete und um den Schuldenberg abzutragen. Und für Dawn sollte ich da sein, ein schillerndes Leben führen. Haus, Auto, Urlaube, Galas, teure Klamotten, schicke Restaurants. Und für Aaron, der uns nachts den Schlaf raubte. Und für Arvid, der immer zu kurz kam. Und. Und. Und.

Es lag doch klar auf der Hand: Ich hatte mich in eine allumfassende Erschöpfung hineinmanövriert. Und der Begriff hierfür hieß nach meinem Verständnis nicht bipolar, sondern Burn-out. Womit ich nur ein weiteres Kriterium für einen Bipolaren erfüllte: das Leugnen der Wahrheit. Die wenigsten, so habe ich gelesen, sind bereit, sich die Krankheit einzugestehen, zumindest am Anfang. In hypomanischen Phasen und nicht selten in manischen empfinden sich viele nicht als krank – ging mir genauso. Und wenn einen die unvermeidlich folgende Depression erst einmal auf die Bretter gestreckt hat, gesteht man sich eher eine reine Depression ein oder eben einen Burn-out.

Die bipolare Störung – oder wie sie korrekt und vollständig heißt: bipolare affektive Störung – ist als Krankheit aber auch schwer zu fassen. Allein dass sie sich in derart gegensätzlichen Symptomen äußert, muss einen verwirren. Ganz zu schweigen von den unterschiedlichen Formen, in denen sie auftritt. Einmal gibt es die Variante, bei der Manie und Depression etwa gleich intensiv ausgeprägt sind und relativ regelmäßig ineinander übergehen, sich also abwechseln. Bei einer anderen Variante sind die manischen Phasen weniger stark ausgeprägt, bleiben eher im hypomanischen Bereich, dauern nicht so lange. Dagegen fallen die depressiven Phasen umso heftiger aus. Bei dieser Form wird das Hypomanische häufig übersehen oder unterschätzt, sodass bei der Diagnose nur eine Depression übrig bleibt. Eine dritte Variante wiederum ist dadurch gekennzeichnet, dass Manie und Depression in relativ kurzen Abständen wechseln. Die einzelnen Phasen fallen kürzer aus, sind aber nicht weniger intensiv. Völlig verquer wird es bei Variante vier. Hier treten Manie und Depression gleichzeitig auf, die gegensätzlichen Symptome überlagern sich, ein sogenannter Mischzustand entsteht. Und schließlich gibt es noch Variante fünf, die abgeschwächte Form. Wie üblich wechseln sich manische und depressive Phasen ab. Die Ausschläge fallen in beide Richtungen jedoch nicht so gravierend aus.

Falls sie meine Symptome einer dieser fünf Varianten zuordneten, wovon auszugehen ist, teilten sie mir das Resultat entweder nicht mit, oder ich verdrängte es. Warum sollte ich mich damit befassen, wenn es doch sowieso ein Burn-out war?

Als Arvid bei seinem Besuch wieder und wieder drängte, die Diagnose zu erfahren, eierte ich herum. Ein bisschen zu viel gearbeitet und nun etwas erschöpft, nichts Schlimmes also – das sollte er denken, sich keine Sorgen machen. Dabei erreichte ich genau das Gegenteil damit. Es machte ihn fertig. Vor allem, weil er spürte, dass ich nicht die Wahrheit sagte.

Bevor er ging, schenkte ich ihm eine der Zeichnungen, die ich während der Therapiestunden angefertigt hatte. Eine Bleistiftzeichnung meiner rechten Hand. Vier Finger zur Faust gekrümmt, der Zeigefinger gestreckt, als würde er auf etwas zeigen oder einem die Richtung weisen. »Auf dem Weg ins Leben«, sagte ich, »gibt es keine Schilder.« Es war bestimmt kein Kunstwerk. Ich wollte ihm nur etwas Persönliches mitgeben, um ihm zu zeigen, dass er mir wichtig ist.

Ungefähr ein Jahr später sah ich meine Zeichnung wieder – er hatte sich die Hand als Tattoo stechen lassen, auf die linke Brust. Ich hatte so vieles falsch gemacht bei dem Jungen, und dann das.

Drei Monate blieb ich in der Klink, dann entließen sie mich. Tavor hatten die Ärzte kurz vorher von meiner täglichen »Speisekarte« gestrichen, das Lithium nahm ich weiter. Auch die Therapiegespräche sollte ich fortsetzen. In Charlottenburg fand ich eine Psychiaterin, der ich vertraute. Ich suchte sie einmal in der Woche auf. Die Gespräche taten mir gut. Allein zu wissen, dass da jemand war, mit dem ich mich über meine Krankheit austauschen konnte, half. Ein kleiner Anker im tosenden Meer des Alltags.

Inzwischen wohnten wir woanders. Die Kosten für das Haus in Schlachtensee waren nicht zu stemmen gewesen. Selbst ohne Krankheit wäre das niemals gut gegangen. Dawn hatte über Freunde eine Wohnung am Stadtrand gefunden, im nördlichsten Teil von Reinickendorf, ruhig gelegen, bezahlbar. Das verringerte unsere finanziellen Probleme. An der Situation zwischen Dawn und mir änderte es allerdings nichts.

Trenne dich von dem, was dich belastet, hatte der österreichische Arzt bei dem nächtlichen Telefonat gesagt. Punkt eins seiner Liste. Seither spukte das in meinem Kopf herum. Ich mochte Dawn noch immer. Aber wenn das zwischen uns am Anfang ein loderndes Feuer gewesen war, dann glimmten die Holzscheite jetzt nur noch schwach. Sie waren kurz davor, zu erlöschen.

Wie viel meine Krankheit damit zu tun hatte? Schwer zu sagen. Im Nachhinein denke ich, dass ich nach der depressiven Phase und dem Klinikaufenthalt das Bedürfnis nach einem Neuanfang hatte. Als könnte ich damit das Geschehene auslöschen, was natürlich Unsinn war. Also wird die Krankheit einen Teil dazu beigetragen haben. Allerdings ohne dass mir das in dieser Phase bewusst gewesen wäre.

Trotzdem war ich anscheinend nicht bereit, eine Entscheidung herbeizuführen. Oder mir fehlte der Mut. Stattdessen erinnerte ich mich an eine attraktive Opernsängerin, die mir einige Monate vor dem Klinikaufenthalt bei einer Veranstaltung begegnet war. Ein Anruf, und schon hatten wir uns verabredet. Nach der ersten Verabredung folgte gleich die nächste. Wieder einmal schlugen meine Gefühle Purzelbäume. Und wieder einmal fühlte sich alles gut und richtig an. Wahrscheinlich war das nur eine andere Art, doch eine Entscheidung zu treffen.

Ich trennte mich von Dawn, zog aus der Wohnung aus, was auch die Trennung von Aaron mit sich brachte, das tat weh. Wir einigten uns auf die übliche Besuchsregelung. Die Scheidung folgte. Noch bevor es so weit war, begann ich, die Welt der Oper zu ergründen. Für mich eine völlig fremde

Welt, eine aufregende zudem. Ich war empfänglich für das Neue, geradezu begierig darauf, meinen Horizont zu erweitern.

Dieses neue Glück führte einen Heilungsschub herbei. Das spürte ich ganz deutlich. Vergessen die melancholischen Tage. Eine blasse Erinnerung nur noch, die nicht zu meinem Leben zu gehören schien. Hatte ich eine Krankheit? Welche Krankheit denn bitte schön?

Zum wiederentdeckten Wohlbefinden trug auch Sport bei. Eingeladen von einem befreundeten Fotografen, versuchte ich mich zum ersten Mal in einer Mannschaftssportart, als Basketballer. Zugegeben, technisch offenbarte ich erhebliche Defizite. Zudem waren die Knochen etwas eingerostet, nachdem ich mich vor der Klinik hauptsächlich aufs Golfen verlegt hatte. Doch beides glich ich durch eine stattliche Portion Enthusiasmus aus.

Nach der unfreiwilligen Zeit des Rückzugs und der Abschottung genoss ich es, wieder unter Menschen zu sein. Mit jeder Trainingseinheit kehrte ein Stück Selbstbewusstsein zurück. In manchen Muskeln zwickte es. Die Beschwerden im Knie konnte man schon als Schmerzen bezeichnen. Ich vergaß sie einfach. Und wenn das nicht klappte, mussten eben Schmerztabletten her, wie früher.

Eine Sache stimmte mich nachdenklich. Die Jungs, die mit mir auf dem Parkett herumwirbelten, hatten Freude daran. Sie spielten konzentriert, aber sie lachten zwischendurch auch mal oder machten Späße. Für mich eine ganz neue Erfahrung. Wenn ich früher trainierte, war das immer eine bitterernste Angelegenheit. Ob Tempoläufe, Maximalkrafttraining oder Stabhochsprung, mit Lachen oder irgendeiner anderen Form von Freude hatte das nie etwas zu tun gehabt. Es war immer Arbeit, immer Kampf.

Nach drei Jahren entdeckte ich eine neue Liebe, was den Sport betraf. Ich wechselte zum Beachvolleyball. Wieder über einen Bekannten, einen ehemaligen Zehnkämpfer, mit dem ich in Mainz trainiert hatte. Wir spielten immer sonntags, in einer Halle in Pankow. Im Gegensatz zum Basketball, wo wir in unserer Altersklasse um die deutsche Meisterschaft mitgespielt hatten, war das jetzt reiner Freizeitsport, eher wie ein regelmäßiges Familientreffen. Die meisten brachten ihre Kinder mit. Aaron war jedes zweite Wochenende dabei. Hinterher saßen wir zusammen, aßen zu Mittag, tranken Kaffee. Ich genoss diese Stunden, vermisste jedoch, selbst eine Familie zu haben. Die Sache mit der Opernsängerin war inzwischen beendet. Diese Sehnsucht nach einer Familie, sie war immer da. Es war die Sehnsucht nach einer heilen Welt – eine Illusion also.

Zwölf

Ich weiß nicht weiter, halte es hier nicht mehr aus. Laufe los. Irgendwohin. Ohne Plan. Ich nehme einfach den Weg, der sich vor meinen Füßen ausrollt.

Er führt dahin, wo früher die Grenze verlief. Das deutsch-deutsche Drama, der Riss durchs Land, die Wunde, die nicht verheilen will. Solche Wunden kenne ich. Ist irgendwie auch meine Geschichte. Doch für den Moment genügt das kleine Drama, das große Ganze schüttle ich hier draußen ab.

Ich bleibe auf dem Weg, der ein Stück weiter zu einer Laufstrecke wird, rund zehn Kilometer. Der ehemalige Todesstreifen ein Naturschutzgebiet, hügeliges Brachland und kleine Waldflächen. Während ich einen Fuß vor den anderen setze, verfalle ich in eine Art Exerzierschritt, wie man ihn von Militärparaden kennt. Lernen musste ich den selbst nie. Die Armeezeit blieb mir erspart, als Sportler war ich denen wichtiger. Botschafter im Trainingsanzug. Aber das war nur eine andere Art, dem Sozialismus zu dienen. Ohne Waffe und nicht im Stechschritt. Jeder bekam seinen Platz zugewiesen.

Zack, zack, zack, das Bein gestreckt und richtig hoch damit … Die Leute, denen ich begegne, die meisten mit einem Hund an ihrer Seite, sehen mich an, als käme ich vom Mars.

Ich dagegen finde mein Verhalten überhaupt nicht seltsam. Allerdings bin ich auch abgelenkt. Die Stimme, sie spricht ständig zu mir. Niemand sonst kann sie hören, nur ich.

Als ich an einem Hügel vorbeikomme, lenkt sie meinen Blick in seine Richtung, indem sie sagt: Dort hast du jemanden vergraben. Du bist ein böser Mensch!

Und ein paar Schritte weiter: Da liegt dein Vater.

Während ich noch zu dem Hügel hinüberschaue, höre ich plötzlich lautes Hundebellen. Direkt hinter mir. So nah, dass ich zusammenzucke und aus dem Takt gerate. Ein Schäferhund und zwei Jogger. Gleich wird mich dieses Biest anfallen, denke ich.

Angst.

Aber die beiden flitzen lachend an mir vorbei, und der Hund brav hinterher. Natürlich lachen sie über mich. Das weiß ich zwar nicht, bilde es mir aber ein.

Ich laufe weiter. Gedanken schwirren durch meinen Kopf. So viele und so wirr durcheinander, dass ich keinen zu fassen bekomme. Ich denke an alles und denke an nichts. Ein einziger Brei. Die totale Überflutung. Aber sie lässt sich nicht abstellen.

Irgendwo verlasse ich den Grenzweg. Nicht, weil ich es so will oder weil ich einen Plan habe, wo es mich hinführen soll – es passiert einfach. Die Beine wechseln den Kurs, scheinbar ohne dass sie vom Gehirn einen Befehl erhalten. Aber geht das überhaupt?

Jetzt befinde ich mich auf einer schmalen Straße. Da und dort ein Haus. Ich laufe an einer Gärtnerei vorbei. Passiere spielende Kinder. Sie kommen auf mich zu, starren mich an. So scheint mir, wahrscheinlich stimmt beides nicht. Wahrscheinlich werfen sie mir nur kurz einen Blick zu.

Wo bin ich hier? Und wo will ich eigentlich hin?

Musculus quadriceps

Das also war normannischer Burgenstil. Ich betrat die Wohnung, schaute zur Decke. Das machte jeder, der reinkam. Weil der Raum mit einer lichten Höhe von fünf Metern ungewöhnlich weit nach oben ging. Und weil ihn dort keine normale Decke abschloss, sondern ein Kreuzgratgewölbe. Die einst verputzten Backsteine hatten sie bei der Restaurierung freigelegt. So kam das architektonische Kunstwerk besser zur Geltung. Stil hatten die alten Preußen, das musste man ihnen lassen. Obwohl ich etwas Fantasie benötigte, um mir vorzustellen, dass in diesem prächtigen Raum einst Reitpferde untergebracht waren. Der gesamte Block war als Stall erbaut worden. Und der wiederum hatte zur Kaserne eines Kavallerieregiments der Preußischen Armee gehört.

Ich stand staunend in der imposanten Wohnhalle und war auf der Stelle überzeugt, dass ich mich in diesen Räumlichkeiten wohlfühlen würde.

Nach der Trennung von Dawn suchte ich Abstand. Mal wieder. Überhaupt war ich Berlins überdrüssig geworden – zu groß, zu laut, zu hektisch. Mir war nach Besinnung. Ich wollte die Dinge ruhiger angehen, den Teil meines Lebens, den ich nicht mit Arbeit verbrachte, entschleunigen. Mich finden.

Potsdam und die Jägervorstadt, dort befand sich die neue Wohnung, waren geradezu wie gemacht dafür. Ein ideales Rückzugsgebiet. Alles ein paar Nummern kleiner, kürzere Wege, schönere Wege, das vor allem. Fünf Minuten bis zum Heiligen See, genauso schnell war ich im Lustgarten, und zum Stadtzentrum war es kaum weiter.

Lange hatte ich nicht solche innere Ruhe gespürt. Die Flackerhaftigkeit der Manie war verschwunden. Auch der Zwang, ständig in Bewegung sein zu müssen. Und das wirre Springen der Gedanken. Was in der Zeit nie möglich gewesen war, gelang mir jetzt: Ich konnte stundenlang spazieren gehen und dabei ruhig und konzentriert über mein Leben nachdenken – was hinter mir lag, wo ich stand, in welche Richtung es weitergehen sollte.

Der Frühling kam und bald die ersten warmen Tage des Sommers. Jeden Morgen radelte ich bei Sonnenaufgang los, halb um den See herum, bis ich die Badestelle erreichte. Dort tauchte ich ins Wasser, schwamm ein Stück hinaus, wechselte ins Kraulen, zählte meine Atemzüge, dachte an nichts. Die ersten Male schwamm ich einfach drauflos und nach zehn, fünfzehn Minuten wieder zurück. Irgendwann kam ich darauf, das Marmorpalais am anderen Ufer anzupeilen. Das wurde dann meine übliche Strecke.

Bald hörte ich auf, beim Schwimmen die Atemzüge zu zählen. Stattdessen begann ich, meine Gedanken zu sortieren. Wenn ich am Schreibtisch saß, beschäftigten mich meist zehn Themen gleichzeitig. Im Wasser, beim Schwimmen, gelang es mir, mich auf eine Sache zu konzentrieren. Das gleichmäßige Atmen, die ruhigen Schwimmbewegungen, das Glucksen des Wassers, der Blick hinüber zum Palais – es hatte etwas Therapeutisches.

Wieder aus dem Wasser, setzte ich meine Route mit dem Rad fort. Ich passierte den nördlichen Teil des Sees, hielt mich dann westlich, durchquerte das Mirbachwäldchen, kam am Fontane-Archiv vorbei, steuerte den Pfingstberg an, bis ich das Schloss Belvedere erreichte. Das war mein Lieblingsplatz. Dieser Blick von dort oben über die Stadt – einmalig.

Der Weg zurück war schnell bewältigt. Es ging nur bergab, vorbei an der russischen Kolonie Alexandrowka. Für die gesamte Strecke, inklusive Schwimmen, benötigte ich etwa eine Stunde. Danach war ich sortiert im Kopf, bereit für den Tag.

Von Anfang Juni bis Ende September war das mein tägliches Morgenpensum. Wurde es wieder kühler, ließ ich das Schwimmen weg, absolvierte aber weiterhin den Rest der Strecke, entweder mit dem Rad oder zu Fuß. Die regelmäßige Bewegung tat mir gut. Ich hatte die Worte des österreichischen Arztes noch im Ohr. Die drei Punkte – wie ein Mantra. Überhaupt fühlte ich mich bestens, körperlich und ebenso psychisch. Ich nahm keine Medikamente mehr. Ich war wieder ich.

Auch im Beruflichen befolgte ich den Rat des Arztes, mich auf einen Schwerpunkt zu konzentrieren. Ich entwickelte ein Bildungsprogramm, das Schüler der siebten bis elften Klasse bei der Berufs- und Studienorientierung unterstützen sollte. Sport war ein wesentlicher Bestandteil des Programms, sozusagen als Mittel, sich selbst besser kennenzulernen. Beim Sport werden Werte wie Fairplay, Teamfähigkeit, Disziplin, Leistungsbereitschaft und Ausdauer vermittelt. Wer Sport treibt, entdeckt seine Stärken und Schwächen, vielleicht sogar besondere Talente oder Fähigkeiten. Das war, grob gesagt, mein Ansatz. Es gibt in Deutschland ungefähr dreihundertfünfzig Ausbildungsberufe und ein Vielfaches mehr an Bachelor- und Masterstudiengängen. Wie soll ein junger Mensch wissen, welcher Beruf für ihn geeignet ist, wenn er sich der Eigenschaften und Werte, die in ihm schlummern, gar nicht bewusst ist oder nur zum Teil? Persönlichkeitsfindung – das trifft es wahrscheinlich am besten. Erst einmal sich selbst finden, dann einen Beruf auswählen, das schien mir der vernünftigste Weg. Und vernünftig schien mir ebenso, sich für diesen Prozess ein wenig Zeit zu nehmen. Deshalb legte ich das Programm jugendgerecht als mehrtägiges Camp an.

Das Pilotprojekt startete ich an fünf Schulen in der Region Passau, unterstützt von einem Chemieunternehmen, das Nachwuchskräfte suchte, hauptsächlich Chemiekanten und Chemielaboranten. Da es gut funktionierte, alle Beteiligten zufrieden waren, konnte ich das Programm auch in Berlin, Brandenburg und Mecklenburg-Vorpommern umsetzen. Weniger als fünf Prozent der Schüler, die sich danach für einen Beruf entschieden, brachen später ihre Ausbildung ab. Dieser Wert lag deutlich unter dem Durchschnitt. Aber es wäre einem Wunder gleichgekommen, hätten sich nicht auch Skeptiker gefunden.

Ich war kein Pädagoge, wagte mich aber in einen pädagogischen Bereich. Somit passte das manchen nicht. Anders wäre es gewesen, hätte das Kultusministerium das Projekt mit Fördermitteln unterstützt. Das musste also mein nächstes Ziel sein. Auf zu den Behörden! Als ich den Antrag stellte, hatte ich etwa siebzig erfolgreich durchgeführte Camps als Referenz vorweisen. Dennoch dauerte es über ein Jahr, ehe der Fördermittelbescheid ins Haus flatterte.

Ich hätte allen Grund zur Freude gehabt, wäre vorher nicht etwas anderes geschehen.

Aaron besuchte mich regelmäßig in Potsdam. Wenn er da war, unternahmen wir immer etwas Sportliches. Er war genauso bewegungsbesessen wie ich in seinem Alter. In der Nähe meiner Wohnung befand sich der Sportplatz einer Schule. Dort gingen wir oft hin, um Basketball, Tennis oder Fußball zu spielen. Oder um Weitsprung und Sprint zu üben. An dem Tag, von dem ich berichte, spielten wir Fußball.

Nach einer Dreiviertelstunde tauchten sechs Jungen auf, etwas älter als Aaron, die mitspielen wollten. Kurz ging bei mir ein Alarmlämpchen an. Mein rechtes Knie, die unendliche Geschichte. Laufen war okay, schwimmen auch, sobald ich jedoch etwas mehr von ihm verlangte, meldete es sich mit Schmerzen. Aber ich dachte, im Tor wird es schon gehen.

Wir spielten noch nicht lange, als auf einmal mein Temperament mit mir durchging. Wahrscheinlich wollte ich den Jungs zeigen, was der alte Mann noch draufhatte. Beinahe überfallartig startete ich einen Angriff über den linken Flügel. Mein Plan war, bei günstiger Gelegenheit einen geschickten Pass vors Tor zu schlagen – mit links. Doch so weit kam es gar nicht. Das Knie! Wie ein Blitz durchzuckte mich plötzlich ein höllischer Schmerz. Und schon lag ich auf dem Boden wie ein gefällter Baum. Es fühlte sich an, als wäre mein Unterschenkel nicht mehr mit der anderen Hälfte des Beins verbunden.

Da ich mit dem Knie schon einiges durchgemacht hatte, wusste ich mittlerweile so ziemlich jede Art von Schmerz zu deuten. Der jetzt verkündete Unheil. Offenbar war der Muskel, der Oberschenkel und Kniescheibe zusammenhielt, der Musculus quadriceps femoris, gerissen.

In der Hoffnung, mich zu irren, versuchte ich, aufzustehen und das Bein zu belasten – vergeblich, die Stabilität im Knie war dahin. Als wollte ich das nicht wahrhaben, hievte ich mich doch irgendwie hoch. Mit Aarons Hilfe gelang es mir sogar, nach Hause zu humpeln, ungefähr einen Kilometer. Wir müssen ein seltsames Bild abgegeben haben. Es ging nämlich nur rückwärts. Ich machte mit dem linken Bein einen Schritt nach hinten, zog das rechte Bein nach, um dann mit links wieder den nächsten Schritt zu gehen – wenn man das so nennen konnte.

In der Klinik bestätigte sich meine Vermutung: Der vierköpfige Muskel war abgerissen. Das Knie musste operiert werden. Die Ärzte wollten mich gleich dabehalten. Doch ich rief erst einmal den Arzt in Österreich an, der sofort anbot, das Knie zu untersuchen und, falls erforderlich, selbst zu operieren.

Ich vertraute keinem Chirurgen mehr als ihm, also machte ich mich auf die Reise nach Vorarlberg, wo er seine Klinik hat. Da ich mit dem kaputten Bein nicht flugtauglich war, es auch keine Direktverbindung mit der Bahn gab, fuhr ich mit einem Flixbus. Die Fahrt dauerte über zehn Stunden. Selbst mit heilen Knochen hätte ich das als Strapaze empfunden. Zum Glück fand ich einen Platz in der hintersten Reihe, wo ich das Bein ausstrecken konnte.

Der Arzt könnte ein jüngerer Bruder von Gerard Depardieu sein. Ähnliche Physiognomie, und auch in seiner Statur ähnelt er ihm, nur dass er zwanzig Zentimeter größer ist. Freude beim Wiedersehen. Ich hätte mir nur glücklichere Umstände gewünscht. Wie sich herausstellte, war eine Operation unvermeidlich. Nachdem er dann mein Knie von innen gesehen hatte, sagte er, einen derartigen Muskelabriss kenne er nur von alten Leuten. Und mit alt meinte er fünfundsiebzig und darüber. Sport hält jung, sagt man immer. Das stimmt generell schon, trifft nur eben nicht auf Hochleistungssport zu, wie man sah.

Er erläuterte mir, was genau bei der Operation gemacht wurde. Und damit ich es mir besser vorstellen konnte, lud er mich für den nächsten Tag ein, der Operation eines älteren Herrn beizuwohnen, dem das Gleiche widerfahren war. Ich hätte mich niemals danach gedrängt, aber wenn er meinte.

Jemand gab mir sterile Kleidung, Handschuhe und Mundschutz, und ehe ich mich versah, befand ich mich im OP-Saal, der die Temperatur einer Kühlkammer hatte. Der Patient lag bereits auf dem Tisch, dämmerte in der Narkose vor sich hin.

Ich spürte Unruhe in mir aufsteigen. Man könnte auch sagen, in mir wuchs das Verlangen, diesen Ort zu verlassen. Und dieses Verlangen wurde mit jeder Sekunde, die die Operation näher rückte, stärker. Als ich dann noch spürte, dass mir trotz der niedrigen Temperatur Schweißperlen auf die Stirn traten, bat ich, mich doch lieber in mein Zimmer zu bringen. Die Schwestern grinsten, taten mir aber den Gefallen.

Am nächsten Tag bekam ich eine Orthese angelegt, die mein Knie stabilisieren sollte. Ich lief die ersten Schritte, ein Stück sogar ohne Krücken, etwas wacklig, aber es ging. Bereits nach vier Tagen schickte mich der Arzt auf die Heimreise – mit der Orthese und den Krücken. Wieder rein in einen Bus, wieder eine elendig lange Fahrt.

Meine damalige Freundin – leider wieder nur eine recht kurze Beziehung – holte mich am Busbahnhof ab. Einige Tage blieb ich bei ihr, ließ mich bemuttern, dann zog es mich in meine eigenen vier Wände. Gehandicapt, wie ich war, entpuppte sich die zweigeschossige Traumwohnung in der früheren Stallung nun als Hindernisparcours. Treppenstufen lassen sich nun einmal nicht gut mit Krücken bewältigen. Nach oben ist es eine Kunst, runter wird es schnell zur Akrobatik. Ich hatte eine Heidenangst, mit den Krücken abzurutschen und mir beim Runterpurzeln das Genick zu brechen.

Der Arzt hatte gesagt, ich müsse das Knie zwanzig Wochen schonen. Da ich nichts falsch machen wollte, schränkte ich meine Bewegungen auf ein Minimum ein. An die morgendliche Runde war nicht zu denken, auch im See zu schwimmen wagte ich nicht. Trotz aller Vorsicht passierte es dann doch: Eines Abends rutschte ich beim Wannenbad zu Hause aus. Sofort Schmerzen im Knie. Verdammt, der Muskel, er ist wieder abgerissen, schoss es mir durch den Kopf. Und im gleichen Moment geriet ich in Panik. Ich machte mir Vorwürfe. Doch anstatt am nächsten Tag zu einem Arzt zu gehen und das Knie untersuchen zu lassen, wobei festgestellt worden wäre, dass alles in Ordnung war, unternahm ich nichts, außer mein schlechtes Gewissen zu pflegen, und das wochenlang.

In dieser Zeit muss es angefangen haben, schleichend. Die Angst um das Knie war ein guter Grund, die Wohnung möglichst selten zu verlassen. Im Obergeschoss hatte ich mir ein Büro eingerichtet. Doch statt am Computer neue Konzepte zu entwickeln oder wenigstens Mails zu beantworten, ließ ich mich stundenlang von irgendwelchen Soaps berieseln. Oder ich zog mir eine Eurosportsendung nach der anderen rein. Erst telefonierte ich seltener, dann fast gar nicht mehr, bis ich die Kommunikation komplett einstellte. Keine Mails, keine Telefonate, nicht einmal SMS.

Wie ich es fertigbrachte, auf die Nachrichten von Arvid nicht zu antworten, dafür habe ich heute noch keine vernünftige Erklärung. Er machte sich Sorgen, weil er mich nicht erreichen konnte. Selbst als er mich nach unzähligen unerwiderten Bitten nachdrücklich aufforderte, ich solle mich endlich melden, tat ich, als wäre ich nicht mehr auf diesem Planeten. Daran sieht man, was die Krankheit mit einem macht. Obwohl ich hätte wissen müssen, dass er wegen meines Schweigens selbst die Hölle durchmachte, schaffte ich es nicht, auch nur ein Wort ins Handy zu tippen. Ganz zu schweigen von einem Telefonat. Mein Verstand, wie abgekoppelt.

Diese Phase zog sich über Monate. Irgendwann im Sommer bekam ich Zuwachs. Am Anfang fielen mir nur ein paar winzige dunkle Flecken auf dem Fliesenboden auf, die sich seltsamerweise bewegten. Dann sah ich, dass es sich um neue Hausbewohner handelte: Ameisen. Es wurden immer mehr. Bald krabbelten Tausende von diesen kleinen Biestern durch die Wohnung, dass es aussah, als wäre dort, wo ihre Straße verlief, ein langer dunkler Streifen. Ich bewaffnete mich mit Silikon, dichtete Risse und Fugen ab, die ungebetenen Gäste kamen trotzdem. Dann versuchte ich es mit Mehl und Seifenwasser und was weiß ich nicht alles. Durch nichts ließen sie sich abhalten, mir weiterhin Gesellschaft zu leisten. Fast wäre ich durchgedreht. Was nicht allein an den Ameisen lag, durch deren Unverwüstlichkeit aber befeuert wurde. Wenn ich nicht einmal in der Lage war, mich dieser Viecher zu entledigen, wie, bitte schön, sollte ich dann die Aufgaben meistern, die mir das Leben aufbürdete?

Ich glitt in alte Verhaltensmuster wie in einen Anzug, den ich länger nicht getragen hatte, der mir aber noch passte. Hatte ich die manische Phase in ihrer unterschiedlich ausgeprägten Intensität mehr oder weniger als normal empfunden, rutschte ich jetzt wieder in eine Depression.

Der gleiche Zustand, der mich vor meinem Aufenthalt in der psychiatrischen Klinik ausgebremst hatte. Dass ich das erkannte, machte es nicht einfacher. So ahnte ich zwar, wohin die Reise auch diesmal gehen würde. Aber genau das wollte ich verhindern. Nicht wieder in eine Psychoklinik!

Schon damals hatte ich mich gewehrt, die Krankheit zu akzeptieren, hatte die Symptome einem Burn-out zugeschrieben. Zu viel gearbeitet und zwischendrin zu wenig Luft geholt, dafür musste man sich nicht schämen. Ganz anders, wenn sie einem bescheinigten, irre zu sein. Darauf lief es bei einem Bipolaren schließlich hinaus.

Tagsüber war ich damit beschäftigt, mich vor meinen Mitmenschen zu verstecken. Vor die Tür ging ich kaum noch, doch selbst in der Wohnung fürchtete ich, jemand könnte die traurige Gestalt, die ich abgab, durch eines der bodentiefen Fenster erblicken. Deshalb hielt ich mich meist im Obergeschoss auf, bevorzugt im Bett. Ich redete mir ein, damit meinem Knie etwas Gutes zu tun. In Wirklichkeit war es einfach der beste Ort, sich vor der Welt zu verstecken.

Dafür fiel es mir zunehmend schwerer, nachts Ruhe zu finden. Wie ein Duracell-Häschen, dem allmählich der Strom ausging, mäanderte ich durch die dunkle Wohnung, setzte mich auf die Couch, stand wieder auf, setzte mich wieder hin, schaltete den Fernseher ein, schaltete ihn aus, humpelte nach oben, dann wieder nach unten … Je länger ich das machte und je weniger ich in den Nächten schlief, desto trübsinniger wurden meine Gedanken.

Und dann war es wieder so weit, dass ich dachte, ich selbst müsste mich dafür bestrafen, dass ich im Beruf versagte. Und als Vater. Und überhaupt in allem. Was heißt: dachte? Etwas in mir verlangte danach.

Im depressiven Stadium ändert sich die Sichtweise auf die eigene Vergangenheit. Statt die guten alten Zeiten zu verherrlichen, wozu der normal Denkende neigt, projiziert man die aktuell düstere Stimmung auf Erlebnisse von früher, selbst wenn die alles andere als düster waren. Das ging so weit, dass meine sportlichen Erfolge nichts mehr wert waren, nicht einmal der Olympiasieg zählte noch. Auf einmal gab ich den Leuten nachträglich recht, die damals gemeint hatten, ich hätte meine Goldmedaille nur einem glücklichen Zufall zu verdanken.

Das Verfluchen der Vergangenheit, so nenne ich das. Und da ich gerade mit der Gegenwart ebenfalls auf Kriegsfuß stand, nichts richtig anzupacken wusste, entwickelte ich eine geradezu übermächtige Angst vor der Zukunft.

Zunächst waren es nur wirre Gedankenspiele. Eines davon die Vorstellung, was wäre, wenn es mich nicht mehr gäbe. Dann konkretisierten sich die Gedanken, die alle auf dasselbe hinausliefen, und verschmolzen zu einem einzigen. Und der trieb mich eines Abends dazu, einige meiner Hosengürtel aus dem Schrank zu holen, um ihre Zugfestigkeit an einem der Holzbalken in der Wohnung zu testen. Als sich einer als brauchbar erwies, beschloss ich: Heute noch nicht, aber morgen …

Am gleichen Tag hatte mich Arvid mit seiner Freundin Alina besucht. Ich mag sie gern, fürchte aber, dass ich einen schlechten Schwiegervater abgab. Und einen schlechten Gastgeber obendrein. Der Kühlschrank war so leer, wie er nur sein konnte. Ich hatte nichts anzubieten, hatte in den Wochen zuvor selbst kaum etwas zu mir genommen. Durch die Radikaldiät war mein Gewicht um etwa zwanzig Kilo geschrumpft. Also auch in dieser Hinsicht gab ich alles andere als ein gutes Bild ab.

Die beiden fuhren dann wieder zurück nach Hamburg. Und ich veranstaltete meine Gürtel-Testaktion. Es hatte doch alles keinen Sinn mehr. Irgendwie musste ich die Nacht überstehen, ein wenig Kraft schöpfen, um am nächsten Tag zur Tat schreiten zu können.

Wenn ich das jetzt in Worte fasse, klingt es, als wäre ich an diesem Abend einigermaßen klar gewesen. Doch das täuscht. Durch meinen Kopf waberte ein einziger Gedankenbrei. Wäre ich klar gewesen, ich meine, im Sinne von entschlossen, hätte ich vermutlich gleich den letzten Schritt getan.

Dann der nächste Tag. Irgendwann, ich kann es zeitlich nicht zuordnen, klingelte es an der Tür. Immer wenn es in dieser Zeit klingelte, zuckte ich zusammen und hätte mich am liebsten auf der Stelle unsichtbar gemacht. Jedes Mal hatte ich Angst, es könnte die Polizei sein oder jemand vom Finanzamt oder vom Gericht. Wegen der Schulden und weil ich auch sonst nichts auf die Reihe bekam, nicht arbeitete, keinen Cent verdiente, sogar die Krankenversicherung hatten sie mir gekündigt.

Es waren aber Arvid und meine damalige Freundin. Arvid musste gespürt haben, dass ich auf der Klippe stand, bereit, zu springen. Er hatte in der Zwischenzeit mit Stefan in Rostock telefoniert und mit meiner Freundin. Ihr hatte ich offenbar wirre Nachrichten geschickt, an die ich mich nicht erinnerte.

Arvid sagte nicht viel, nur dass ich meine Tasche packen solle und dass er mich mitnehmen würde. Wie ein folgsames Kind stieg ich die Treppe hinauf, holte eine Tasche, stellte sie im Schlafzimmer aufs Bett. Doch bevor ich etwas hineinpackte, ging ich nach unten und fragte, warum ich eigentlich die Tasche packen solle. Arvid schickte mich wieder hoch, ich kam wieder ohne die Tasche zurück. So ging es hin und her. Irgendwann hatte ich das mit dem Taschepacken kapiert, zögerte es dennoch hinaus, indem ich es ein ums andere Mal unterbrach und ihn erneut mit Fragen löcherte – was und wie viel und wofür überhaupt?

Dann saß ich mit Arvid im Auto, und er erklärte mir, dass wir auf dem Weg nach Rostock seien. Stefan habe einen Platz in der Uniklinik organisiert. Ich hörte zu und hörte doch nichts.

Erst mit Verzögerung sickerten die Worte in mein Hirn: Also doch wieder in die Klapse. Ich sah stumm geradeaus. Erinnerungen an die Zeit in der Berliner Klinik kamen hoch. »Dreh um!«, sagte ich auf einmal. »Fahr mich wieder nach Hause!«

Ich bin sicher, dass ich das sagte, nicht nur einmal. Aber genauso sicher bin ich, dass Arvid so tat, als wären wir durch eine Glasscheibe getrennt, sodass er nichts hören konnte. Er antwortete nicht, fuhr einfach weiter.

Als wir die Klinik erreichten, war es längst dunkel und schon ziemlich spät. Wir meldeten uns in der Notaufnahme der Psychiatrie. Sie hatten nur noch ein Bett in der geschlossenen Abteilung. Einsperren lassen wollte ich mich aber auf keinen Fall. Und Arvid wollte mir das auch nicht antun.

Wir landeten dann mitten in der Nacht bei Stefan, schliefen dort, um früh am nächsten Morgen einen neuen Anlauf zu wagen. Arvid übernahm das Kommando, ich humpelte hinterher, widerwillig, noch immer an Krücken. Diesmal klappte es. Ein Bett in einem Zweierzimmer. Das andere war von einem jungen Mann belegt, der im Gegensatz zu mir nicht an Appetitlosigkeit zu leiden schien. Ebenso wenig an übertriebener Zurückhaltung. Als wäre er gerade von einer einsamen Insel zurückgekehrt, wo außer ihm niemand war, quatschte er ohne Unterlass auf mich ein, dass mir bald der Schädel dröhnte.

Ich wäre am liebsten getürmt. Aber ich hatte es Arvid schon schwer genug gemacht, mich überhaupt in dieses Zimmer hineinzubekommen. Vor der Tür hatte ich mich plötzlich viel besser gefühlt. Als hätte mich eine Blitzheilung ereilt. Das redete ich mir ein, und gleichzeitig versuchte ich, es ihm glaubhaft zu machen. Außerdem fielen mir tausend Dinge ein, die ich zu erledigen hatte, unbedingt und sofort, die Aufgaben duldeten keine Sekunde Aufschub. Mit der Realität hatte das eine nichts zu tun und das andere noch weniger.

Es waren Stunden vergangen, ehe es Arvid gelang, mir das Versprechen abzuringen, zumindest einen Tag auszuharren. Am nächsten Tag kam er wieder, und wir verhandelten einen weiteren Tag, den ich in der Obhut der Ärzte und Schwestern blieb. Am übernächsten Tag das gleiche Spielchen … und so weiter.

Dann tauchte Helke auf, um Arvid zu unterstützen. Und um mir klarzumachen, was ich unserem Sohn da eigentlich zumutete. Er pendelte beinahe täglich zwischen Hamburg und Rostock, um seinen widerspenstigen Vater zur Vernunft zu bringen.

Einmal kamen sie beide gleichzeitig zu Besuch. Wir hielten uns im Krankenzimmer auf. Aus irgendeinem Grund, der mir nicht mehr einfällt, umarmte ich Arvid, drückte ihn an meine Brust. In dem Moment sagte Helke: »Weißt du eigentlich, dass dein Sohn seit Jahren darauf wartet?«

Ich musste schlucken, versuchte mich zu beherrschen, doch dann brach es aus mir heraus, und ich heulte Rotz und Wasser.

Bald taten die Medikamente, die sie mir verabreichten, ihre Wirkung. Tavor war es wieder, dazu bekam ich Mirtazapin, ein Antidepressivum der stärkeren Sorte. Die innere

Unruhe wurde allmählich gedämpft, und ich konnte nachts einige Stunden schlafen.

Etwas überrascht war ich, als sich die Stationsärztin vorstellte. Ein vertrautes Gesicht, wir kannten uns vom Rostocker Bündnis gegen Depression. Sie gehört zu den Gründungsmitgliedern, ich unterstütze das Netzwerk als Schirmherr. Als man mir die Aufgabe antrug, das lag inzwischen fünfzehn Jahre zurück, war bekannt, dass ich nach meiner Karriere an einer Entlastungsdepression gelitten hatte. Damals galt ich als geheilt, glaubte selbst, für alle Zeit geheilt zu sein. Nun hatte sie mich als einen Patienten vor sich, den Depressionen als Teil seiner chronischen Krankheit peinigten, die folglich rezidivierend auftraten, wie es in der Fachsprache heißt – in Abständen wiederkehrend.

Nach einiger Zeit fand ich mich mit meiner Situation ab. Ich betrachtete die Klinik als Schutzraum, nahm an den üblichen therapeutischen Maßnahmen teil, nutzte jedoch jede Gelegenheit, der Enge der Räume und der Gegenwart der anderen Patienten zu entfliehen. Ich war einer wie sie, doch das wollte ich nicht sein.

Oft zog es mich hinaus in den Park. Dort lief ich unter den alten Bäumen entlang, nach wie vor mithilfe der Gehstützen, schlug die Südrichtung ein, wo ich nach einigen Hundert Metern das Ufer der Unterwarnow erreichte. Gegenüber liegt die Altstadt.

Einerseits empfand ich die Weite des Flusses als befreiend. Andererseits stimmte mich der Blick hinüber zur Stadt traurig. Es war, als würde ich in die Vergangenheit schauen. Die Jahre an der KJS mit den unzähligen Trainingsstunden, die Erlebnisse in der Mensa, das verkorkste Studium, die Zeit mit Helke … und nun war ich hier gelandet, auf der anderen Seite des Flusses, in einer landschaftlich schönen Umgebung, jedoch aus einem gar nicht schönen Grund.

Es kam der Tag, an dem ich an einem ersten Ausflug teilnahm, mit fünfzehn anderen Patienten zwischen achtzehn und siebzig Jahren. Die Konfrontation mit der Realität. Wir fuhren mit der Straßenbahn ins Stadtzentrum. Ich betete im Stillen, dass mich niemand erkannte, und fühlte mich doch von jedem angestarrt. Der große Olympiasieger in einer Gruppe Lebensuntüchtiger, angewiesen auf Krücken – konnte es etwas Demütigenderes geben?

Dann sprach mich tatsächlich jemand an, und ich versank noch tiefer in meinem Sitz. Ab da hielt ich mein Gesicht gesenkt, um es vor den Blicken anderer zu verbergen. Oder ich drehte es zum Fenster.

Wir stiegen aus, spazierten durch den Rosengarten. Das heißt, die anderen spazierten. Bei mir, mit den Krücken, glich der Weg über den feuchten Lehmboden eher einem verzweifelten Gestochere. Was für eine erbärmliche Figur gab ich hier nur ab!

So ist es in einer Depression. Man macht sich noch kleiner und schwächer, als man sich eh schon fühlt.

In dieser Verfassung betrat ich wenig später das ehemalige Stasi-Gefängnis, das Ziel unseres Ausflugs. Ich frage mich heute noch, wer sich das einfallen ließ und welchen Zweck es erfüllen sollte. Ich hatte etwas von »Strukturfähigkeit des Patienten« aufgeschnappt, die auf diese Weise getestet werden solle. Bestimmt hatte ich mich verhört, und es ging in Wirklichkeit darum, uns einmal durch die Hölle zu jagen.

Sie zerrten uns durch einen trostlosen grauen Gang, dann Treppenstufen hinauf, die aus Metallgittern bestanden, durch die man nach unten sehen konnte. Schließlich steigerten sie die Qual, indem sie uns in eine der früheren Haftzellen verfrachteten. Wer noch nie klaustrophobische Anwallungen durchlebte, dort drin überkommen sie einen garantiert. Ich wollte nur noch raus und weg, alles vergessen, was ich gehört und gesehen hatte, und niemals wieder daran denken.

Zwei Wochen danach das Gegenprogramm. Diesmal führte der Ausflug in den Botanischen Garten. Die Fahrt dorthin gestaltete sich ähnlich, was darauf schließen ließ, dass mein Selbstbewusstsein weiter in der Kelleretage wohnte. Wieder die eingebildeten Blicke der anderen, und wieder verbarg ich das Gesicht, weil ich mich meiner schämte. Und doch änderte sich an diesem Tag etwas.

Im Botanischen Garten spross und blühte es, und jede Blüte glich einem Lächeln, das mir zu gelten schien. Und nach einer Weile lächelte auch ich. Das mag lapidar klingen. Was ist schon ein Lächeln? Dazu kann ich nur sagen: Für jemanden, der sich monatelang mit einer emotionalen Leere durch die Tage schleppte, wie sie mich befallen hatte, für den kann so ein Lächeln wie ein neues Leben sein.

Wohin ich blickte, jede Pflanze, jeder Baum, jeder Strauch trug dieselbe Botschaft: Ich bin schön. Diese Farben und Düfte, das Zwitschern der Vögel, die sanften Bewegungen der Blätter durch den lauen Wind … all das sagte mir: Ich lebte noch. Ich spürte wieder. Ich konnte Freude empfinden.

Einen weiteren Ausflug in die Wirklichkeit musste ich einige Wochen danach allein bewältigen. Er war überfällig. Seit mehr als sechs Monaten hatte ich diesen Gang vor mir hergeschoben. Wie eine Flucht vor dem Unausweichlichen: Die wirtschaftliche Lage meiner Agentur, die Schulden – ich war pleite. Freunde hatten mir immer wieder zugeredet, mich von einer Insolvenzagentur beraten zu lassen. Ihre Argumente waren so vernünftig wie logisch, das sah ich wohl. Doch diesen Schritt musste man erst einmal gehen: Sich eingestehen, dass man gescheitert war, es mit eigener Kraft nicht mehr schaffte, das Blatt zu wenden.

Dass ich an diesem Tag meinen Mut zusammennahm, war ein Indiz dafür, dass es mir inzwischen besser ging. Ich wollte mein Leben wieder in die Hand nehmen. Das klingt entschlossen, war ich auch, aber nicht so entschlossen, dass ich jedem meine Lage auf die Nase gebunden hätte. Als mir kurz vor der Beratungsstelle ein alter Bekannter aus Sportlerzeiten über den Weg lief, fühlte ich mich fast ertappt, obwohl es genug andere Büros auf der Straße gab, die mein Ziel hätten sein können. Statt der Wahrheit erzählte ich ihm, ich wolle einen Neffen besuchen, der tatsächlich in der Gegend wohnte. Dann ging jeder seines Wegs. Als es nur noch ein paar Schritte bis zu dem Haus mit der Insolvenzagentur waren, blickte ich mich verstohlen nach allen Seiten um, ob ja niemand sah, in welchem Eingang ich verschwand.

Hinterher pure Erleichterung. Und die Erkenntnis, dass einem manchmal auch fremde Menschen die Hand reichen. Und dass es helfen kann, Vertrauen zu wagen. Auf dem Rückweg, in der Bahn, schrieb ich Stefan per SMS, ich hätte endlich seinen Rat befolgt. Es war noch nichts geregelt, nichts gelöst, aber ich hatte es in Angriff genommen. Allein das stimmte mich zuversichtlich. Es würde weitergehen, irgendwie.

Ich blieb zwei Monate in der Klinik. Dann legte ich einen Abgang hin, den man dramatischer kaum hätte inszenieren können. Ich hatte nur noch zwei oder drei Tage dort zu verbringen, bereitete mich auf die Heimkehr vor. Doch irgendetwas stimmte nicht mit mir. Neuerdings geriet ich bei der kleinsten Anstrengung außer Puste. Wenige Treppenstufen genügten, und ich fing an zu japsen, bekam kaum mehr Luft. Als ich der Oberärztin mein Leid klagte, ließ sie mir sofort zwei Röhrchen Blut abnehmen. Es dauerte zehn, fünfzehn Minuten, dann klingelte mein Handy und jemand sagte streng, ich solle augenblicklich mein Zimmer aufsuchen und mich hinlegen. Möglicherweise sei eine Lungenembolie die Ursache meiner Atemnot.

Im Zimmer machte ich den Fehler, bei Wikipedia den Begriff einzugeben. Da stand, eine Lungenembolie könne tödlich sein. Jedes Jahr würden einige Tausend daran sterben.

Dann ging alles sehr schnell. Ein Rettungswagen kam. Sie fuhren mich einmal quer durch die Stadt zur Kardiologie der Uniklinik. Dort ein Vierbettzimmer, das mit mir wieder voll belegt war. Eine Ärztin machte einen Ultraschall von meinem Herz und stellte dabei fest, dass die rechte Herzkammer stark ausgedehnt war. In der Fachsprache heißt das Cor pulmonale. Die rechte Herzkammer kann durch einen Strömungswiderstand in der Lunge nicht mehr richtig arbeiten. Sauerstoffarmes Blut aus dem Körper, das eigentlich in die Lunge gepumpt werden müsste, staut sich in der Herzkammer.

Somit bestätigte sich der Verdacht. Allerdings schien die Embolie bereits einige Tage zurückzuliegen. Die Verklumpung hatte sich inzwischen offenbar aufgelöst. Also Entwarnung. Sie gaben mir blutverdünnende Medikamente, und nach einigen Tagen wurde ich entlassen.

Zurück nach Potsdam. Der Versuch, beruflich wieder Fuß zu fassen, unter anderem mit dem Bildungsprogramm, für das inzwischen Fördermittel bewilligt wurden. Dazu neue Ideen, neue Kontakte. Die Teilnahme an Diskussionsrunden bei der Stiftung Zukunft Berlin. Verschiedene Jobangebote. Es passierte nie nichts.

Die Zukunft lag vor mir, mal wieder. Ich war fest entschlossen. Das Mirtazapin hielt mich im Lot. Die Gehstützen, die zuletzt wohl mehr als nur eine Hilfe zum Gehen waren, brauchte ich bald nicht mehr. Ich fuhr wieder Rad, ging im See schwimmen. Noch war Sommer.

Dreizehn

Nach Stunden, mittlerweile ist es dunkel, lande ich wieder beim Ausgangspunkt meines Marsches. Dabei hatte ich nicht vorgehabt, noch einmal herzukommen. Aber weiter schaffe ich es auch nicht.

Bin erschöpft. Setze mich auf die Treppe im Hausflur. Im Gegensatz zu mir scheint die Stimme, die mir einredet, ich sei schlecht, nicht erschöpft zu sein. Sie quasselt und quasselt.

Nach einer Weile öffnet jemand die Haustür. Zwei Männer schieben sich herein. Jeder andere hätte erkannt, dass sie Rettungssanitäter sind. Dawn muss mitbekommen haben, dass ich zurück bin und professionelle Hilfe brauche. Nur, ich halte die beiden für Polizisten.

Und ich weiß natürlich sofort, was sie mit mir vorhaben: Sie wollen sich rächen. Für ihre zwei Kollegen, die ich totgefahren habe. Auf irgendeiner Landstraße in Brandenburg. Stand in allen Zeitungen. Die wollten mich anhalten, ich bin voll in sie reingekracht. Und vorher hatte ich eine alte Frau umgebracht, deswegen hatten sie mich gejagt.

Die Geschichte stimmt, ich hatte sie gerade erst gelesen. Allerdings ging es um jemand anderen, mit mir hatte das nichts zu tun. Doch ich projiziere das Schreckliche mal wieder auf mich. Bei klarem Verstand würde man es schnell durchschauen. Dann käme man auf so etwas gar nicht. In einer Psychose jedoch, in der man sich wie ich jetzt für einen Mörder hält, kriegt man panische Angst vor zwei Rettungssanitätern. Weil man glaubt, sie wollen einen abmurksen.

In Wirklichkeit lächeln sie freundlich und reden mit Engelsgeduld auf mich ein. So kommt das bei mir nur nicht an. Denn da sind ihre Hände, die sich bedrohlich bewegen, sie kommen näher und näher.

Versuche sie abzuwehren, schlage um mich, schreie. Hilft alles nichts. Die beiden packen mich und lassen sich auch durch mein wildes Strampeln nicht davon abhalten, mich nach draußen zu befördern.

Dann ein Blackout.

Die Bilder auf der Festplatte – gelöscht.

Dann die Fahrt im Rettungswagen.

Die Ankunft in der Klinik. Jetzt wieder Bilder, aber nur verschwommen, das Hirn scheint überfordert.

Als nächstes einigermaßen klares Bild sehe ich mich, wie ich zusammengekauert auf dem Boden liege. Wobei ich nicht sicher sein kann, ob ich diesen jämmerlichen Anblick aus eigenem Erleben gespeichert oder in meiner Fantasie in eine bestimmte Sequenz des Films Einer flog über das Kuckucksnest *hineinmontiert habe.*

Irgendwann finde ich mich auf einer Krankenliege wieder. Jemand träufelt mir ein Medikament ein. Kurz darauf spüre ich Erleichterung. Dann wird alles schwarz. Und still.

Nie passiert nichts

Ich musste geschlafen haben. Oder sie hatten mich betäubt. Jetzt lag ich auf einem Krankenbett, das auf einem Gang stand. Grelles Licht von der Decke blendete mich. Ich blinzelte, schloss die Augen, öffnete sie einen Spalt, kniff sie wieder zusammen, bis sie sich an die Helligkeit gewöhnt hatten.

Jemand beugte sich über mich und fragte, ob ich wüsste, wo ich sei. In einem Krankenhaus, riet ich, ohne die geringste Vorstellung zu haben, welches Krankenhaus es sein könnte.

Ich wurde mit dem Bett in ein Zimmer geschoben. Neben mir ein Fenster. Ich sah Bäume und Sträucher. Auf der anderen Seite, links von mir, ein zweites Bett, mit einem Mann, mittleres Alter, korpulent, der sich später als Zeuge Jehovas zu erkennen gab.

Das Fenster war nicht vergittert. Erleichterung. Dann war ich nicht in der Geschlossenen.

Tage vergingen, bis ich einigermaßen begriff, was geschehen war. Eine Psychose, so heftig wie nie zuvor, hatte mich mit Wahnvorstellungen und Halluzinationen aus der Wirklichkeit katapultiert. Zu Hause in der Wohnung erst, unbeobachtet, vermutlich seit Wochen schon, dann auf der Fahrt zu Aarons Schule, bei Dawn, auf dem Spazierweg entlang des ehemaligen Grenzstreifens, beim Eintreffen der Rettungssanitäter … ein einziger Albtraum.

Irgendwann hatte ich aufgehört, das Mirtazapin zu nehmen. Aber eigentlich fing es schon vorher an. Ich wohnte inzwischen wieder in Berlin, was meinem Befinden nicht guttat. Da war Weihnachten und die Trennung von der

Freundin. Und dazu das Gefühl, dass sich im Job mal wieder der Mount Everest vor mir erhob. Die bewilligten Fördermittel für das Bildungsprogramm waren eine Bestätigung, dass ich gute Arbeit geleistet hatte, mit allen, die mich dabei unterstützten. Aber das Geld war eben auch eine Verpflichtung. Und eine Verantwortung. Ich durfte es nicht vermasseln.

Ende Januar sollte das neue Projekt mit einem Kick-off in Hellersdorf angeschoben werden. Darauf hatte ich hingearbeitet. Doch auf einmal erschien mir die Aufgabe zu groß, als dass ich sie hätte bewältigen können. Die Begeisterung, die mich zuvor angetrieben hatte – wie weggeblasen.

Es sind jedes Mal die gleichen Abläufe: Ein Berg türmt sich auf. Ich sehe den Pfad nicht, der zum Gipfel führt. Und überhaupt scheint mir der Berg viel zu hoch, unüberwindbar. Parallel stellt sich Erschöpfung ein. Ich resigniere, bevor ich es mir selbst eingestehe, ziehe mich zurück, stelle die Kommunikation mit der Außenwelt ein, verliere mich in Melancholie.

Nun also wieder eine Klinik. Diesmal verordneten sie mir drei Medikamente: Tavor, mittlerweile ein alter Bekannter, dessen Wirkstoff Lorazepam für gewöhnlich schnell anschlug. Dazu Cipralex, ebenfalls ein Antidepressivum, ein sehr starkes, das den Serotonin-Spiegel in meinem Gehirn erhöhen sollte. Zu wenig Serotonin gilt als Hauptursache für das Entstehen von Depressionen. Und dann noch Valdoxan, auch das ein Antidepressivum, es sollte mir zu mehr und besserem Schlaf verhelfen.

Cipralex ist kein Schnellwirker. Ehe sich die gewünschte Stimmungsaufhellung einstellte, würden Wochen vergehen. Und wenn schon, ich hatte eh nichts anderes vor. Ich fühlte mich nicht wohl in der Klinik, aber auch nicht unwohl – weil ich mich gar nicht fühlte, zumindest in der ersten Zeit. Alles wirkte irgendwie entrückt.

Ich begegnete anderen Patienten, während der verschiedenen Therapien oder irgendwo auf der Station, wollte aber eigentlich nichts mit ihnen zu schaffen haben. Ich war nie ein Herdentier. Hier drin wurde der Wunsch nach Isolation noch stärker. Während die anderen ihre Mahlzeiten gemeinsam auf dem Flur einnahmen, zog ich mich in mein Zimmer zurück, verspeiste dort die karge Kost. Meist blieb ein Hungergefühl, so klein war die Portion oder so groß mein Appetit, vermutlich eine Nebenwirkung der Medikamente.

Den meisten Patienten ging ich vor allem deshalb aus dem Weg, weil sie mir verwirrt vorkamen. Der Anblick, wie sie behäbig durch die Gegend schlurften, Löcher in die Luft starrten oder vor sich hin brabbelten, deprimierte mich. Dabei waren sie meine Ebenbilder.

Kein Mensch – jedenfalls kenne ich keinen – ist scharf darauf, seine Zeit als Patient in einer Klinik zu verbringen. Vom ersten Tag an wünscht man sich nichts sehnlicher, als sie schnellstmöglich wieder verlassen zu können. Und doch war ich erst einmal erleichtert, in Sicherheit zu sein – vor allem vor mir selbst. Bei der Aufnahme musste ich mit meiner Unterschrift versprechen, keinen Suizidversuch zu unternehmen und mich nicht absichtlich selbst zu verletzen. Das war in den anderen Kliniken auch so gewesen. Man sollte Wörter wie Tod oder Selbstmord gar nicht erst in den Mund nehmen.

Eines Abends jedoch ließ sich das schwer vermeiden. Ich saß im Zimmer, las ein Buch, als ich im Augenwinkel einen Schatten vor dem Fenster wahrnahm. Nur ganz kurz, es war nicht länger als der Flügelschlag eines Vogels, dann war er schon wieder verschwunden, und ich hörte einen dumpfen Aufschlag, nicht laut.

Ich dachte, jemand hätte eine Matratze aus dem Fenster entsorgt, und fragte mich, warum man das nicht tagsüber machte, im Hellen.

Einen Augenblick war es still, auf einmal hörte ich draußen Stimmen. Ich schaute aus dem Fenster, sah aber nicht mehr als ein paar dunkle Gestalten und den wandernden Lichtkegel einer Taschenlampe. Dann tauchten noch mehr Gestalten auf, die Lampen mit hellerem Licht mitbrachten – Polizisten. Den Rest kann man sich ausmalen: Es war keine Matratze, die dort unten lag. Ein Patient aus einem der Zimmer über mir hatte sich aus dem Fenster gestürzt.

Bald wechselte ich in eine Tagesklinik, die zum gleichen Krankenhaus gehörte. Da ich meine Wohnung aufgeben musste, schlief ich bei Dawn und Aaron, fuhr jeden Morgen zur Therapie und verließ die Klinik am Nachmittag wieder. Mal eine andere Variante, zurück in die Spur zu finden.

Einen Großteil der Zeit verbrachte ich bei der sogenannten Psychoedukation. Deren Ziel bestand darin, den Patienten auf verständliche Weise Wissen über ihre Krankheit und die Behandlungsmethoden zu vermitteln. In der Umsetzung hatte das viel mit dem Ausfüllen von Fragebögen zu tun. Beispielsweise sollte ich auf einer Liste mit ungefähr dreihundert Beschäftigungen markieren, ob ich die jeweilige als sehr angenehm, etwas angenehm oder als nicht angenehm einstufen würde.

Unter nicht angenehm landeten Aktivitäten wie Zelten, Kartenspielen, Puzzeln, jemanden kritisieren, Holz- und Schreinerarbeiten, Lebensmittelvorräte anlegen, vor sich hin singen, einen Vergnügungspark besuchen, Leute schockieren, einen Einkaufsbummel machen, über sich selbst und seine Probleme nachdenken.

In die mittlere Kategorie fielen für mich: eine Dusche nehmen, einen Luxuswagen fahren, Zeitschriften lesen, ein Museum besuchen, eine Rede halten, wilde Früchte sammeln, Himmel und Wolken beobachten, zu einer Party gehen, leger kleiden, zum Flirten Verabredungen treffen, einen Friedhof besuchen.

Und als sehr angenehm ordnete ich unter anderem ein: mit Freunden essen, eine schwierige Aufgabe meistern, an Hochzeiten teilnehmen, gute Stimmung verbreiten, originelle Ideen haben, Gartenarbeit, Volleyball spielen, seine finanziellen Angelegenheiten regeln, Blumen anschauen, Ruhe finden, sich beraten lassen, nachts tief und fest schlafen, barfuß laufen, eine Opern- oder Ballettaufführung besuchen, alte Freunde wiedertreffen.

Man könnte darüber schmunzeln. Auf den ersten Blick wirkte so eine Liste trivial. In meiner Verfassung jedoch war sie eine gute Hilfe, mich wieder selbst einsortiert zu bekommen. Was war mir wichtig? Worauf konnte ich verzichten? Und vor allem: Was trug zu meinem Wohlbefinden bei?

Recht knifflig fand ich den Intelligenztest-Fragebogen. Man darf nicht vergessen, dass ich unter Medikamenten stand, mein Hirn dadurch nur auf halber Flamme lief. In dem Zustand gerät man schnell auf die falsche Spur. Etwa bei der Frage: Wie viel Erde befindet sich in einem Loch mit den und den Ausmaßen? Oder: Sieben Heuhaufen und elf Heuhaufen werden zusammengetragen – wie viele Heuhaufen ergibt das? Oder: Du überholst bei einem Wettkampf den Zweiten – an welcher Position liegst du? Und das waren noch die einfacheren Fangfragen.

Manchmal fiel es mir schwer, den Therapeuten zu folgen, obwohl ich mich bemühte. Das Zuhören strengte an, Antworten zu geben noch mehr. Denn das verlangte, die richtigen Worte zu finden, überhaupt Worte zu finden. Ich versuchte, mir Begriffe ins Gedächtnis zu rufen, die sonst zu meinem aktiven Sprachgebrauch gehörten, jetzt aber irgendwo tief verschüttet schienen. Oft saß ich da, hörte, was der Therapeut sagte, und das, was andere Patienten von sich erzählten, ohne dass ich einen Sinn darin erkannte. Als wäre den Worten ihre Bedeutung abhandengekommen. In meinem Kopf war das wohl so.

An besseren Tagen erfuhr ich einiges über mich selbst. Zur Edukation gehörte, den Patienten einem bestimmten Persönlichkeitsstil zuzuordnen. Nicht um ihn in eine Schublade zu stecken, sondern um ihm aufzuzeigen, wodurch die eigenen Charaktereigenschaften geformt wurden, welche Verhaltensmuster sich daraus ergaben und wie andere Menschen darauf reagierten.

Mich sortierten sie beim selbstbewussten Persönlichkeitsstil ein. Damit wäre ich zufrieden gewesen, leider kam noch ein kleiner Zusatz hinzu. Unter den Selbstbewussten sahen sie mich als Narzissten, was praktisch die negative Ausprägung dieses Stils darstellte: das stete Verlangen nach Bewunderung, sich selbst für außergewöhnlich, ja, geradezu einzigartig zu halten, die Unfähigkeit, Empathie zu empfinden, ein starkes Selbstbewusstsein ausstrahlen, ohne ein solches zu haben, was sich darin ausdrückt, dass man Kritik nur schwer ertragen kann.

Die Liste der zweifelhaften Eigenschaften war noch länger, doch schon diese Punkte genügten, um nachdenklich zu werden. Mich aufzubauen, mein Selbstwertgefühl zu stärken, kann jedenfalls kaum der Sinn dieser Sitzung gewesen sein. Ich hatte die ganze Zeit das Gefühl, mit einer Dampframme bearbeitet zu werden.

Nach sieben Wochen meinten die Ärzte, ich könne nun wieder im ungeschützten Raum leben. Bis auf Tavor sollte ich die Medikation beibehalten, morgens zehn Milligramm Cipralex für den Serotonin-Spiegel, abends fünfzig Milligramm Valdoxan, damit sich der Schlaf verlässlich einstellte.

Die Frage war nur: Wohin jetzt? Dawn und ich hatten versucht, uns wieder anzunähern. Ich wünschte es mir wohl mehr für Aaron als für mich. Ich wohnte nach der Klinikzeit noch eine Weile bei ihnen. Wir kamen irgendwie klar, doch Glücksgefühle stellten sich weder bei Dawn noch bei mir ein.

Es war dann Thomas, mein Bruder, der mir einen Weg aufzeigte, auf den ich allein nicht gekommen wäre. Man könnte auch sagen: Er nahm mich an die Hand. Wir hatten nie das engste Verhältnis, doch nun, in der Not, wurde er mein wichtigster Verbündeter. Während ich mich mit der abklingenden, aber noch vorhandenen Depression herumschlug, die Medikamente meine Gedanken vernebelten, analysierte er die Situation so nüchtern, wie man sie nur betrachten konnte: »Du hast keine Wohnung, keine Arbeit, kein Geld …« Und genau diese drei Dinge bräuchte ich, um auf die Beine zu kommen.

Mittlerweile geübt im Umziehen, packte ich wieder einmal meine Siebensachen auf einen Transporter und fuhr los, diesmal nach Norden. Erst steuerte ich Richtung Rostock, dann weiter nach Stralsund, dort über die Rügenbrücke. Auf Dänholm, einer kleinen Insel zwischen dem Festland und Rügen, legte ich einen Stopp bei Thomas ein, um den größten Teil meiner Möbel einzulagern.

Die Fahrt endete auf Rügen, in Bergen, vor dem Haus meiner Eltern, in dem meine Mutter seit Vaters Tod allein lebte. Sie war siebenundachtzig, leider schwer krank – Leukämie. Zu der Zeit konnte sie noch einigermaßen laufen, stieg sogar Treppen, was sie bald nicht mehr schaffte.

Ich hatte die Hoffnung, Mutter und ich würden nun Zeit haben, über einige Dinge der Vergangenheit zu sprechen. Solange Vater lebte, hatte sie sich ihm untergeordnet. Ihr war wichtig, für die Familie ein gemütliches Zuhause zu schaffen. Zu den Mahlzeiten deckte sie den Tisch immer sehr liebevoll. Alle sollten sich wohlfühlen. Doch dabei ging es hauptsächlich um Äußerlichkeiten. Was in ihr vorging, was sie in ihrem Inneren bewegte, das behielt sie für sich. Ein verschlossenes Leben.

Während Vater von uns Kindern stets Leistung forderte – bei ihm ging es nie um Spaß, sondern immer darum, etwas besonders gut zu machen, etwas zu erreichen –, sagte Mutter oft besorgt zu mir: »Sei vorsichtig, verletz dich nicht!« Oder: »Pass auf, was du machst!« Oder: »Mach nicht zu viel!«

Mein Bruder meint, ich sei früher ihr Lieblingssohn gewesen. Ich weiß nicht, ob das zutrifft. Eigentlich ist zwischen ihr und mir nie eine richtige innere Bindung entstanden. Vielleicht weil sie mich so früh wegschickten, erst zu Tante Annemarie, dann aufs Internat. Ich habe die Beziehung zu ihr als Kind eher so empfunden, dass ich es war, der versuchte, sie zu verwöhnen, ihr Gutes zu tun.

Es hätte also genügend Gesprächsstoff gegeben. Doch leider fanden wir keinen Weg, uns über all das auszutauschen. Wahrscheinlich war ich zu ungeduldig. Außerdem hatte die Krankheit meine Mutter verändert. Für sie drehte sich alles nur noch darum, was ich irgendwo auch verstehen konnte.

Die Frage, ob es eine gute Entscheidung war, zu ihr zu ziehen, hätte ich an dem Tag nicht beantworten können. In meiner Verfassung wusste ich nicht, was richtig oder falsch war. Ich wusste eigentlich gar nichts. Aber es fühlte sich seltsam an. Da stand ich nun in meinem alten Jugendzimmer, mit zweiundfünfzig Jahren, wie zurückgebeamt in die Vergangenheit. In dem Zimmer hatte sich nichts verändert. Das Bett war von damals, der Kleiderschrank, der Teppich, sogar die Kinderbücher standen noch im Regal. Und die Tür knarrte wie eh und je.

In den ersten Wochen wusste ich nichts mit mir anzufangen. Noch dämpfte die Depression meinen Elan, aber allmählich wurde es besser. Ich fuhr durch die Gegend, schaute bei Bekannten vorbei, spielte Tennis. Es waren kleine Schritte, notwendige Schritte.

Eines Tages wagte ich mich sogar zum Jobcenter, so demütigend ich den Gang auch empfand. Aber was half es, ich brauchte das Geld, irgendwie musste es weitergehen. Die freundliche Dame gab mir einen Packen Formulare, die ich ausfüllen sollte, bestimmt dreißig Seiten. Als ich mir die zu Hause vornahm, dachte ich: Jetzt bist du ganz unten angekommen. Du bist wertlos, musst den Staat um Geld anbetteln. Diese Erkenntnis – wie ein Stich ins Herz. Es tat so weh, dass ich die Formulare beiseitelegte und wochenlang nicht anguckte. Aber irgendwann kramte ich sie doch wieder hervor, füllte sie aus und brachte die Sache zu Ende.

Und dann kam der Tag, der alles änderte. Ein Termin im Rathaus, bei der Bürgermeisterin. Ein Vorstellungsgespräch. Thomas hatte das eingefädelt. Und kurz darauf eine Jobzusage als Mitarbeiter für Kultur- und Stadtmarketing, zwar nur befristet, aber immerhin. Ein Hoffnungsschimmer. Plötzlich schien wieder die Sonne. Und die Insel, die ich immer schon mochte, war auf einmal noch schöner. Jetzt wusste ich auch die Antwort: Es war richtig, hierherzukommen.

Das wäre ein guter Schluss fürs Buch gewesen. Ein optimistischer Blick in die Zukunft. So hatte ich es geplant, gewissermaßen als Happy End. Ich hätte noch erzählt, wie ich mich in die Arbeit stürzte, in meinem Büro im Rathaus Ideen ausbrütete, alle möglichen Leute traf, Projekte vorantrieb. Und wie ich abends manchmal zu Hause weitermachte, mich an den alten Schreibtisch meines Vaters setzte, am Laptop arbeitete und zwischendurch an ihn dachte. Und dass ich dabei immer die verglaste Flügeltür offen stehen ließ, was er früher, als es sein Platz war, niemals geduldet hätte. Vielleicht wäre das sogar der letzte Satz geworden, die Erinnerung an Vater und das Bild von der offenen Flügeltür.

Aber Pustekuchen, die Krankheit scheint keine Happy End vorzusehen. Bei der Psychoedukation in der Tagesklinik hatte ich jedes Mal Informationsblätter bekommen, immer zu der Thematik, die wir gerade behandelten. Am Ende kam ein ganzer Stapel zusammen. Ich heftete alle Blätter in einen Ordner, den ich mit auf die Insel nahm. Sie behandeln die verschiedensten Themen, von gesunder Ernährung bis zur Prognose der Krankheit.

Letztere las ich mir nur ungern durch. Demnach, so belegen wissenschaftliche Studien, erleiden vierzig Prozent der Patienten in dem Jahr nach der Erstdiagnose einen Rückfall, dreiundsiebzig Prozent innerhalb von fünf Jahren. Mit jeder neuen Krankheitsphase wird ein Rückfall wahrscheinlicher. Schon nach der dritten soll die Quote bei neunzig Prozent liegen. Das war schon reichlich deprimierend. Wie viel konnte man darauf setzen, ausgerechnet zu den zehn Prozent zu gehören? Aber es kam noch heftiger: Achtzig Prozent der als bipolar Diagnostizierten schlagen sich mit Suizidgedanken herum. Und jeder zweite denkt nicht nur daran, sondern schreitet zur Tat. Etwa zwanzig Prozent von ihnen sterben auf diese Weise.

Wie man mit solchen Aussichten lebt? Ganz einfach: indem man versucht, jeden Tag am Leben zu bleiben.

Aber im Ernst: Der wichtigste Schritt ist, glaube ich, die Krankheit zu akzeptieren, sie als einen Teil von sich anzunehmen. Das sagt sich leicht dahin. Und es klingt verdammt vernünftig. Nur ist man, wenn man diese Krankheit hat, oft eben gerade nicht vernünftig.

Ich selbst bin das beste Beispiel dafür.

Es lief gut für mich auf der Insel. Ich fühlte mich angekommen. Im Rathaus schienen sie mit meiner Arbeit zufrieden zu sein. Ich sah Aaron wieder regelmäßig, besuchte ihn in Berlin, manchmal nahm ich ihn mit zu mir. Mit meiner Mutter wurde es zwar schwieriger, ihre Krankheit verschlimmerte sich, und es belastete mich, sie leiden zu sehen. Aber ich hatte das Gefühl, stark genug zu sein, um damit klarzukommen.

Die depressive Phase schien überwunden, was ich nicht zuletzt den Medikamenten zu verdanken hatte. Das war kein Geheimnis für mich. Ich wusste, dass ich das Zeug schlucken musste, damit ich psychisch im Lot blieb. Das Insulin des Bipolaren. Und trotzdem hörte ich auf damit. Als hätte ich all den Therapeuten, die sich in den letzten Jahren mit mir beschäftigt hatten, nie richtig zugehört.

Nicht einmal einen Monat dauerte es, bis ich merkte, dass es in mir wieder rumorte. Anfangs konnte ich es ganz gut verbergen, aber das kostete Kraft. Der Tanz auf dem Seil. Es war nur eine Frage der Zeit, wann ich den Halt verlieren würde.

Ich hatte ihn längst verloren, als ich eines Abends keinen anderen Ausweg wusste, als mich bei der Polizei zu melden: »Sie müssen mich hier wegschaffen, sonst bringe ich meine Mutter um.« Dabei bin ich normalerweise ein friedfertiger Mensch, geradezu harmoniesüchtig. Niemals hätte ich meiner Mutter etwas antun wollen.

Offenbar hatte ich es doch nicht verkraftet, tagtäglich mit ansehen zu müssen, wie die Krankheit sie quälte. Die Synapsen in meinem Hirn oder die Botenstoffe – ich habe keine Vorstellung, was ablaufen muss, damit so etwas entsteht.

Einige Nächte zuvor war ich schon einmal mit dem Gedanken aufgewacht, ich müsste ihrem Leiden ein Ende bereiten, mit den bloßen Händen. Nun war der gleiche Gedanke wieder da. Und es war nicht nur ein Gedanke, sondern eher so, als hätte mir eine höhere Macht, die keinen Widerspruch duldete, den Auftrag gegeben.

Die Polizisten brachten mich nach Stralsund, ausgerechnet in die Klinik, auf deren Gelände unsere Familie früher in einem der Ärztehäuser gewohnt hatte. Das war die Zeit nach Kühlungsborn, nachdem mein Vater wieder zu uns zurückgekehrt war. Und auch die Zeit, als ich mit Leichtathletik anfing. Die Reifenläufe im Stadion. An all das erinnerte ich mich natürlich sofort, als ich wieder halbwegs klar bei Verstand war. In Stralsund hatte angefangen, was mich später zum Olympiasieg führte. Und nun war ich wieder am Ausgangspunkt angelangt.

Einmal hoch geflogen, bis ganz nach oben, und dann tief gestürzt, bis ganz nach unten. Das ist wohl meine Geschichte, mein Leben zwischen Hymne und Hölle.

Und so wird es vermutlich weitergehen, da muss ich mir nichts vormachen. Das habe ich lange genug versucht. Jetzt weiß ich, dass man damit keinen Schritt vorwärtskommt, nicht wenn man diese Krankheit hat. Dann zählt nur die Wahrheit. Und zuallererst muss man sich selbst gegenüber ehrlich sein.

In der Tagesklinik in Berlin hatte ich meine Lebenskurve zeichnen sollen, die Hochs und Tiefs und die normalen Phasen. Die Therapeuten nannten es Life-Chart. Es kam eine ziemlich wilde Kurve dabei heraus. In den ersten Lebensjahren, an die ich mich erinnern konnte, etwa ab dem Alter von fünf, überwogen die normalen Phasen, nur selten unterbrochen von Tiefs. Eins war der Unfall mit dem Motorrad vor Omas Bäckerei in Gnoien, das nächste der Umzug ins Internat der Sportschule, die Trennung von meinen Eltern. Dann folgten drei Hochs: das Abitur, der Olympiasieg und Arvids Geburt. Interessant, dass ich den positiven Ausschlag für den Triumph von Seoul nur einen Punkt höher zeichnete als den fürs Abitur.

Danach ging es auf und ab. Die verpatzte Quali für Olympia in Barcelona – ein sattes Tief. Die Bronzemedaille bei der Weltmeisterschaft in Tokio, mein erster Erfolg für das wiedervereinte Deutschland – ein kräftiges Hoch, das ich sogar höher einschätzte als den Olympiasieg.

Dann die Geschichte mit der Bandscheibe und das daraus resultierende Karriereende, der Abbruch des Studiums in Mainz, die Trennung und Scheidung von Helke, selbst der erste Umzug nach Berlin – alles Tiefs.

Auffällig ist, dass sämtliche Ausschläge, die anschließend

folgten, deutlich kräftiger ausfielen, sowohl die positiven als auch die negativen. Sie waren aber nie von langer Dauer. Und die Abstände zwischen den Hoch- und Tiefphasen wurden immer kürzer. Aber damit entsprach der Kurvenverlauf nur dem Krankheitsbild, und zwar so, dass man es nach meinem Verständnis beinahe lehrbuchmäßig nennen könnte.

Mit dem Klinikaufenthalt in Stralsund kam ein neues Stück Kurve hinzu. Müsste ich es zeichnen, würde es tief in den negativen Bereich gehen, bis zum Ende der Skala, die bei minus fünf aufhörte. Denn diesmal landete ich in einem Zimmer, dessen Fenster vergittert war, also in der geschlossenen Abteilung.

In einem der lichteren Momente, die ich am ersten Tag in der Klinik hatte, schrieb ich per Handy eine Nachricht an meine besten Freunde, um mich für eine Weile von ihnen zu verabschieden: »… von Herzen euer Freund, der sich mal wieder in Betreuung begeben musste.«

Danach traten anderthalb Monate Funkstille ein – meinerseits. Diese Zeit brauchte ich für mich, für die Therapie, für die Schritte zurück in einen Zustand, der sich wie Normalität anfühlt – einigermaßen austariert zwischen Manie und Depression.

Da bin ich jetzt. Ich hoffe, dass dieser Zustand lange anhält und dass ich nicht wieder der unsinnigen Vorstellung verfalle, es ginge ohne Medikamente.

Meine Mutter ist vor einigen Wochen gestorben, da war ich noch in der Klinik. Wir haben ihre Urne im Grab meines Vaters beigesetzt. Der Tod war für sie eine Erlösung. Sie wollte sterben. Dieser Gedanke tröstete mich beim Abschied. Aber was es wirklich bedeutet, dass nun auch sie nicht mehr da ist, werde ich wohl erst mit der Zeit begreifen.

Das Haus in Bergen, unser Elternhaus, wollen wir verkaufen. Wie es aussieht, werde ich die Insel verlassen. Im Norden werde ich aber bleiben. Das ist meine Heimat. Nie spürte ich das mehr als in diesen Tagen.

Wer weiß, vielleicht bin ich am Ende meiner Reise angelangt und werde hier nun endlich sesshaft. Die Arbeit im Rathaus in Bergen ist zwar beendet, aber ich habe inzwischen neue Jobangebote erhalten. Erst gestern rief jemand an, der mir eine Zusammenarbeit vorschlug. Aber ich muss es langsam angehen. Adagio, die Krankheit erlaubt im Moment keinen Galopp.

Wie es auch weitergeht, es wird gute Tage geben und schlechte. Schön wäre, blieben mir Klinikaufenthalte in Zukunft erspart. Doch selbst wenn es nicht so kommen sollte, weiß ich nun: Am nächsten Morgen geht die Sonne wieder auf. Und dann werde ich dabei sein.